長沙簡牘博物館
中國文化遺產研究院
北京大學歷史學系
故宮研究院古文獻研究所
走馬樓簡牘整理組 編著

長沙走馬樓三國吳簡

竹簡〔捌〕

（下）

文物出版社

釋文

一　曰男弟蔣年二歲

【注】簡一至七三出土時原爲一坨，揭剥順序參見《揭剥位置示意圖》圖一。

二　楊女弟東年三歲

三　少女弟碓年十二

四　窟妻姑年卅六

五　浦里户人公乘鄧客年卅三

六　母落年六十二

七　妻青年卅三

八　浦里户人公乘向錢年五十三腹心病

九　妻李年卅六

一〇　右利家口食八人　訾　五　十

【注】「右」上原有墨筆點記。

一一　右□家口食三人　訾　五　十

【注】「右」上原有墨筆點記。「右」下□右半殘缺，左半從「弓」。

一二　子男碓年十九

一三　狗女弟婢年三歲

一四　枋（？）妻思年卅

一五　敢女弟蚤年一歲

一六　客母緒年六十

一七　恨子男玉年九歲

一八　浦里户人公乘張政年六十二

一九　帛女弟舉年四歲

二〇　小（？）女弟笄年一歲

二一　浦里户人公乘黄和年七十七

二二　浦里户人公乘許錐年□二

二三　其□□□□□ 一百三人女

二四　黄男弟棄年一歲

二五　右顛家口食三人　訾　五　十

【注】「右」上原有墨筆點記。

二六　妻回年五十二

二七　户下婢心一歲

【注】「一歲」上應脱「年」。

二八　子男得年一歲

二九　逢妻大女錢年卅三筭一

三〇　右窟家口食七人　訾　五　十

【注】「右」上原有墨筆點記。

三一　□女弟總年十八筭一

三二　子女□年九歲　男姪□年卅□

三三　妻大女□年卅六筭一

三四　苟男弟都年卅六刑右手

三五　高子女肆年七歲

三六　生男弟養年廿一踵左足

三七　右軍家口食五人　訾　五　十

三八　子男兒年四歲

三九　貴男姪紋年六歲

四〇　男姪周使七歲

【注】「七歲」上應脱「年」字。

四一　富貴里户人公乘黄蚤年七十一盲右目

四二　凡口四人　訾　五　十

四三　右曠家口食五人　筭三　訾　五　十

四四　妻汝年卅二　筭一

四五　☐里户人公乘李賢年五十一筭一

四六　燕（？）男弟郡年十五筭一

四七　語男弟益年六歲

四八　錢（？）女青年五歲

【注】「女」上應有脱字。

四九　復（？）男弟客年六歲

右貴家口食八人　訾　五　十　五〇
【注】「右」上原有墨筆點記。
☑□姊東年廿六筭一　五一
大男張春年七十一　五二
☑□弟□年一歲　五三
富貴里户人公乘吴還年卌六踵兩足　□　五四
右有家口食四人　訾　五　十　五五
【注】「右」上原有墨筆點記。
樂兄昭年卌五　五六
☑廿九　踵足　五七
妻大女紫年卌九筭一　五八
子男固年四歲　五九
男弟兒年八歲　六〇
□子男力年七歲　六一
□男姪□年□歲　六二
子女□年三歲　六三
高遷里户人公乘張客年卅一　筭一　苦腹心病　六四
□男弟□年七歲　六五
妻可年□十三　六六
妻可年卌八筭一　以六年正月一日被病物故　六七
鄧男弟綬年八歲　六八
□女弟喜年十　六九
□女弟圖（？）年二歲　七〇
高妻姑年卅五筭一　七一
侍姬表年卅筭一　七二
妻元年卅五筭一　七三
宜陽里户人公乘黄這年卅六苦腹心病　七四
【注】簡七四至一八八出土時原爲一坨，揭剥順序參見《揭剥位置示意圖》圖二。
浦里户人公乘何顛年卅一　七五
右洧家口食七人　訾　五　十　七六
【注】「右」上原有墨筆點記。
子女鄉年十歲　七七
夷女弟倚年十四　七八
張從男姪彭蔣年七歲　七九
卒男弟愁年十三　八〇
妻酒年六十五　八一
右蔣家口食八人　八二
【注】「右」上原有墨筆點記。
夫秋里户人公乘吴孫年卅一盲左目　八三
夫秋里户人公乘軍吏龔□年廿四　八四
嫂弟紫年五十一踵足　以六年正月七日被病物故　八五
從妻占年廿八筭一　八六
子男晵年三歲　八七
□從姪彭石年廿七腹心病　八八
男姪雄年十四　八九
右侯家口食三人　九〇
【注】「右」上原有墨筆點記。
窟男弟粉（？）年卅一　九一
右春家口食六人　九二
【注】「右」上原有墨筆點記。
右嬰家口食四人　九三
志妻楬年十三　九四
志姊疏年廿四筭一　九五
妻思年卌五筭一　九六
妻母思年五十一筭一　九七
子男道年八歲　九八

九九　□女弟壞（？）年一歲

一〇〇　夫秋里户人公乘番通年五十筭一

一〇一　道女細年三歲

一〇二　□女弟都年九歲

一〇三　職男弟龍年二歲

一〇四　子女寶年十一

一〇五　淮男弟鯨年五岁

一〇六　志男弟淮年六歲

一〇七　妻桓年廿五筭一

一〇八　吉陽里户人公乘吴衆年卅　盲右目

一〇九　妻小年卅七筭一

一一〇　右武家口食五人　筭一　訾　五　十

一一一　糜母妾年六十七

一一二　右糜家口食五人　筭一　訾　五　十

一一三　水男弟楊年一歲

一一四　子女水年三歲

一一五　凡口四人　筭二　訾　五　十

一一六　陸（？）女弟好年四歲

一一七　妻視年卅九筭一

一一八　母妾年八十二

一一九　宜陽里户人公乘樊建年卌一　苦苔病

一二〇　□男姪潘升年廿九筭一

一二一　□妻慈年廿三筭一

一二二　妻思年六十

一二三　宜陽里户人公乘密米年八十一　刑兩足

一二四　凡口六人　筭二　訾　五　十

一二五　妻進年廿一筭一

一二六　子男秋年三歲

一二七　嬰妻姑年廿二筭一

一二八　右政家口食十人　筭五　訾　五　十

一二九　吉子女南年五歲

一三〇　□妻潘年卅七筭一

一三一　□從男姪廉酉年卅八苦腹心病

一三二　業男弟赤年四歲

一三三　誤男弟業年九歲

一三四　□男弟□年四歲

一三五　□男弟兒年五歲

一三六　□□弟□年十六筭一

一三七　從男姪來年十八筭一

一三八　妻極年卅五筭一

一三九　進渚里户人公乘黄火年六十三

一四〇　右□家口食九人　筭三　訾　五　十

【注】「右」下□左半殘缺，右半爲「左」。

一四一　右客家口食五人　筭□　訾　五　十

一四二　子男□年三歲

【注】「子男」下□右半殘缺，左半從「亻」。

一四三　妻姑年廿六筭一

一四四　子女如年七歲

一四五　右□家口食七人　筭一　訾　五　十

一四六　進渚里户人公乘米將年卅十一筭一

【注】「卅十一」中「十」爲衍字。

一四七　妻勉年卅八筭一

一四八　陽貴里户人公乘蔡健年五十筭一　健妻皐年卌筭一

一四九　陽貴里户人公乘洪羅年六十六刑右手　妻萬年六十四

一五〇　男弟福年五歲　男姪毛暴年十二

一五一　男弟養年十三　平子女兒年五歲

隟子女□年六歲　□男弟杜年三歲　一五二
右□家口食六人　筭二　訾　五　十　一五三
【注】「子女」下□、「男弟」上□均上半殘缺，下半從「心」。
澤妻佔年廿五筭一　澤男弟望年七歲　一五四
客男弟袞年七歲　一五五
節母思年五十筭一　男弟諾年八歲　一五六
還男弟秋年十三腹心病　一五七
右節家口食六人筭三　訾　五　十　一五八
春平里户人公乘伍貴年□十四　踵足　一五九
妻姑年卌三筭一　子男士年廿二筭一　一六〇
□男谷年五十筭一　子男望年卌一筭一　一六一
右□家口食……　訾　五　十　一六二
兒女弟旱年二歲　旱男弟槁年一歲　一六三
春平里户人公乘趙客年廿□　母妾年六十一　一六四
右米家口食五人　訾　五　十　一六五
子男遠年七歲　一六六
右鄧家口食八人　訾　五　十　一六七
右勞家口食八人　訾　五　十　一六八
【注】「右」上原有墨筆點記
右□家口食……　一六九
妻思年卅筭一　子女叱年二歲　一七〇
妻□年六十二　男姪匹年卅三　一七一
大男區骰年六十三　一七二
右□家口食十一人　訾　五　十　一七三
其□户養官牛　一七四
大男張惕年十九……　一七五
右蔡家口食三人　一七六
妻趙年卌一　子男石年八歲　一七七
大男張海年六十三　一七八
陽貴里户人公乘信朝年廿四筭一　朝妻青年十九筭一　一七九
□□里户人公乘伍光年六十三　妻汝年五十一筭一　一八〇
其一户佃吏出限米　一八一
其一户官曹　一八二
其一户州領船師　一八三
妻種年卅六　一八四
右傴家口食八人　訾　五　十　一八五
【注】「右」上原有墨筆點記。
☐□年七歲　一八六
【注】「年」上□右半殘缺，左半從「女」。
户下婢□年十五　户下婢紫年□歲　一八七
□子男里年七歲　里男弟護年六歲　一八八
☐……訖☐　一八九
入嘉禾二年貸食嘉禾元年吏帥客限米□斛□☐　一九〇
兼男弟斗年六歲　一九一
其六十一户孤寡窮老不任役　一九二
右受（？）家口食二人　訾　五　十　一九三
其一斛八斗五升白米　一九四
☐……事　六月十二日功曹史劉□白　一九五
☐迪罪應科斬没入小讓黜爲生口數簿　一九六
春平里户人公乘謝生年□□□☐　一九七
☐……語□事……　一九八
春平里户人公乘佃帥□□年六十　一九九
☐里户人公乘□□年卅三　二〇〇
凡口六人　訾　五　十　二〇一
年軍糧所賣生口大女李志等賈錢八萬一千六百廿六錢二年出給吏　二〇二
☐湜家口食□人　筭一　訾　五　十　二〇三

☐直四百　蔥三束直一百租米一斗直二百五十□□☐　二〇四

送詣府黃龍二年四月二日付壁閣□□庫吏☐　二〇五

五十二錢二年地僦錢十三萬六錢二年酒租錢二萬一千八百卅三
錢二年誤　二〇六

□子女□年五歲　□男弟□年□歲　二〇七

子男顯年廿六筭一　顯男弟蕩年十歲　二〇八

有二人嘉禾二年閏月訖六月直其一人月二斛一人月一斛五斗其
年閏月十七日付徒南　二〇九

☐　其□户吏客　二一〇

☐　如母高年八十九　如妻楊年卅六　二一一

☐妻汇年卅六筭一　二一二

□男弟□年十歲　□男弟□年四歲　二一三

□父文雋年五十二　……　二一四

右□家口食廿二人　訾　五　十　二一五

☐　户下婢心年十六　户下婢思年□□　二一六

☐年吏口筭錢一千二百留所市羊一頭直□千羊一頭直千六百酒二千　二一七

【注】按吳簡格式，「留」下應脱「付」字。

□□□酒租錢二萬二百卅六錢爲具錢一萬☐　二一八

☐□□年七十八　二一九

賈錢一百六十一萬九千七百六十五錢二年十一月□日□牛賈錢
廿萬五千八百八十一　二二〇

傳送詣府黃武元年正月十六日十九日廿一日二月四日十八日四
月　二二一

六錢與本通合一萬二千七百……錢　二二二

☐……復民　二二三

……子女□年□歲　二二四

欽從兄鄭章年六十盲左目　二二五

☐客妻困年卅　二二六

六萬一百一十八錢故吏□□□□領吏民錢一萬八千二百卅六錢
留□　二二七

户下婢□年五歲　户下奴□年□歲　二二八

其五户私學出限米　二二九

□□□□□□□皮賈錢三萬五千五百□□二年故吏廖咨臧錢五　二三〇

☐右□家口食六人　訾　五　十　二三一

其二户步侯還民出限米　二三二

其二户劉口度卒驛兵　二三三

客男弟□年九歲苦風病　客死主子得年四歲　二三四

子女山年三歲　二三五

大男黃裒年七十四　二三六

其……黃龍二年限米　二三七

☐　章妻□年六十二　章子男芮年十七踵兩足　二三八

其二户新吏出限米　二三九

縣元年領故吏石敬臧具錢十七萬四千二百六十收佰錢三萬□　二四〇

……黑受　二四一

☐　□從男姪公乘譯年十一　二四二

草言……事　……兵曹掾潘棟白　二四三

☐　□子男□年十四　二四四

入□□鄉嘉禾□年□米三斛六斗胄畢☒嘉禾□年☐　二四五

☐基付倉吏鄭黑受　二四六

☐一斗其年☐　二四七

□□毛□□□☐　二四八

☐三州倉□☐　二四九

☐曹☐　二五〇

☐限米□□☐　二五一

⧄嘉禾二年⧄　二五二

富貴里户人⧄　二五三

⧄嘉禾元⧄　二五四

□皮□⧄　二五五

入□□□⧄　二五六

⧄□七⧄　二五七

德所受□⧄　二五八

⧄元年⧄　二五九

入□鄉二年一斛貸⧄　二六〇

⧄□布二匹𠄌嘉⧄　二六一

⧄嘉禾□⧄　二六二

⧄年十月⧄　二六三

⧄□受嘉禾四年⧄　二六四

⧄十斛六斗□□⧄　二六五

⧄七斗三升⧄　二六六

⧄嘉禾元年八⧄　二六七

⧄男李慎馬⧄　二六八

入小武陵⧄　二六九

⧄六月□日⧄　二七〇

□□錢（？）⧄　二七一

草言荅⧄　二七二

領役⧄　二七三

□情（？）□⧄　二七四

⧄□百□⧄　二七五

⧄限米□□□⧄　二七六

⧄□□里户人公乘⧄　二七七

⧄年八⧄　二七八

入嘉禾□年⧄　二七九

⧄吏限米十六斛□⧄　二八〇

入小武陵鄉嘉禾⧄　二八一

⧄曹史蕊揖白　二八二

⧄年□歲盲右目　二八三

⧄六日□□⧄　二八四

⧄……書（？）……⧄　二八五

草言湘西□書衆丞湘⧄　二八六

⧄付庫吏殷連受　二八七

⧄□直（？）……　二八八

⧄□□付庫吏殷連受　二八九

⧄□鄧□關丞付庫吏殷連受　二九〇

草言……吏許迪散用……⧄　二九一

草荅詔録郡吏鄧步□家尺口傳送詣宫事　⧄　二九二

草言府叛士□關□□等三人自首事　⧄　二九三

⧄四百卅斛　三月入倉　二九四

草言中部……⧄　二九五

⧄……七日兵曹掾謝韶……⧄　二九六

⧄十六日大男烝慮⧄　二九七

【注】「烝」上疊寫「入」字。

⧄□□關丞　二九八

⧄月一日付書史□⧄　二九九

⧄其一百卅三斛⧄　三〇〇

□□志□⧄　三〇一

⧄七斗八升⧄　三〇二

⧄庫吏許迪散用鹽賈米二千五百六十一斛六斗九升……　三〇三

草言府部吏烝師條列郡縣吏父兄子弟人名年紀爲簿遣師賫詣府傳　三〇四

⧄　三〇四

⧄五十七斛五斗三升黄龍三年租米　三〇五

☐□✕嘉禾元年八月廿一日關丞付☐　三〇六

廣成鄉謹列……☐　三〇七

☐九斗五升起嘉禾四年八月訖嘉禾六年吏客限米　三〇八

☐日關丞付庫吏殷連受　三〇九

☐□□事　五月□日兼户曹史張惕白　三一〇

草言府……事☐　三一一

凡口五人　☐　三一二

☐□丘男子□□關邸閣李嵩付倉吏黃諱史☐　三一三

進渚里户人公乘宋開年七十三　妻□年□□筭一　三一四

【注】簡三一四至四八一出土時原爲一坨，揭剥順序參見《揭剥位置示意圖》圖三。

欽女弟理年二歲　三一五

男弟黴年十六筭一苦腹心病　三一六

□男弟曾年七歲　曾女弟歸年六歲　三一七

子男瑰年五歲　茜男弟先年廿五□□　三一八

米男弟□年四歲　三一九

子男□年十八筭一　三二〇

子男溺年三歲　三二一

鬳男弟化年三歲　三二二

海兄張年六十三　三二三

思子男□年□　三二四

子男永年廿筭一　三二五

變中里户人公乘蔡石年廿□盲目　三二六

右張家口食七人　筭一　訾　五　十　三二七

夫秋里户人公乘文承年五十三踵兩足　三二八

變中里户人公乘兒（？）衆年五十一踵兩足　三二九

妻忽年卅筭一　三三〇

右孫家口食三人　三三一

妻任年卅七　三三二

子女買年十　三三三

吉陽里户人公乘潭騎年七十　盲左目　三三四

男姪德年十九筭一　三三五

岑子女靖年廿六筭一　三三六

妻汝年卅五筭一　三三七

靖女弟連年十三　三三八

妻綿年卅筭一　三三九

□母妾年五十一筭一　三四〇

岑女聟訣學年卅一筭一　三四一

湛男孫黑年四歲　三四二

右毀家口食九人　筭一　訾　五　十　三四三

右陽家口食六人　筭三　訾　五　十　三四四

寘男弟所（？）年五歲　三四五

右奇家口食四人　筭一　訾　五　十　三四六

變中里户人公乘黃衆年卅五筭一　三四七

蚤男弟乘年七歲盲兩目　三四八

得男弟蚤年九歲　三四九

彭（？）女弟娌年三歲　三五〇

子男康年四歲　三五一

宗妻饒（？）年卅三　踵兩足　三五二

右慎家口食三人　三五三

右元家口食九人　筭一　訾　五　十　三五四

宗女弟兒年三歲　三五五

富貴里户人公乘郡吏文湛年六十　三五六

衆妻侯年卅一筭一　三五七

子男兒年三歲　三五八

廷妻勉年十九筭一　三五九

義女姪□年七歲　三六〇

男弟貌年二歲　三六一

女男鄭（?）年六歲　三六二

【注】「女」應爲「子」之誤。

子女汝年一歲　三六三

右義家口食十人　筭二　訾　五　十　三六四

專男弟湘廿一狂菩　三六五

【注】「廿一」上應脱「年」字。又，按吴簡格式，「狂菩」下應脱「病」字。

妻姑年廿一筭一　三六六

示妻大女練年卅四筭一　三六七

浦里户人公乘胡苦（?）年六十六　三六八

粢男姪碓年十六筭一　三六九

□男姪鄧□年六十二刑佐足盲右目　三七〇

【注】「佐」應爲「左」之通假。

□妻大女涓年廿三筭一　三七一

常遷里户人公乘京恚年六十二盲左目　三七二

典從男弟頭年十歲　苦病　三七三

從男姪潘智年十二踵兩足　三七四

妻亭年五十二筭一　三七五

骨女弟囷年三歲　女孫栂年二歲　三七六

得男弟嚍年二歲　三七七

曹男弟龍年六歲聾耳　三七八

妻婷年卅四筭一　三七九

從男弟汪宗年五十踵兩足　三八〇

凡口六人　訾　五　十　三八一

子男湛年六歲　三八二

葛男姪得年十　三八三

暯男弟淦年十三　三八四

□男姪王蔡年十一　聾耳　三八五

凡口□人　訾　五　十　三八六

毛妻大女慮年廿五筭一　毛母妾年五十踵兩足　三八七

□□里户人公乘□□年□□　苦踵病　三八八

子女囷年五歲　三八九

黄男姪劉□年卅一　苦踵病　三九〇

昌從男弟咸年廿一　聾左耳　三九一

右蔣家口食六人　筭三　訾　五　十　三九二

常遷里户人公乘京厇年卌四踵兩足　三九三

常遷里户人公乘宋造年卌九筭一　盲右目　三九四

從男姪胡大年卌一踵兩足　三九五

里女弟浥年六歲　三九六

進渚里户人公乘脩政年五十八踵兩足　三九七

其三户吏客　三九八

□妻姑年卅一筭一　三九九

其三户官贅民　四〇〇

建男姪□年卅一筭一　四〇一

子男□年三歲　四〇二

子女頗年十五　筭一　四〇三

□男弟蔣年七歲　四〇四

妻弟忽年五歲　四〇五

衛男弟平年六歲　四〇六

貿男弟錢年十六筭一　四〇七

凡口五人　筭二　訾　五　十　四〇八

載女弟巡年八歲　四〇九

忽女弟草年三歲　四一〇

其男弟將年十二　四一一

□□建年五十□筭一　四一二

□男姪轉年卌四新盲　四一三

右見家口食四人　四一四

【注】「右」上原有墨筆點記。

妻季年卅筭一　四一五

達女弟蚤年二歲　四一六

妻大女洈年五十一筭　四一七

【注】「筭」下應脱「一」字。

□子男造年四歲　四一八

【注】「子男」上□右半殘缺，左半從「糸」。

恣女弟思年四歲　四一九

子男脅年十一　四二〇

子男蔣年十五筭一　踵兩足　四二一

凡口五人　筭一　訾　五　十　四二二

宜陽里户人公乘黄逢年七十一盲右目　四二三

妻喬年卅四筭一　四二四

夫秋里户人公乘吴洵年□十一刑右足　四二五

□女弟慈年四歲　四二六

進渚里户人公乘謝□年卅五　四二七

妻客年六十　四二八

强男弟禑年十六筭一　苦風病　四二九

□子女秋年三歲　四三〇

進渚里户人公乘胡卑卅五　筭一　四三一

【注】「卅五」上應脱「年」字。

□□里户人公乘任恩年卅八筭一　☐　四三二

謟男弟鼠年十六筭一　四三三

妻還年十五筭一　四三四

凡口十人　筭四　訾　五　十　四三五

從男姪昭年六歲　四三六

右盅家口食五人　筭□　訾　五　十　四三七

【注】「右」上原有墨筆點記。

吉陽里户人公乘費漢年□六刑左手左足　四三八

□男孫斗年四歲　四三九

滿小女汝年廿六筭一　四四〇

曹妻列年廿筭一　四四一

□男弟巡年十八筭一　四四二

洼男弟黄地年廿一筭一　四四三

右劉家口食五人　筭二　訾　五　十　四四四

【注】「右」上原有墨筆點記。

□男弟奇年七歲　奇男弟汪年四歲　四四五

妻針年卅六　四四六

巾妻閆年卅筭一　男弟粢年一歲　四四七

騎妻思年十六筭一　四四八

慈從男姪曹年卅一筭一　四四九

段男弟石年四歲　四五〇

毛男弟衆年四歲狂病　四五一

鼠□□年□歲　□男弟□年□歲　四五二

浦里户人公乘鄧角年卅六　四五三

鼠男弟紫年十　四五四

子男庸年十九筭一　四五五

子女姑年十一　四五六

□男弟□年九歲　四五七

妻妾年廿一筭一　子女興年五歲　四五八

右□家口食九人　四五九

【注】「右」上原有墨筆點記。

善子男得年二歲　四六〇

右顮家口食十四人　筭六　訾　五　十　四六一

相母汝年六十五　相男弟常年十五筭一　四六二

集凡春平里領吏民一百□□户口食三百六十三人　四六三

定應役民廿一户　四六四

兒男弟擢年八歲　四六五

衆男弟得年十三　四六六

顃女姪華年七歲　四六七

堿母妾六十一　四六八

【注】「妾」下應脱「年」字。

妻□年卅九筭一　男弟□年廿九踵足　四六九

☑右□家口食……　四七〇

展男弟雙年□歲　雙女弟思年三歲　四七一

右□家口食□人　訾　五　十　四七二

劉男弟屯年十三　四七三

右留家口食三人　訾　五　十　四七四

□男弟……　四七五

大男吴□年卌踵右足腹心病　妻婢年卅八筭一　四七六

度男弟𨞿年三歲　四七七

從兄彭襄年六十二苦腹莔病　四七八

□女弟□年八歲　□男弟郡年四歲　四七九

右宗家口食十人　筭二　訾　五　十　四八〇

定領事役廿九户　四八一

妻專年廿九筭一　四八二

【注】簡四八二至六六二出土時原爲一坨，揭剥順序參見《揭剥位置示意圖》圖四。

男孫兒年一歲　四八三

浦里户人公乘曹讓年卌三　四八四

右□家口食九人　筭三　訾　五　十　四八五

右蚤家口食十一人　筭四　訾　五　十　四八六

□子女主年二歲　四八七

由男弟知年二歲　四八八

☑□里……　四八九

其十三户刑踵貧窮老孤寡不任役　四九〇

孔男弟比年七歲　四九一

蚤妻男弟柱年十四　四九二

訾妻□年十五　筭一　四九三

右阿家口食六人　四九四

右黄簿民卌九户口食二百廿九人　四九五

右雙家口食八人　筭四　訾　五　十　四九六

妻□年卅一　筭一　四九七

□□里户人公乘鄧讓年卅筭一　四九八

□男弟湖年二歲　四九九

綵男弟車年六歲　五〇〇

資女弟□年九歲　五〇一

母亥年七十三　五〇二

右坑家口食八人　五〇三

女弟汴年四歲　五〇四

男姪周尾年九歲　五〇五

蔣男鼠年十　五〇六

【注】「男」上或下應有脱字。

涅男姪周□年卅一筭一信病　五〇七

嬰男弟凡年六歲　五〇八

終女弟𡛷年二歲　五〇九

子男訾年六歲腹心病　五一〇

妻大女姑年五十二筭一　五一一

夫秋里户人公乘陳諒年六十一　五一二

滿女弟終年六歲　五一三

郘妻婢年廿五筭一　五一四

吉陽里户人公乘黄堅年六十二　五一五

妻姑年六十一　五一六

邑男弟嬰年九歲　五一七

夫秋里户人乘吏客這傳年卌筭一　五一八
【注】按吴簡格式，「乘」上應脱「公」字。
具男弟邑年十三　五一九
匹男弟思年六歲　五二〇
思男弟簿年五歲　五二一
子女順年十四　五二二
其男弟鮍年十三　五二三
右堅家口食七人　五二四
當妻大女思年十七筭一　五二五
妻□年六十七　五二六
右客家口食二人　筭二　訾　五　十　五二七
□妻禾年廿六筭一　五二八
統男弟角十歲　五二九
【注】「十歲」上應脱「年」字。
右鐵家口食十三人　筭四　訾　五　十　五三〇
妻纖年廿三筭一　五三一
妻惕年廿筭一　五三二
妻非年廿三刑兩足　五三三
妻永年七十一　五三四
母陵年五十六踵兩足　五三五
進渚里户人公乘程奴年卌六筭一　五三六
和女弟取年三歲　五三七
客妻奴年廿五筭一　五三八
子男客年卌二筭一　五三九
吉陽里户人公乘區興年□□筭一　五四〇
右嘆家口食六人　筭二　訾　五　十　五四一
憖子女仃年四歲　五四二
右弼家口食五人　筭二　訾　五　十　五四三

□男弟怒年十歲腹心病　五四四
女弟惕年十四　五四五
妻思年六十二　五四六
妻思年六十三　五四七
憖妻潰年卌一筭一　五四八
進渚里户人公乘李眼年卌六筭一苦腹心病　五四九
男姪建年十歲　五五〇
進渚里户人公乘米沛年廿八筭一　五五一
宜陽里户人公乘李穀年七十俟病　五五二
廣妻弟區賢年十八筭一　五五三
右廣家口食十三人　筭三　訾　五　十　五五四
右府家口食十一人　筭三　訾　五　十　五五五
惕女弟續年十二踵兩足　五五六
吉陽里户人公乘光舊年卌八筭一　五五七
宜陽里户人公乘黄碩年六十三　五五八
子男蓊年卌二刑足　五五九
宜陽里户人公乘黄能年六十三刑足　五六〇
凡口六人　筭一　訾　五　十　五六一
恩女弟渚年十歲　五六二
筭從女弟利年廿筭一　五六三
妻思年五十五刑兩足　五六四
陽貴里户人公乘區釗年廿三筭一　釗母汝年六十　五六五
右民家口食四人筭二　訾　五　十　五六六
□男弟□年……　□女弟思年卌刑足　五六七
右卑家口食六人筭二　訾　五　十　五六八
凡口五人　筭二　訾　五　十　五六九
子男德年卌六筭一　五七〇
妻婢年卌一筭一　五七一

凡口十人　筭三　訾　五　十　五七二
妻麋年廿九筭一　五七三
子男舉年二歲　五七四
小妻志年卅七筭一　五七五
□男姪鄭柰年廿六筭一　五七六
宜陽里户人公乘武食年六十四　刑手　五七七
進渚里户人公乘蔡廣年卌七筭一　五七八
男弟取年十一　五七九
奴女弟生二歲　五八〇

【注】「二歲」上應脱「年」字。

逆男姪赤年七歲　五八一
卑子勑年四歲　五八二

【注】「子」下應有脱字。

思女弟叱年六歲　五八三
□母妾年八十一　五八四
進渚里户人公乘李務年卅一筭一　五八五
右直家口食八人　筭五　訾　五　十　五八六
子女姑年十七　筭一　五八七
妻婢年卅四筭一　五八八
妻汝年卅六筭一　五八九
男弟言年廿六筭一　言男弟連年四歲　五九〇
陽貴里户人公乘張士年卌五筭一　士妻汝年廿七筭一　五九一
右能家口食□人　筭二　訾　五　十　五九二
右孝家口食□人　筭二　訾　□　□　五九三
陽貴里户人公乘張郡年五十五筭一腹心病　郡子女禾年六歲　五九四
陽貴里户人公乘張平年卌三筭一　妻汝年卌四筭一　五九五
男弟鄰年……　五九六
其三户官業民　五九七
右郡家口食九人　訾　五　十　五九八
園男弟達年六歲　達女弟思年□歲□□　五九九
德妻頃年卌七筭一　德子女園年十三　六〇〇
春平里户人公乘吴赤年卅三筭一　六〇一
其一百卌四人男　六〇二
春平里户人公乘唐秋年五十六　從兄鄧年六十二　六〇三
右有家口食八人　筭二　訾　五　十　六〇四
子男比年七歲　有男姪課年七歲　六〇五
郡妻姑年廿八筭一　郡子男桓年二歲　六〇六
魁聶厚　主　六〇七
賢妻大女□年廿九　……　六〇八
□男弟唐年廿九筭一　唐男弟□年□□　六〇九
右□家口食□人　筭三　訾　五　十　六一〇
富貴里户人公乘文其年八十　其妻大女青年六十一　六一一
右政家口食五人　訾　五　十　六一二
弼男弟丘年十歲　六一三
□男弟□年□歲　……　六一四
其□户新吏……　六一五
妻□年廿五筭一　……　六一六
□□里户人……縣吏　六一七
其一百七十一人女　六一八
□男弟上年卌二被病物故　妻汝年卌筭一　六一九
定領役民卌三户　六二〇
□□里户人……　六二一
右□家口食四人　訾　五　十　六二二
其八户黄簿民　六二三
其八户黄簿民　六二四
大男楊費年廿六苦□病　六二五

米妻仨年五十八筭一　六二六
湖母樹年五十六筭一　六二七
……　□妻卑年十七筭一　六二八
子女姑年十三　姑女弟汝年七歲　六二九
□男弟□年十歲　□女弟□年四歲　六三〇
子男□年□歲　□男弟□年□歲　六三一
廣母婢年八十二　廣妻汝年卅三　六三二
〼公乘區松年卅九風病　妻家年五十四　六三三
右和家口食四人　訾　五　十　六三四
□男弟告年□　六三五
出元年吏口筭錢三萬五千五十雇所市羊二頭其所餘直八千五百一頭直九　六三六
謝進傳送詣府黄龍元年九月十一日一日付墅閤終詢庫吏〼　六三七
錢一萬三千合一千二百七十五萬八千八百及襍吳平斛米七百六十三斛六　六三八
萬三千七百五十七年□租錢卅萬四千元年市……〼　六三九
卌萬一千五百雇元年所市冬賜布四百十三匹布簿别列付授　六四〇
百給供過交州從事周經等所送馬一百五匹祠租作騎□〼　六四一
百一十五錢與本通合七萬五千三百七十五錢　六四二
出元年酒租錢十五萬五千六百卌七錢爲具錢三萬三千三百遣吏　六四三
〼　其十七户佃帥吏客出限米　六四四
〼　妻姑年六十一　子男五年十八　六四五
出元年酒租錢五萬一千□百八十三錢爲具錢　〼　六四六甲
〼□錢□九萬四千□　〼　六四六乙
妻□年廿七　子男□年十二　六四七
〼□年六十二　刑右足　六四八
右文家口食三人　訾　五　十　六四九
〼　右□家口食□人筭一　訾　五　〼　六五〇
罵子男生年八歲　生女弟□年五歲　六五一
〼　右碩家口食五人　訾　五　十　六五二

外男弟野年十歲　寡女弟□年……　六五三
□□□□□斛一千七百爲錢一百廿九萬一千一百廿與三年所請　六五四
得郡庫錢三　六五五
〼□年□□苦□病　六五五
〼子男當年……　當女弟汝年四歲　六五六
〼……年卅五　妻思年廿三筭一　六五七
右剡家口食□人　筭二　訾　五　十　六五八
狗妻踈年十八　六五九
其七十一斛州吏張晶備黄武六年適客限米　六六〇
其六百一十七斛四升嘉禾元年新吏限米　六六一
妻姑年五十筭一　男弟生年十三　六六二
外男弟□年……　六六三
【注】簡六六三至二六二三出土時原爲一坨，揭剥順序參見《揭剥位置示意圖》圖五。
户下奴番年十四　户下奴豆年十三　六六四
□□□□年十□　六六五
【注】第一□右半殘缺，左半從「金」。
其五户官逆民　六六六
昌男弟謹年廿五筭一　六六七
妻男弟養年十一　〼　六六八
〼□□年□歲　六六九
尚女弟賓年四歲　賓男弟晨年三歲　六七〇
〼閏年七歲〼　六七一
湛（？）母兄鄧猄年七十一踵兩足　〼　六七二
慙男弟湛年十三　湛……　六七三
璟女弟兼年六歲　六七四
……二歲　□男……　六七五
常遷里户人公乘□□年七十四……　六七六
其二户困渚劉口驛兵　六七七

六七八 ……筭……

六七九 ……年……

六八〇 □女弟始年八歲

六八一 其□户私學出限米

六八二 〼 汝女弟葛年五歲

六八三 ……户人公乘區□年…… □母伏年九十八

六八四 子男休年十五盲左目 休妻黄年十四

六八五 右□家口食六人筭二 訾 五 十

六八六 妻大女咄年卅三

六八七 姊縉年卅三筭一

六八八 頭男弟困年三歲 貴……〼

六八九 玄男姪何從（？）年廿二踵兩足

六九〇 鮝男弟非年二歲

六九一 〼…… □□孫鉤年七歲

六九二 右頭家口食六人 筭四 訾 五 十

六九三 錢從兄庄奪年七十九 聾兩耳

六九四 滢男姪了年十六筭一 腹心病

六九五 兒男弟豪年十歲

六九六 男弟□欣年十一

六九七 凡口九人 訾 五 十

六九八 子男□年五歲

六九九 鮝從兄祭轉年卅苦苔病

七〇〇 □妻□年…… □子女□年九歲

七〇一 取男弟善年六歲 善女弟佳年五歲

七〇二 □□里户人…… 妻大女姑年卅五筭一

七〇三 軍妻客年□□□ 軍男弟□年十五踵足

七〇四 子男資年卅七筭一 資妻妾年卅二

七〇五 吏杜絮年六十三

七〇六 右爾家口食六人 訾 五 十

七〇七 小妻〼

七〇八 富貴里户人公乘周平年六十九 平妻思年六十二

七〇九 □兒……

七一〇 男姪香年卅音病

七一一 買男姪涷年十一

七一二 銀子男鼠年二歲

七一三 蔣女姪唐年六歲

七一四 張男綬年五歲

【注】「男」上或下應有脱字。

七一五 子女思年五歲

七一六 鼠男弟出年十一

七一七 出男弟度年八歲

七一八 其一户佃帥出限米

七一九 右奴家口食二人 訾 五 十

【注】「右」上原有墨筆點記。

七二〇 子男郡年□歲 郡男弟□年六歲

七二一 文子男□年十二

七二二 小妻姑年廿二 筭一

七二三 黄男弟頭年六歲

七二四 □女弟箕年四歲

七二五 常遷里户人公乘烝枯年廿一雀右手指給郡吏

七二六 □子男菜年二歲

七二七 困男弟志年十五筭一

七二八 曾男弟渚年十四踵兩足

七二九 〼陽里户人公乘黄糜年卅一踵兩足

七三〇 習子女務年四歲

七三一 男姪市年七歲

卑男弟碓年七歲　七三二
出男弟高年十八筭一　高男弟東年四歲　七三三
□母明年卌九踵足　明女弟取年十二　七三四
□□里户人公乘五軍年卌苦腹心病　母妾年六十三　七三五
叔父市年六十九　市妻汝年六十三　七三六
大男羅讖年卌七　……　七三七
☑户人公乘黄□年七十一踵兩足　七三八
其十户縣役（？）民　七三九
☑　兒男弟騎年四歲　七四〇
定領見人三百人　其一百七十九人男　一百廿一人女　七四一
□妻繑年五十三　筭一　七四二
了子男鼠年二歲　七四三
右錢家口食六人　筭二　訾　五　十　七四四
浦里户人公乘渠專年卌八　踵右足　七四五
湛男弟湯年八歲　七四六
錢男姪黄湞年十六筭一　苦腹心病　七四七
其一户急州領船師　七四八
臯男弟楨年一歲　七四九
右倉家口食□人　訾　五　十　七五〇
【注】簡上有朱筆塗痕。
右堂家口食四人　訾　五　十　七五一
埆子女權（？）年六歲　七五二
其二户養官牛　七五三
鷺男姪鼠年十二苦腹心病　七五四
汝男姪無年一歲　七五五
凡口八人　訾　五　十　七五六
從男姪劉范年九歲　七五七
妻大女雷年卅一筭一　七五八

夫秋里户人公乘奈（？）堂年卅八　七五九
子男兒年三歲　七六〇
萬子男威年七歲　七六一
習妻姑年廿五筭一　七六二
區妻阿年卅一筭一　子男禿年七　七六三
【注】「年七」下應脱「歲」字。
右道家口食四人　訾　五　十　七六四
右宗家口食□人　訾　五　十　七六五
卒男弟廟年四歲　七六六
東男弟卒年八歲　七六七
右要家口食四人　筭二　訾　五　十　七六八
□妻汝年卅一筭一　七六九
子男兒年六歲　七七〇
客男弟綿年□歲　七七一
悝男弟日年□歲　七七二
了妻大女釆年廿筭一　七七三
□男弟盎年七歲　七七四
高遷里户人公乘唐乾年六十三　七七五
浦里户人公乘區卒年七十□　七七六
浦里户人公乘蔡窟年五十　死　七七七
妻姑年六十　七七八
右虎家口食七人　訾　五　十　七七九
【注】「右」上原有墨筆點記。
□男子鼠年二歲　七八〇
【注】「男子」應爲「子男」之倒。
右智口食七人　訾　五　十　七八一
【注】「智」下應脱「家」字。
從嫂馮年七十二刑右足　七八二

七八三 □渚女弟兒年三歲
七八四 頭男姑姪年十六筭一
【注】「姑姪」應爲「姪姑」之倒。
七八五 滗寡嫂思年卌四筭一
七八六 無女弟心年五歲
七八七 □男弟多年十一
七八八 妻惕年十九筭一
七八九 子男堂年廿一　腹心病
七九〇 右識家口食四人　筭一　訾　五　十
七九一 魁米省主
七九二 妻姑年卅九筭一
七九三 春平里户人公乘弜撈年廿三筭一
七九四 右平家口食三人　訾　五　十
七九五 鼠妻客年卅二筭一　從男姪取年五歲
七九六 妻羊年六十聾兩耳
七九七 其十二户府縣樵炭民
七九八 進渚里户公乘朱政年六十六
七九九 從男弟文年十八筭一
八〇〇 右敬家口食十一人　筭三　訾　五　十
八〇一 女姪生年十歲
八〇二 浦里户人公乘劉立年卌八
八〇三 □子男廖年七歲
八〇四 浦里户人公乘蔡罷年五十四
八〇五 妻繒年卌二
八〇六 夷女沙年十五
八〇七 兒妻嫕年廿一
八〇八 著妻違年卅三
八〇九 犬男弟竟年十二

八一〇 右倚口食九人　訾　五　十
八一一 難子女生年二歲
【注】□下應脱「家」字。
八一二 仙女弟兒年三歲
八一三 絮男弟夷年廿一
八一四 誌男弟仙年五歲
八一五 奴母揖年六十七
八一六 當男弟甬年十五
八一七 □女弟白年五歲
八一八 如女弟汝年十五筭一
八一九 奇從男姪業年十二
八二〇 □男弟先年四歲
八二一 買母姑年五十筭一
八二二 妻思年卌筭
【注】「筭」下應脱「一」字。
八二三 囷妻肥年卅一盲左目
八二四 妻鼦年卅三筭一
八二五 子男卑年十一
八二六 定應事役卌四户
八二七 陽貴里户人公乘朱伍年卅八踵兩足　伍母姑年七十七
八二八 流妻蓬年卅二筭一
八二九 陽母萬年六十三
八三〇 □子男凌年四歲
八三一 凡口九人　筭四　訾　五　十
八三二 從男姪武沅年卅六腹心病
八三三 主男弟黨年八歲
八三四 右養家口食五人　訾　五　十
八三五 從男姪趙張年卌　苦䫌病

右□家口食五人　筭一　訾　五　十　八三六

□子男米年十歲　八三七

襄母思年七十三　八三八

兒男弟奴年二歲　八三九

浦里户人公乘許宜年六十一　八四〇

犬母如年卌九　八四一

烏妻紫年五十四　八四二

和子男弈年十六　八四三

婦男弟初年十三　八四四

姑女弟見年八歲　八四五

右喬家口食四人　訾　五　十　八四六

【注】「右」上原有墨筆點記。

釗（？）子男絮年廿　八四七

亲女弟誌年八歲　八四八

蔡男弟宗年四歲　八四九

罪男弟穜年十三盲左目　八五〇

虎男姪記年廿一筭□聾苔病　八五一

妻敬年廿七　筭一　八五二

蔡妻汝年廿五筭一　八五三

伍妻大女姑年五十一筭一　八五四

谷陽里户人公乘吴興年廿六筭一　八五五

東陽里户人公乘私學程溥年卅一腹心病　八五六

白男弟兒年一歲　八五七

妻調年十八筭一　八五八

廟男弟宋年二歲　八五九

凡口五人　筭二　訾　五　十　八六〇

宜陽里户人公乘丁蔣年卅二筭一　八六一

凡口六人　筭三　訾　五　十　八六二

糒妻菖年十三　八六三

張子男叱年四歲　八六四

張妻約年廿四筭一　八六五

嬈男弟劉年七歲　八六六

……年四歲　八六七

碓女弟婢年十四　八六八

浦里户人公乘壬勉年五十四　八六九

怛男弟閏年三歲　八七〇

子女碩年十一　八七一

著母沙年六十二　八七二

妻隫年廿四　八七三

子女蚕年十二　八七四

喬子男遠年二歲　八七五

出妻狼年六十一　八七六

智從兄碩年六十六瀨病雀兩足　八七七

子男客年廿一　八七八

妻矢年卅二　八七九

浦里户人公乘虁奴年廿　八八〇

母賓年七十　八八一

石男弟緒年五歲　八八二

其三户縣卒　八八三

□妻思年五十二筭一　八八四

蓙妻杲年卅三筭一　八八五

錢子男栗年十三　八八六

張妻客年卅六　以五年十二月廿一日被病物故　八八七

弱男弟林年六歲　八八八

頤男姪課年十五　八八九

妻耳年五十筭一　八九〇

心女弟勝年五歲　八九一

子女湛年十二　八九二

浦里户人公乘烝晧年五十四踵兩足　八九三

右和家口食二人　訾　五　十　八九四

立男弟種年八歲　八九五

奉男弟困年十歲　八九六

客女弟心年十五　八九七

錢小妻生年廿五盲兩目　八九八

子男汪年四歲　八九九

思子女平年十五筭一　九〇〇

勝男弟孫年四歲　九〇一

膰男弟屯年六歲　九〇二

妻妾年五十盲左目　九〇三

從男姪謝□年十八筭一　九〇四

順男弟□年十五筭一　九〇五

富貴里户人公乘鄧廷年卅八筭一　九〇六

男弟展年二歲　九〇七

子女勝年十一　九〇八

子男習年廿七筭一　九〇九

宜陽里户人公乘樊縣年卌六　踵兩足　九一〇

妻汝年六十一　九一一

奴子男歸年五歲　九一二

苗父象年六十一盲左目　九一三

浦里户人公乘縣卒胡苗年廿二　九一四

縣男統年五歲　九一五

【注】「男」上或下應有脱字。

禿女弟縣年七歲　九一六

小妻生年卅二　九一七

食男弟公年五歲　九一八

象子女兒年二歲　九一九

璆女姪如年十四　九二〇

晧男弟朝年八歲　九二一

右政家口食六人　筭四　訾　五　十　九二二

寫女弟般年七歲　九二三

子女七年五歲　九二四

吉陽里户人公乘謝武年六十四　九二五

右里家口食九人筭五　訾　五　十　九二六

吉陽里户人公乘陳謝年五十四　苦腹心病　九二七

錢妻妾年五十七筭一　九二八

父侍年五十一筭一　九二九

宜陽里户人公乘佃帥□衣年五十一　刑手　九三〇

【注】「衣」上□左半殘缺，右半爲「昜」。

子女見年九歲　九三一

主女弟婢年五歲　九三二

妻李年卅四　九三三

閏男弟年二歲　九三四

【注】「男弟」下應脱人名。

勝男弟典年三歲　九三五

頃女弟等年七歲　九三六

奴妻繡年卅二　九三七

浦里户人公乘縣卒潭著年卌一　九三八

騎子男佳年二歲　九三九

德女弟從年八歲　九四〇

妻汝年卅三筭一　九四一

妻汝年卌八　筭一　九四二

高遷里户人公乘胡孫年廿七　苦腹心病　九四三

九四四　張母思年七十九
九四五　□女弟弱年八歲
九四六　佐妻思年廿八筭一
九四七　子男道年六歲
九四八　奇妻黄年卅二筭一
九四九　文子女定年十歲
九五〇　理男弟怒年十七筭一
九五一　右烝家口食四人
九五二　□男弟野年廿筭一
九五三　男姪吴買年廿筭一
九五四　子男囷年卅一踵兩足
九五五　東女弟□年□歲
九五六　□陽里户人公乘光元年八十一
九五七　務男弟寄年四歲
九五八　右堤家口食三人　筭二　訾　五　十
九五九　妻諸年十五筭一
九六〇　堤母妾年八十九
九六一　□□里户人公乘新吏李奴年廿二筭一
九六二　恨男姪仵年十歲
九六三　勉妻温年廿筭一
九六四　怛女弟東年八歲
九六五　初男弟集年七歲
九六六　見男弟頃年四歲
九六七　象子男失年四十盲兩目
九六八　囊男弟湖年二歲
九六九　右當家口食五人　訾　五　十
九七〇　盛男弟兒年一歲
九七一　子男麗年十八筭一
九七二　湯男弟卒年三歲
九七三　高遷里户人公乘區莖年五十七　筭一
九七四　從男姪程奴年十三
九七五　子男弟理年廿筭一
九七六　右賓家口食七人　筭三　訾　五　十
九七七　佐母妾年六十六
九七八　子男初年五歲
九七九　妻象年廿三筭一
九八〇　政從男姪乞（？）眼年十五筭一
九八一　右客家口食十一人　筭三　訾　五　十
九八二　湛女弟婢年十三
九八三　子男壬年十歲
九八四　奴男弟骰年十歲
九八五　羊女弟户年十歲
九八六　主妻娌年廿五筭一
九八七　理從男弟壬年卅二筭一　苦風病
九八八　右到家口食八人筭三　訾　五　十
九八九　從户下婢貴年八十二
九九〇　右從家口食七人　訾　五　十

【注】「右」上原有墨筆點記。

九九一　婢男弟唯年十歲
九九二　浦里户人公乘瓮（？）盡年卅四
九九三　右窟家口食七人　訾　五　十
九九四　著男姪傅年十一　腹心病
九九五　歸男弟當年四歲
九九六　芏妻勝年十六
九九七　何妻婢年六十六
九九八　浦里户人公乘州卒周碩年卅

九九九　碩父何年八十

一〇〇〇　右奴家口食廿一人　訾　五　十

一〇〇一　浦里户人公乘趙大年廿五

一〇〇二　右苗家口食廿一人　訾　□　□

一〇〇三　櫓妻忘（？）年十七筭一

一〇〇四　暘子男直年十三

一〇〇五　義姑思年八十四

一〇〇六　尾子女仨年一歲

一〇〇七　富貴里户人公乘李佐年卅五聾左耳

一〇〇八　元妻罷年卅五筭一

一〇〇九　富貴里户人公乘謝奇年卅五　腹心病

一〇一〇　文妻釗年五十□筭一

一〇一一　東男弟瞻年十二　踵兩足

一〇一二　黨女弟忽年九歲

一〇一三　從姪謝穀年四歲

一〇一四　妻陳年卌筭一

一〇一五　妻黄年卅一筭一

一〇一六　夫秋里户人公乘李春年卅二　雀一足

一〇一七　到外男孫沙年八歲

一〇一八　羊妻汝年廿一筭一

一〇一九　數姊客年十六筭一

一〇二〇　里男弟周端年廿五筭一

一〇二一　關子女暈年五歲

一〇二二　☒……人筭四　訾　五　十

一〇二三　男弟文年六歲盲右目　刑佐足

【注】「佐」應爲「左」之通假。

一〇二四　子女壞年六歲

一〇二五　狠妻貞年六十五

一〇二六　奴父狠年六十二

一〇二七　適妻取年十六

一〇二八　右著家口食九人　訾　五　十

【注】「右」上原有墨筆點記。

一〇二九　葨男弟膞年六歲

一〇三〇　威妻殷年廿五

一〇三一　碩男弟笋年卅六

一〇三二　笋男弟□年十二

一〇三三　碩子男葨年八歲腹心病

一〇三四　何子男威年五十六風病

一〇三五　大男雙年一歲

一〇三六　膞男弟蓁年三歲　盲右目

一〇三七　浦里户人公乘州卒潭奴年五十

一〇三八　右宜家口食六人　訾　五　廿

一〇三九　右碩家口食四人　訾　五　十

一〇四〇　汝（？）女弟陳年四歲

一〇四一　碩妻山年廿三

一〇四二　黄女弟婢年十二

一〇四三　著男弟迫年十

一〇四四　狠男姪適年廿

一〇四五　奴男弟裳年十二　音苔

一〇四六　難男弟窟年一歲

一〇四七　□子女□年□歲

一〇四八　當女弟難年三歲

一〇四九　難男弟德年十二刑

一〇五〇　虎男弟秃年十五

一〇五一　妻罷年廿八

一〇五二　妻情年六十

浦里户人公乘張利年六十二　一〇五三
德男弟亲年十四　一〇五四
烝男弟長年二歲　一〇五五
妻來年六十二　死　一〇五六
備母汝年七十二　一〇五七
右誂家口食五人　訾　五　十　一〇五八
【注】「右」上原有墨筆點記。
浦里户人公乘蔡尚年廿三　□□病　一〇五九
子女石年八歲　一〇六〇
其二户州卒　一〇六一
好女弟稱年十三　一〇六二
男姪巡年十　一〇六三
義男姪黨年十二　一〇六四
府男弟鉆年一歲　一〇六五
蔣女弟好年廿一筭一　一〇六六
尾妻阿年廿九筭一　一〇六七
右壽家口食七人　筭□　訾　五　十　一〇六八
右舊家口食五人　一〇六九
從姪□客年五歲　一〇七〇
夫秋里户人公乘黄嬰年卌五筭一　一〇七一
客男姪羊年卅六筭一　一〇七二
右夏家口食七人　一〇七三
【注】「右」上原有墨筆點記。
尾女弟櫓年二歲　一〇七四
從男姪番安年十五筭一　一〇七五
趙從男姪謝貴年卅苦腹病　一〇七六
妻卑年廿一筭一　一〇七七
勞男弟各年八歲　一〇七八
右趙家口食七人　筭一　訾　五　十　一〇七九
了子男姑年五歲　一〇八〇
定見……四人　一〇八一
卑男弟池年三歲　一〇八二
連女弟□年□歲　一〇八三
石女弟躭年七歲　一〇八四
右□家口食五人　一〇八五
夫秋里户人公乘爨蔣年卅三　复心病　一〇八六
帥男弟有年廿　一〇八七
蔣妻休年廿二筭一　一〇八八
母鄧主年六十四　一〇八九
踓妻□年卅筭一　一〇九〇
夫秋里户人公乘烝卑年廿四　一〇九一
子女毛年七歲　一〇九二
變中里户人公乘黄淇年卅八　踵兩足　一〇九三
各男弟純年二歲　一〇九四
鐵妻婢年卌六　一〇九五
讓妻命年廿四　一〇九六
讓男弟回年十八　一〇九七
温母姑年五十八　一〇九八
盡妻沙年卌四　一〇九九
東男弟金年五歲　一一〇〇
右客家口食六人　訾　五　十　一一〇一
【注】「右」上原有墨筆點記。
著子男盛年三歲　一一〇二
著女弟連年八歲　一一〇三
窟女弟沙年四歲　一一〇四
盛女弟造年二歲　一一〇五

子男櫓年廿筭一　一一〇六
眼妻大女勉年卌一筭一　一一〇七
陽男姪唐陽年五十一苦腹心信病　一一〇八
義男弟閒年十一　一一〇九
陽母故年七十　一一一〇
變中里户人公乘張陽年卅七筭一　一一一一
右裳家口食五人　筭一　訾　五　十　一一一二
筭男弟辰年五歲　一一一三
主女弟筭年八歲　一一一四
子男主年十三　苦腹病　一一一五
德女弟柴年十　一一一六
子女梟年廿二　一一一七
鐵男姪圭年廿七　一一一八
晧男姪歸年十六　一一一九
右犬家口食八人　訾　五　十　一一二〇
【注】「右」上原有墨筆點記。
婢男弟客年八歲　一一二一
客女弟窟年五歲　一一二二
妻命年卅四　一一二三
頤男弟卯年卌三踵兩足　一一二四
文男孫仙年二歲　一一二五
妻大女曾年五十一　十二月十九日被病勿故　一一二六
【注】「勿」應爲「物」之通假。
常遷里户人公乘張曹年七十　盲兩目　一一二七
右詳家口食九人　筭二　訾　五　十　一一二八
繆小父文年五十八筭一　一一二九
子女黨年十一　一一三〇
妻姑年卅七筭一　一一三一
政小妻易年廿二筭一　一一三二
變中里户人公乘逢政年卅五筭一　一一三三
右矢家口食四人　筭三　訾　五　十　一一三四
浦里户人公乘孫難年□一雀兩足　一一三五
右根家口食七人　訾　五　十　一一三六
【注】「右」上原有墨筆點記。
騰男弟湛年十三　一一三七
頃小妻偶年十九筭一　一一三八
弓男弟護年一歲　一一三九
窟姊聟五坐年六十二筭一　一一四〇
高遷里户人公乘毛布年七十四　刑左手　一一四一
子男銀年卅四筭一　聾右耳　一一四二
妻第年卅筭　一一四三
【注】按吴簡格式，「筭」下應有脱字。
追男弟得年六歲　一一四四
鷺小妻客年廿八筭一　一一四五
罡女弟婢年十六筭一　一一四六
騎母湘年九十七　一一四七
浦里户人公乘李當年卅六　一一四八
妻鼈年廿三　一一四九
子男狗年八歲　一一五〇
子男碓年廿三　一一五一
金男弟舉年二歲　一一五二
盡男弟賓年廿一　一一五三
浦里户人公乘胡德年□十一刑左足　一一五四
香女弟細年二歲　一一五五
惕子男有年三歲　一一五六
浦里户人公乘陳騎年卅三　一一五七

賓女弟劉年卅□ 刑右手 一一五八
□女弟巳年十二 踵兩足 一一五九
富貴里户人公乘佃客文元年六十二 腹心病 一一六〇
毁子女府年三歲 一一六一
妻雙年卅筭一 一一六二
毁母山年七十三 一一六三
□中里户人公乘陳毁年卅六 苦風病 一一六四
右挹家口食六人 筭二 訾 五 十 一一六五
涼男弟池年四歲 一一六六
耳男姪蜅年廿四筭一 一一六七
臬女弟能年廿 一一六八
鐵男姪杖年十六 一一六九
妻象年卅七 一一七〇
讓子男從年五歲 一一七一
浦里户人公乘蔡誌年七十三 一一七二
碓男弟春年十二 一一七三
浦里户人公乘何義年廿四 一一七四
□女弟東年三歲 一一七五
莫女弟洽年二歲 一一七六
右毁家口食六人 訾 五 十 一一七七
浦里户人公乘佃帥周倉年六十 一一七八
浦里户人公乘鄭喬年六十三 一一七九
右丑家口食五人 訾 五 十 一一八〇
浦里户人公乘胡䕸年七十三 一一八一
柱男弟悉年六歲 一一八二
伍男姪得年十六 一一八三
浦里户人公乘朱埔年卅六 一一八四
右頃家口食十一人 訾 五 十 一一八五
誂姑繒年七十六 一一八六
定領口食七百八十五人 其一百七十人女 一一八七
騎女姪⿰食若年十四 一一八八
右稠家口食六人 筭二 訾 五 十 一一八九
□男弟弩年二歲 一一九〇
高遷里户人公乘伍錢年卌八筭一 雀㫖 一一九一
雙男弟帥年一歲 一一九二
□子男生年一歲 十月十七日被病物故 一一九三
凡口六人 訾 五 十 一一九四
來男弟獻年八歲 一一九五
□子男恩年三歲 一一九六
鈗女弟赿年二歲 一一九七
右元家口食十人 筭四 訾 五 十 一一九八
文男姪省年五歲 一一九九
右文家口食十人 筭四 訾 五 十 一二〇〇
瑒妻大女思年廿四筭一 一二〇一
賓妻宜年十六 一二〇二
南女弟薑年六歲 一二〇三
變中里户人公乘郡吏黄謬年卅一 一二〇四
妻貴年卅二 一二〇五
舉男弟兒年一歲 一二〇六
母鼠年六十二 一二〇七
德小母卿年六十三 一二〇八
養妻斗年廿三 一二〇九
喬女姪客年廿 一二一〇
魚女弟妾年十九筭一 一二一一
堂男弟追年七歲 一二一二
亭男弟好年十一 丁 一二一三

亘男弟得年十四　丁　一二一四
□男弟萬年二歲　一二一五
狗男弟小年五歲　一二一六
騰妻大女旨年十九筭一　一二一七
子女香年四歲　一二一八
範男姪塼年十三　一二一九
壽從姪朱餘年九歲　一二二〇
繇子男耳年二歲　一二二一
騎男弟有年五歲　一二二二
詳從男弟鄭但年八歲　一二二三
州男弟曹年十一　一二二四
科母姑年六十一　一二二五
才女弟勝（？）年四歲　一二二六
男姪奇年八歲　一二二七
妻婢年五十八筭一　一二二八
女姪連年十歲　一二二九
妻平年廿三　一二三〇
□男弟各年四歲　一二三一
□妻運年廿六筭一　一二三二
坊女弟栂年五歲　一二三三
右勝家口食十三人　筭三　訾　五　十　一二三四
凡口九人　筭四　訾　五　十　一二三五
妻思年廿筭一　一二三六
養妻思年廿一筭一　一二三七
養子男客年二歲　一二三八
宗男姪估年七歲　一二三九
潚男弟生年十三　一二四〇
鐵子女懸年十三　一二四一

從女弟薗年三歲　一二四二
子男侑年二歲　一二四三
盡母肯年六十八　一二四四
誌妻繒年五十四　一二四五
春女弟生年六歲　一二四六
生女弟取年四歲　一二四七
右改家口食七人　訾　五　十　一二四八
貴女弟當年七歲　一二四九
鷺妻巡年五十一筭一　一二五〇
高遷里户人公乘石張年卅五　筭一　苦腹心病　一二五一
□男姪與年七歲　一二五二
綬男姪湌年三歲　一二五三
追男弟狗年九歲　一二五四
壽從男姪周湟年十一　一二五五
妻勉年廿筭一　一二五六
丑妻大女思年十六筭一　一二五七
盡男姪敬年六歲　一二五八
□男弟狗年卅六　一二五九
先男弟龍年九歲　一二六〇
耳妻賓年十□筭一　一二六一
鋌子男先年廿三筭一　一二六二
妻姑年四十二　一二六三
盡子男鼠年四歲　一二六四
芊男弟勞年十一　一二六五
浦里户人公乘鄧丑年卅六　一二六六
妻奴年廿三　一二六七
賢男弟柱年十四　一二六八
右石家口食六人　訾　五　十　一二六九

取女弟囡三歲　一二七〇

【注】「三歲」上應脱「年」字。

久男弟比年三歲　一二七一

養女弟兒年三歲　一二七二

其廿一人被病物故　其一百一十五人男　一二七三

騎男姪言年十四　一二七四

騎妻思年六十六　一二七五

高遷里户人公乘陳鷺年六十四　一二七六

稠妻男弟魯言年六歲　一二七七

高遷里户人公乘雷與年七十九　以六年正月五日被病物故　一二七八

罷男弟亭年十四　丁　一二七九

□妻大女被年十五筭一　一二八〇

右雙家口食五人　筭二　訾　五　十　一二八一

【注】「右」上原有墨筆點記。

□妻妾年□十一　一二八二

龍女弟戴年六歲　一二八三

兵男姪監年四歲　一二八四

子女來年十六筭一　一二八五

義妻姑年廿四筭一　一二八六

常遷里户人公乘鄧愓年八十二刑佐足　一二八七

【注】「佐」應爲「左」之通假。

運女香年二歲　一二八八

富貴里户人公乘徐賓年六十五　一二八九

子男運年三歲　一二九〇

壽妻紫年七十一　一二九一

誌子男谷年十三　一二九二

鼠女弟小年四歲　一二九三

小男弟生年一歲　一二九四

右告家口食一人　一二九五

【注】「右」上原有墨筆點記。

右勉家口食八人　訾　五　十　一二九六

【注】「右」上原有墨筆點記。

連女弟水年一歲　一二九七

右赸家口食五人　訾　五　十　一二九八

【注】「右」上原有墨筆點記。

右□家口食七人　筭四　訾　五　十　一二九九

【注】「右」上原有墨筆點記。

陽男弟利年七歲　一三〇〇

坌男弟糸年十七　筭一　一三〇一

壽子男罷年十六　一三〇二

□子男追年十三雀佐足風　一三〇三

【注】「佐」應爲「左」之通假。又，按吴簡格式，「風」下應脱「病」字。

鐵妻男弟丰年十七　筭一　丁　一三〇四

碩子男輸年九歲苦彊病　一三〇五

欣男弟當年十三　一三〇六

□從兄大年八十三　聾苔　一三〇七

【注】按吴簡格式，「聾苔」下應脱「病」字。

母思年六十九　一三〇八

富貴里户人公乘縣吏孫義年廿五　一三〇九

右漬家口食□人　筭三　訾　五　十　一三一〇

鼠男弟□年三歲　一三一一

賓妻姑年五十六筭一　一三一二

男姪所年七歲　一三一三

養男弟春年五歲　一三一四

子女政年六歲　一三一五

當女智鄧返年廿一筭一　一三一六

妻如年廿一筭一　一三一七

廣男弟石年三歲　一三一八

子男見年四歲　一三一九

如男弟廣年五歲　一三二〇

凡口十三人　訾　五　十　一三二一

囷男皁年八歲　一三二二正

囷男弟皁年五歲　一三二二背

【注】吳簡户籍簡雙面寫同一內容少見。本簡正面「男」下脱「弟」字，「八」爲小補字，脱漏錯訛較多，故在背面重寫，以糾正正面之誤。

□陽里户人公乘常客年廿五　聾耳　一三二三

謝妻從年廿三筭一　一三二四

男姪衛年五歲　苦聾病　一三二五

男弟朏年十五筭一　一三二六

垌男弟助年廿一筭一　苦腹心病　一三二七

助男弟真年十六筭一　一三二八

生女弟得年四歲　一三二九

右讓家口食六人　訾　五　十　一三三〇

【注】「右」上原有墨筆點記。

右難家口食三人　訾　五　十　一三三一

【注】「右」上原有墨筆點記。

谷女弟濮年七歲　一三三二

妻南年廿七　一三三三

時女弟兼年三歲　一三三四

浦里户人公乘任禿年卌九　一三三五

難妻益年十八　一三三六

右養家口食五人　訾　五　十　一三三七

【注】「右」上原有墨筆點記。

右德家口食六人　訾　五　十　一三三八

【注】「右」上原有墨筆點記。

子男連年三歲　一三三九

浦里户人公乘張伍年六十三　中品　一三四〇

子女賢年十六　一三四一

雖男弟尋二歲　一三四二

【注】「二歲」上應脱「年」字。

右僦家口食七人　筭二　訾　五　十　一三四三

右買家口食七人　筭二　訾　五　十　一三四四

【注】「右」上原有墨筆點記。

右强家口食五人　筭三　訾　五　十　一三四五

買男姪丁何年七歲　一三四六

客子男倚年七歲　一三四七

妻大女□年六十六　一三四八

【注】「大女」下□左半殘缺，右半爲「艮」。

雙男姪趙年十五筭一　一三四九

義母汝年七十四　一三五〇

右浬家口食十四人　筭六　訾　五　十　一三五一

思男弟□年四歲　一三五二

【注】「男弟」下□右半殘缺，左半從「糸」。

王子男客年四歲　一三五三

估男弟山年八歲　一三五四

妻男弟渴年六歲　腹心病　一三五五

昃男弟山年十四　一三五六

懸女弟蔣年十　一三五七

浦里户人公乘謝頃年廿七　一三五八

浦里户人公乘何湛年卅九　一三五九

頃妻省年卅一　一三六〇

頃母婢年六十七　一三六一

湛母賓年七十九　一三六二

虎母姑年六十七　一三六三

子女江年三歲　一三六四
魯男弟兒年一歲　一三六五
田母取年七十二　一三六六
右盖家口食九人　訾　五　十　一三六七
紈妻男弟堂年一歲　一三六八
初男姪誇年四歲　一三六九
鮔男姪令年六歲　一三七〇
懸男姪趙年廿二筭一　一三七一
張妻大女捕年卅[五]筭一　一三七二
真男弟湖年十三踵兩足　一三七三
[屯]妻大女丰年卅六筭一　一三七四
碩妻大女鮔年卌三筭一　一三七五
常遷里户人公乘壬[屯]年九十三　一三七六
秦女弟移年九歲　一三七七
狗女弟秦年十歲　一三七八
母思年六十一　一三七九
得男弟當年三歲　一三八〇
英男弟賓年八歲　一三八一
賓女弟悉年三歲　一三八二
悉男弟黑年二歲　一三八三
妻宗年四十　一三八四
右誌家口食五人　訾　五　十　一三八五
【注】「右」上原有墨筆點記。
藥男弟清年十五　一三八六
裕男弟鄧年廿八　雀兩足　一三八七
頭子男客年十七筭一　一三八八
宗父興年七十四　刑左手　一三八九
當子男吉年七歲　一三九〇
騎男弟難年廿九　一三九一
集凡橫溪丘[魁]□□領吏民五十户口食二百[八]十八人　一三九二
真男弟藥廿四踵兩足　一三九三
【注】「廿四」上應脱「年」字。
子男至年三歲　一三九四
常遷里户人公乘烝頎年五十六刑右手指苦喉病　一三九五
常遷里户人公乘信滇年五十八　筭一　一三九六
凡口九人　訾　五　十　一三九七
【注】「凡」上原有墨筆點記。
綬妻大女思年廿二筭一　一三九八
常遷里户公乘唐綬年卅二苦信病　一三九九
【注】按吴簡格式，「户」下應脱「人」字。
厚男姪露弱年十五筭一　一四〇〇
[鼢]妻男姪生年九歲　沮病　一四〇一
耳男孫鼠年三歲　一四〇二
右谷家口食六人　訾　五　十　一四〇三
浦里户人公乘劉□年五十四　一四〇四
妻客年五十二　一四〇五
小妻[汭]年卅九　一四〇六
黑女弟思年一歲　一四〇七
朋男弟萲年廿九　一四〇八
右鐵家口食十人　訾　五　十　一四〇九
【注】「右」上原有墨筆點記。
浦里户人公乘張虎年卅六　一四一〇
婢女弟養年七歲　一四一一
右河家口食十二人　筭六　訾　五　十　一四一二
高遷里户人公乘縣卒周宗年廿七　一四一三
頭妻汝年卅四筭一　一四一四

周男弟喬年十 一四一五

曹女弟枚年六歲 一四一六

□妻汝年廿二　筭一 一四一七

[陁]男弟[借]年四歲 一四一八

[春]男弟耀年卌八踵右手苦腹心病 一四一九

盖妻大女紫年十七　筭一 一四二〇

養男弟鼠年三歲 一四二一

盡寡嫂佻年廿二 一四二二

凡口十一人　呰　五　十 一四二三

凡口五人　呰　五　十 一四二四

生男姪石黄年九歲 一四二五

右生家口食四人　筭二　呰　五　十 一四二六

高遷里户人公乘黄橎年卅七筭一　苦腹心病 一四二七

右就家口食十[一]人　更一　呰　五　十 一四二八

右小家口食十六人　筭七　呰　五　十 一四二九

高遷里户人乘潘河年六十八 一四三〇

【注】按吳簡格式，「乘」上應脱「公」字。

河妻思年六十七 一四三一

河子男生年廿八筭一 一四三二

明母汝年七十四 一四三三

高遷里户人公乘鄧蘭年五十七筭一 一四三四

男姪客年十四 一四三五

子男久年五歲 一四三六

右明家口食十人　呰　五　十 一四三七

【注】「右」上原有墨筆點記。

車子男盖年十四苦腹心病 一四三八

妻銀年廿五 一四三九

爲子男畏年四歲 一四四〇

右萇家口食十二人　筭五　呰　五　十 一四四一

奴男弟貴年三歲 一四四二

妻大女愁年卅二筭一 一四四三

主男弟皮年廿四筭一 一四四四

文男姪關年五歲 一四四五

□男弟葛年十聾耳 一四四六

泊男姪□年二歲 一四四七

車妻大女□年六十四 一四四八

富貴里户人公乘李□年卅一筭一 一四四九

【注】「李」下□右半殘缺，左半從「言」。

元小母挹年卌九筭一 一四五〇

富貴里户人公乘黄壽年卌三　雀病 一四五一

凡口八人　呰　五　十 一四五二

關男弟材年四歲　九月廿日被病勿故 一四五三

【注】「勿」應爲「物」之通假。

大男弟干年六歲 一四五四

材女弟乞年二歲 一四五五

干妻姊汝年六十[三] 一四五六

變中里户人公乘黄襄年七十九 一四五七

夫秋里户人公乘鄭醬年卌一筭一 一四五八

勳男弟兒年七歲 一四五九

兒女弟奴年四歲 一四六〇

右王家口食五人　筭一　呰　五　十 一四六一

高遷里户人公乘吴碩年七十一　苦風病 一四六二

妻婢年卅二筭一 一四六三

播妻妌年卅一筭一 一四六四

高遷里户人公乘州卒朱萇年廿四 一四六五

萇妻止年十九筭一 一四六六

萇兄通年卌二筭一　苦腹心病　一四六七
遷妻吴年卅六筭一　一四六八
遷子女汝年七歲　一四六九
生妻耳年十八筭一　一四七〇
男弟詔年三歲　一四七一
難妻思年廿八筭一　一四七二
子男魯年三歲　一四七三
湛男弟蔣年一歲　一四七四
赿子女湛年二歲　一四七五
嘉禾五年常遷里户人公乘黄春年六十一踵兩足　一四七六
河寡女爲年卌七筭一　一四七七
耀子攬年七歲　一四七八
魁黄橎主　一四七九
宣妻父車年七十踵兩足　一四八〇
子男勳年十三　踵左足　一四八一
□妻思年卅一筭一　一四八二
客男弟秃年十一　一四八三
客男弟栒年十　一四八四
客子男洎年九歲　一四八五
□寡姊姜年五十九筭一　一四八六
碩子男平年卅六　苦腹心病　一四八七
橎寡嫂婟年五十一筭一　一四八八
橎男弟頭年十六筭一　一四八九
頭妻金年十二　以五年十二月被病物故　一四九〇
橎男姪客年四歲　一四九一
右橎家口食六人　筭三　訾　五　十　一四九二
李男弟日年十歲　一四九三
丑妻從年廿八　一四九四
高遷里户人公乘烝頭年六十三　一四九五
曹妻婢年廿八筭一　一四九六
陽女弟唯年一歲　一四九七

【注】「年」爲補字。又，簡文前三字左部印有另簡字跡。

浦里户人公乘蔡騎年五十三腹心病　一四九八
鼠男弟種年三歲　一四九九
旱男弟種年三歲　一五〇〇
□男弟旱年四歲　一五〇一
賓子女取年一歲　一五〇二
浦里户人公乘鄧赿年五十一　一五〇三
稠妻汝年廿五筭一　一五〇四
子男奴年五歲　一五〇五
妻思年卅二筭一　一五〇六
當從兄陳客年廿七　刑右足　一五〇七
右交家口食八人　筭二　訾　五　十　一五〇八
兒男弟鼠年一歲　一五〇九
元外男姪客年十三　一五一〇
寶妻貞年廿一筭一　一五一一
上從兄卒年廿二筭一　一五一二
從女姪正年廿筭一　一五一三
斯男弟鼠七歲　一五一四

【注】「七歲」上應脱「年」字。

夫秋里户人公乘文輒年卅　一五一五
芋妻户年十四　一五一六
子女養年七歲　一五一七
碩妻汝年十七筭一　一五一八
妻紫年卅二筭一　一五一九
綏子男囷年十一　一五二〇

沮男姪苦年十四　一五二一
凡口十人　筭二　訾　五　十　一五二二
宜陽里户人公乘石會年五十二苦腹心病　一五二三
闞女弟如年九歲盲兩目　一五二四
母收年六十三　一五二五
妻宴年廿五筭一　一五二六
子女思年廿三筭一　一五二七
糜婦（？）弟□篢年廿八　踵兩足　一五二八
易男弟廟年四歲　廟男象年三歲　一五二九
【注】「廟男」下脱「弟」字。
子男兒年三歲　一五三〇
客妻汝年卅七筭一　一五三一
高遷里户人公乘李楊年卅五筭一　一五三二
楊妻勉年卅九筭一　一五三三
楊小妻亡年卅一筭一　一五三四
楊子女別年七歲　一五三五
楊姑妾年六十三　一五三六
夏子男持年五歲　一五三七
平妻象年卅六筭一　一五三八
平子男狶年五歲　一五三九
狶男弟騎年三歲　一五四〇
【注】「男弟」下□右半殘缺，左半從「馬」。
弱女弟妾年十二　一五四一
平男弟少年十一　聾耳　一五四二
頤男姪劉難年卅　筭一　聾左耳　一五四三
造男弟開年一歲　一五四四
浦里户人公乘黃智年六十一風病　一五四五
高遷里户人公乘唐耀年卅五　筭一　一五四六
小妻汝年卅七　一五四七
頓子女婢年十一　一五四八
右清家口食三人　訾　五　十　一五四九
【注】「右」上原有墨筆點記。
曹子男厚年九歲　一五五〇
雖女弟養年七歲　一五五一
定事役卅三户　一五五二
且妻大女絹年卅二筭一　一五五三
褓男弟開年七歲　十月十八日被病勿故　一五五四
【注】「勿」應爲「物」之通假。
丑男弟亡年十三苦雀病　一五五五
□男姪禄年十一　一五五六
逵妻大女思年五十筭一　一五五七
敢男弟葛年一歲　一五五八
婢女弟思年十一　一五五九
雷子男蕭年一歲　一五六〇
□弟□年三歲　一五六一
閇子男□年三歲　一五六二
元從男姪吳張年十二　一五六三
右尾家口食六人　筭一　訾　五　十　一五六四
【注】「右」上原有墨筆點記。
英妻婢年十八筭一　一五六五
右英家口食七人　一五六六
【注】「右」上原有墨筆點記。
右亮家口食四人　一五六七
右常家口食八人　筭三　訾　五　十　一五六八
集凡魁區蓬領故户卅户人合二百六十一人　一五六九
【注】「集」上原有墨筆點記。
其一百六十七人男人　一五七〇

【注】「其」上原有墨筆點記。按吳簡格式，末「人」應爲衍字。

其九十四人女 一五七一

【注】「其」上原有墨筆點記。

定見二百五十七人 一五七二

其四人被病物故 一五七三

安子男衣年四歲 一五七四

右客家口食八人　筭四　訾　五　十 一五七五

子男卒年廿三筭一 一五七六

妻思年五十六筭一 一五七七

高遷里户人公乘吳畨年六十六 一五七八

卒妻汝年廿一筭一 一五七九

卒子男厭年三歲 一五八〇

秩妻姑年卅三筭一 一五八一

高遷里户人公乘黃洛年卅四　盲兩目 一五八二

妻沙年卅八 一五八三

妻思年卌四 一五八四

浦里户人公乘朱訛年卅二 一五八五

宗男弟姪年四歲 一五八六

子男□年七歲 一五八七

䦨子男當年一歲 一五八八

右壽（？）家口食六人　筭三　訾　五　十 一五八九

士男弟堆年十踵兩足 一五九〇

高遷里户人…… 一五九一

右□家口食四人　筭三　訾　五　十 一五九二

【注】「右」上原有墨筆點記。

右盡家口食四人　筭四　訾　五　十 一五九三

【注】「右」上原有墨筆點記。

高遷里户人公乘何持年七十　踵兩足 一五九四

持妻生年卅二　筭一 一五九五

持子男盡年五歲 一五九六

持男姪董年十一 一五九七

二月□日魁區落定 一五九八

奴女姪客年十六筭一 一五九九

客女弟薄年十四 一六〇〇

楊子男陽年二歲 一六〇一

右楊家口食九人　筭四　訾　五　十 一六〇二

高遷里户人公乘胡秩年卅三　刑左足 一六〇三

右湛家口食五人　訾　五　十 一六〇四

【注】「右」上原有墨筆點記。

步父孌年六十七 一六〇五

禿女姪悽年十四 一六〇六

赳男弟平年卅一 一六〇七

妻□□年十四筭一 一六〇八

妻汝年六十二　踵兩足 一六〇九

子男推年四歲　以六年三月廿五日勿故 一六一〇

【注】「勿」應爲「物」之通假。

高遷里户人公乘莊懸年五十　筭一 一六一一

縣妻姑年卅筭一 一六一二

高遷里户人公乘郭潰年卅一　筭一 一六一三

子男伊年九歲 一六一四

男姪黃居年廿一 一六一五

□妻思年卅三　筭一 一六一六

高遷里户人公乘衛何城年卅六筭一 一六一七

【注】「衛」下應脱「士」字。

高遷里户人公乘五客年七十　踵兩足 一六一八

妻雞年卅筭一 一六一九

愁男弟宗年七歲　一六二〇

子男碭年一歲　一六二一

婁女異年廿九　筭一　一六二二

樂大妻年卅七給軍吏　一六二三

【注】「大妻」下應脱人名。

權男弟生年二歲　一六二四

定領見人二百八十四人　其百卅九人男 百卅五人女　一六二五

山男弟延年一歲　一六二六

尮妻主年卅九　一六二七

道妻約年十七筭一　一六二八

清女弟愁年十三　一六二九

禿男弟客年十一　隹足　一六三〇

子男曹年廿六筭一　一六三一

□妻汝年六十二　一六三二

妻大女汝年廿八筭一　一六三三

鼠男弟鄭爴年廿筭一　一六三四

子男溪年五歲　一六三五

右廣家口食三人　訾　五　十　一六三六

【注】「右」上原有墨筆點記。

高遷里户人公乘蔡市五十三　筭一　一六三七

【注】「五十三」上應脱「年」字。

妻縷年卌九　筭一　一六三八

子男德年十四　筭一　一六三九

伍妻姑年十六筭一　一六四〇

持男弟李金年卌七　筭一　一六四一

□子男初年六歲　一六四二

初男弟客年三歲　一六四三

右持家口食七人　筭三　訾　五　十　一六四四

浦里户人公乘許倩年卅五　一六四五

妻□年卅一　一六四六

催妻汝年十九筭一　一六四七

養男弟廷年六歲　一六四八

高遷里户人公乘謝稠年卅六　筭一　一六四九

損女弟□年五歲　一六五〇

高遷里户人公乘黄跑年廿三筭一　一六五一

當女姪當年十五筭一　一六五二

樂妻男弟兒年廿七筭一　一六五三

兒妻汝年十七筭一　一六五四

兒男弟紫年十五聾兩耳　一六五五

樂男姪別年十一歲一名擧刑左手　一六五六

樂女姪吕舟年田　盲佐目　一六五七

【注】「佐」應爲「左」之通假。

舟妻大女思年十五筭一　一六五八

思女弟蓌年十　一六五九

团子女囷年二歲　一六六〇

右客家口食□人　筭二　訾　五　十　一六六一

【注】「右」上原有墨筆點記。

高遷里户人公乘毛尾年六十二　踵兩足　一六六二

妻汝年五十三　筭一　一六六三

其六人前後被病物故　一六六四

得妻大女敢年卅九筭一　一六六五

明女姪損年十四　一六六六

度男弟眼年十一　一六六七

强男弟卨年六歲　一六六八

凡口九人　訾　五　十　一六六九

子男攴年廿二筭一　苦腹心病　一六七〇

河男姪扮年十六筭一　苦腹心病　一六七一
河男姪禿年十四　一六七二
省男弟養年七歲　一六七三
右碩家口食十三人　筭四　訾　五　十　一六七四
子男首年一歲　一六七五
師男姪當年十四　一六七六
常遷里户人公乘楊師年卌九苦喉病　一六七七
樂男姪衆年二歲　一六七八
妻大女叱年廿筭一　一六七九
凡口七人　訾　五　十　一六八〇
樂男姪佃年六歲　一六八一
□妻大女菓年卅四筭一　一六八二
【注】「菓」疑为「蕖」之省。
男姪覆年十歲　一六八三
覆男弟小年五歲　一六八四
右主家口食五人　筭二　訾　五　十　一六八五
【注】「右」上原有墨筆點記。
集凡高遷里魁黄楯領吏民五十户口食三百八十一人　一六八六
妻大女思年十六筭一　一六八七
追兄得年卌七踵兩足　一六八八
愁男弟兒年一歲　一六八九
得子男溺年二歲　一六九〇
愁母辛年卅五筭一　一六九一
皮男弟浬年十七筭一　一六九二
女孫思年五歲　一六九三
通男姪省年十三　一六九四
支女弟興年九歲　一六九五
興男弟僮年一歲　一六九六
子男土年十二踵兩足　一六九七
妻勉年卅二筭一　一六九八
其五户窮老不任役　一六九九
常遷里户人公乘石宜年五十一刑佐手給縣卒　一七〇〇
【注】「佐」應爲「左」之通假。
生女弟襍年十歲　一七〇一
奇子男生年十六筭一　一七〇二
勘男弟跑年二歲　一七〇三
厚子男敢年三歲　一七〇四
【注】「子」爲補字。
種外父張建年八十六盲左目　十二月三日被病物故　一七〇五
浬女姪婢年十五筭一　一七〇六
夷男弟賓年四歲　一七〇七
虎男弟賢年卅二　筭一　一七〇八
大妻妾年卅一筭一　一七〇九
羊男姪陳昜年十五筭一　一七一〇
河男弟鍋年十二　盲左目　一七一一
子女斯年十五筭一　一七一二
□男弟果年廿三筭一　一七一三
夏男弟羊年十六筭一　一七一四
妻思年卅一筭一　一七一五
耳男姪欣年廿一筭一　一七一六
吉陽里户人公乘周里年卅七　筭一　一七一七
……年八十　一七一八
莫男弟公年七歲　一七一九
扁男弟兔年四歲　一七二〇
還男弟扁年七歲　一七二一
凡口十一人　筭三　訾　五　十　一七二二

杜女弟奴年六歲　一七二三
妻車年廿筭一　一七二四
檜男姪這愁年二歲　一七二五
跑母大女思年五十五筭一　一七二六
定事役廿一户　一七二七
常遷里户人公乘唐丁年五十八筭一　一七二八
妻汝年卅八筭一　子女易年七歲　一七二九
子男小年四歲　一七三〇
從女弟陳叱年卅六筭一　一七三一
進渚里户人公乘黄謝年廿六　筭一　風病　一七三二
跑子男佞年一歲　一七三三
妻大女淥年六十六　一七三四
凡口四人　訾五十　一七三五
虎男弟狗年六歲　一七三六
凡口十五人　訾　五　十　一七三七
魁□□主　一七三八
從男姪令年廿八筭一　令子女思年十四　一七三九
藥男姪客年二歲　一七四〇
常遷里户人公乘劉檜年卅六筭一　一七四一
常遷里户人公乘張延年廿五給縣吏　一七四二
凡口四人　訾　五　十　一七四三
子男蜀年十四　苦聾病　一七四四
張妻大女雙年六十二　一七四五
張小妻大女財年卅六筭一　一七四六
明子男眼年十　一七四七
這男姪催年廿筭一　一七四八
難男弟栗年十四　一七四九
闡妻平年卅一筭一　一七五〇
鐵男弟勉年二歲　一七五一
歸男弟萇年七歲　一七五二
萇男弟賓年四歲　一七五三
連子女沙年五歲　一七五四
□妻繒年五十三筭一　一七五五
常遷里户人公乘李馬年六十二　一七五六
妻大女汝年卅二筭一　一七五七
子女黄年十五筭一　一七五八
黄男弟客年十三　一七五九
客男弟郎年三歲　一七六〇
凡口五人　訾　五　十　一七六一
常遷里户人公乘陳檜年六十一苦風病　一七六二
蜀男弟赿年九歲　十月卅日被病物故　一七六三
檜男姪道年十六聾耳　一七六四
檜妻大女思年卅一筭一　一七六五
疽男弟連年八歲　一七六六
檜子男兩年十三踵兩足　一七六七
常遷里户人公乘吴張年六十九雀右手指　一七六八
佳妻故年十三　一七六九
角男弟高年六歲　一七七〇
秩女弟物年廿八筭一　一七七一
香女姪姑年十八筭一　一七七二
子女鐵年五歲　一七七三
妻佳年十七　筭一　一七七四
萲男孫排年四歲　一七七五
妻豆年廿三　筭一　一七七六
秩寡姊連年卅五筭一　一七七七
香男姪遭巡年七歲　一七七八

右香家口食九人　筭四　訾　五　十　一七七九
右盉家口食九人　筭一　訾　五　十　一七八〇
凡口三人　訾　五　十　一七八一
富貴里户人公乘州吏鄭磐卅一　一七八二
【注】「卅一」上應脱「年」字。
翟男弟蔣年十六踵兩足　一七八三
□男姪敢年十三　一七八四
凡口七人　訾　五　十　一七八五
至妻姑年廿二筭一　一七八六
香男弟小年一歲　一七八七
子男至年廿四刑左手　一七八八
男姪□年五歲踵兩足　一七八九
張妻大女誼年卅筭一　一七九〇
夫男姪强年十三　一七九一
凡口六人　訾　五　十　一七九二
鼠男弟生年十四苦腹心病　一七九三
子女鼠年十六筭一　一七九四
常遷里户人公乘這元年七十三苦踵病　一七九五
其一户縣卒　一七九六
從男弟馬狼年廿七　盲左目　一七九七
妻徹年卅八　筭一　一七九八
貴男弟拯年九歲　一七九九
薆妻尾年六十三　一八〇〇
沽子男鉦年二歲　一八〇一
妻大女幾年廿二筭一　一八〇二
□男姪□元年廿一苦喉病　一八〇三
□男弟佳年十四　一八〇四
【注】「男弟」上□右半殘缺，左半從「魚」。

右城家口食七人　筭三　訾　五　十　一八〇五
【注】「右」上原有墨筆點記。
高遷里户人公乘度買年六十四　刑右足　一八〇六
子男乞年三歲　一八〇七
高遷里户人公乘潘澎年六十六　尉口度　一八〇八
【注】「度」下疑脱「卒」字。
☐　右秩家口食七人　筭三　訾　五　十　一八〇九
□妻姑年五十四　筭一　一八一〇
高遷里户人公乘毛曹年卌　筭一　一八一一
凡口十三人　訾　五　十　一八一二
常遷里户人公乘京還年五十七　筭一　一八一三
右尾家口食八人　筭四　訾　五　十　一八一四
【注】「右」上原有墨筆點記。
妻大女驚年卌六筭一　七月十日被病物故　一八一五
還小妻大女取年廿一　筭一　一八一六
還子男常年十四　一八一七
當男弟尾年六歲　一八一八
凡口五人　訾　五　十　一八一九
常遷里户人公乘孫赤年卌六筭一　一八二〇
赤妻大女須年卅九　□月三日被病物故　一八二一
元子男狗年三歲　一八二二
元男姪黑年七歲　一八二三
凡口七人　訾　五　十　一八二四
鄧男弟緹年十九筭一　苦彊病　一八二五
常遷里户人公乘京咨年卌三筭一苦信病　一八二六
元妻大女㮚年十五　筭一　一八二七
【注】「㮚」疑爲「䆃」之省。
元子男郡年一歲　一八二八

其二戶州卒　一八二九

𠂆一戶軍吏　一八三〇

汝男弟當年十八給車吏　一八三一

【注】「車」應爲「軍」之誤。

有男姪馬年三歲　一八三二

其一戶澤口度卒　一八三三

咨子男乘年四歲　一八三四

右咨家口食四人　筭二　訾　五　十　一八三五

鼠男弟留年七歲　一八三六

客女弟兒年四歲　一八三七

右昜家口食五人　筭二　訾　五　十　一八三八

子女赤年一歲　一八三九

磬兄乾年五十二　腹心病　一八四〇

乾妻思年卅四筭一　一八四一

子男鳥年五歲　一八四二

鳥女弟農年三歲　一八四三

農女弟囷年二歲　一八四四

囷女弟兒年一歲　一八四五

磬僮子鄭屬年廿三　筭一　一八四六

武子男恐年十四　一八四七

恐男弟志年八歲　一八四八

北男弟攴年一歲　一八四九

成女弟香年廿二　一八五〇

至女弟免年十一　一八五一

右磬家口食十四人　筭四　訾　五　十　一八五二

樵小父夏年七十九　一八五三

士男弟脩年十七筭一苦腹心病　一八五四

大女弟汝年十四　一八五五

文妻大女向年六十六　一八五六

黑男弟狗年二歲　一八五七

從男夏鼠年廿三　筭一　一八五八

【注】「男」下應脱「姪」字。

其一戶澤口驛兵　一八五九

其三戶佃帥衛士　一八六〇

鼠男弟淮年二歲　一八六一

富貴里戶人公乘黄平年六十四　踵兩足　一八六二

平母姿年八十五　一八六三

平妻思年卅六筭一　一八六四

平子男董年六歲　一八六五

董男弟兒年四歲　一八六六

兒男弟可年三歲　一八六七

平女弟如年卅七筭一　一八六八

□子女叵年四歲　一八六九

屬男弟騎年八歲　一八七〇

叵女弟義年三歲　一八七一

磬女姪行年廿一筭一　一八七二

右平家口食九人　筭二　訾　五　十　一八七三

富貴里戶人公乘烝樵年五十七　風病　一八七四

樵妻汝年五十筭一　一八七五

偶女弟仨年八歲　一八七六

妻思年卌五　兩足□踵　一八七七

張男姪藁年十三　一八七八

凡口七人　訾　五　十　一八七九

孫男弟種年六歲　一八八〇

行妻取年五十筭一　一八八一

張男姪胡略年十三　一八八二

一八八三　丘男姪道年十三　刑右足
一八八四　道男弟樂年九歲
一八八五　道妻男弟尚年十五筭一
一八八六　生子男尊年二歲
一八八七　奇妻大女祟年五十一筭一
【注】「祟」疑爲「柰」之俗別。
一八八八　常遷里户人公乘吴奇年六十六
一八八九　盖子男勘年三歲
一八九〇　幢男弟梨年二歲
一八九一　厚妻大女姑年卅三筭一
一八九二　常遷里户人公乘信奴（？）年七十六
一八九三　約男弟兒年一歲
一八九四　勉寡姊雪年卅三筭一
一八九五　子男强年四歲
一八九六　得男弟勇年六歲
一八九七　子男常年五歲
一八九八　妻思年六十九
一八九九　吉陽里户人公乘謝客年六十
一九〇〇　子男得年十一
一九〇一　到妻末年六十二
一九〇二　資男弟魯年十一
一九〇三　右隆家口食八人筭二　訾　五　十
一九〇四　安弟莫年廿筭一
一九〇五　還母利年五十三筭一
一九〇六　明女姪牧年十八筭一
一九〇七　子男闔年廿四筭一
一九〇八　□男弟壂年六歲
一九〇九　變中里户人公乘佃趙年六十　踵兩足
一九一〇　男弟汙年十四　苦信病
一九一一　賢男弟蘩年二歲
一九一二　篤男弟倚年十一
一九一三　蓌妻宜年廿五筭一
一九一四　倚女弟㔟年六歲
一九一五　子男上年廿苦喉病
一九一六　右部家口食六人　筭二　訾　五　十
一九一七　妻思年卅六筭一
一九一八　牙男弟簀年三歲
一九一九　陽貴里户人公乘唐孫年卅八筭一　孫母姦年九十五　☑
一九二〇　要男弟軍年九歲
一九二一　客從男姪謝寄年卌三　筭一
一九二二　寄妻汝年卅一　筭一
一九二三　子女可年五歲
一九二四　可男弟甚年三歲
一九二五　右客家口食□人　筭四　訾　五　十
一九二六　富貴里户人公乘周當年十七筭一　腹心病
一九二七　當母妾年六十三
一九二八　當妻思年十四
一九二九　右孫家口食七人　筭三　訾　五　十
一九三〇　當男弟文年十四歲
【注】按吴簡格式，末「歲」應爲衍字。
一九三一　細男弟鍾年三歲
一九三二　右當家口食六人　筭一　訾　五　十
一九三三　闔女弟細年五歲
一九三四　富貴里户人公乘周昗年六十三　腹心病
一九三五　雅母大女能年六十三　十月九日被病物故☑
一九三六　張子男孫年十四　☑

子男㗊年十八　刑右足　一九三七
張男姪羲年九歲　刑佐□　一九三八
【注】「佐」應爲「左」之通假。
種女弟偶年三歲　一九三九
文寡女綿年卌一筭一　一九四〇
張女姪汋年十六盲右目　一九四一
凡口十一人　訾　五　十　一九四二
常遷里户人公乘吕明年七十六　一九四三
綿男弟生年廿八苦腹心信病　一九四四
張妻大女黨年廿二筭一　一九四五
闞（？）妻支年卌六筭一　一九四六
汋女弟耳年十三　一九四七
凡口九人　訾　五　十　一九四八
盡（？）妻沙年卌筭一　一九四九
潘子女兒年二歲　一九五〇
狗從男弟唐厚年七十六　一九五一
公從男弟條年七歲　一九五二
斗女弟約年三歲　一九五三
……年卌刑右足　一九五四
條男弟夷年五歲　一九五五
張男姪陳年十四苦腹心病　一九五六
偶男弟公年四歲　一九五七
子女統年十三　一九五八
□貴里户人公乘鄧客年卌六　腹心病　一九五九
子女偶年廿五筭一　一九六〇
章小妻妾年卌一筭一　一九六一
客男姪泥年四歲　一九六二
章妻汝年五十四筭一　一九六三
凡口六人　訾　五　十　一九六四
富貴里户人公乘鄭章年六十一　聾病　一九六五
孫男姪吴客年卌一　腹心病　一九六六
客子男暴年五歲　一九六七
厚妻鼠年卌六筭一　一九六八
文妻父元年六十四　腹心病　一九六九
客妻如年廿六筭一　一九七〇
買妻汝年十六筭一　一九七一
孫男姪壬買年五十　筭一　一九七二
妻妾年七十一　一九七三
富貴里户人公乘張孫年八十三　踵足聾苔　一九七四
【注】按吴簡格式，「苔」下應脱「病」字。
右曹家口食七人　筭三　訾　五　十　一九七五
常遷里户人公乘張狗年八十一　一九七六
常遷里户人公乘壬種年廿三筭一　一九七七
種妻大女汝年十八筭一　一九七八
曹男姪信潘年十九筭一踵足　一九七九
子男盡年卌四筭一苦信病　一九八〇
士男弟斗年四歲　一九八一
富貴里户人公乘孫元年卌九　腹心病　一九八二
富貴里户人公乘黄常（？）年卌一　腹心病　一九八三
文妻婢年卌八筭一　一九八四
子女曠年四歲　一九八五
子男象年十三　苦腹病　一九八六
子女粢年二歲　一九八七
右當家口食五人　筭三　訾　五　十　一九八八
妻南年廿三筭一　訾　五　十　一九八九
子女鼠年一歲　一九九〇

一九九一 男姪鄧苕年九歲
一九九二 妻思年五十筭一
一九九三 夫秋里户人公乘吴夏年八十九
一九九四 右會家口食十人　筭三　訾　五　十

【注】「右」上原有墨筆點記。

一九九五 客外孫女姪制年十五筭一
一九九六 常遷里户人公乘陳到年六十三風病
一九九七 大子女荏年三歲
一九九八 象（？）從男姪毛龜（？）年十二
一九九九 失母誀年六十一　以過年十一月卅日被病物故
二〇〇〇 蚤妻思年廿六　筭一
二〇〇一 思男弟秃年八歲
二〇〇二 蚤子女餇年六歲
二〇〇三 蚤妻父殷尼年八十一　盲右目
二〇〇四 右蚤家口食五人　筭一　訾　五　十
二〇〇五 富貴里户人公乘周厚年六十一　聾苔
二〇〇六 厚妻妾年五十一　踵足
二〇〇七 厚女智黄客年卅　風病
二〇〇八 客妻汝年廿五筭一
二〇〇九 子男督年二歲
二〇一〇 右政家口食十一人　筭五　訾　五　十
二〇一一 右厚家口食六人　筭一　訾　五　十
二〇一二 展子女始年一歲
二〇一三 浦里户人公乘鄧會年六十九（？）
二〇一四 □男弟兒年七歲
二〇一五 烙男弟難年十六筭一
二〇一六 富貴里户人公乘鄭浬年五十九　筭一
二〇一七 元男姪廖年九歲
二〇一八 岑男弟癸年十三
二〇一九 狗妻角年十六筭一
二〇二〇 狗妻大女思年卅六筭一
二〇二一 踹子湖年十四信病
二〇二二 湝妻如年十七筭一
二〇二三 魁鄭浬主
二〇二四 變中里户人公乘菰政年六十二　苦腹病
二〇二五 政子男魯年廿三筭一
二〇二六 魯妻平年廿五筭一
二〇二七 魯男弟展年十九筭一
二〇二八 展妻象年十六筭一
二〇二九 男姪鄧浬年十三
二〇三〇 政女智鄧高年十四
二〇三一 高妻易年十七筭一
二〇三二 易女弟衣年六歲
二〇三三 魯子男浼（？）年一歲
二〇三四 巴從男弟鄧曉（？）年廿筭一
二〇三五 曉（？）女弟鄧年六歲
二〇三六 變中里户人公乘劉當年卅二　苦風病
二〇三七 常妻思年廿六筭一
二〇三八 子男榴年八歲
二〇三九 公男弟根年二歲
二〇四〇 赤外父胡南年六十苦風病
二〇四一 浬男弟劉跑年十鼠病
二〇四二 浬子男狗年廿三筭一
二〇四三 凡口十人　訾　五　十
二〇四四 狗男弟安年十一
二〇四五 富貴里户人公乘吏客監臈年七十一

佰妻仁年卅五筭一 二〇四六
洧男弟雀年九歲雀佐足 二〇四七
【注】「佐」應爲「左」之通假。
雀女弟奏年七歲 二〇四八
錢男弟士年五歲 二〇四九
閈男弟公年十二 二〇五〇
兼女弟小年一歲 二〇五一
右章家口食廿四人　筭五　訾　五　十 二〇五二
妻象年五十二筭一 二〇五三
右護家口食四人　筭一　訾　五　十 二〇五四
妻勉年廿八筭二 二〇五五
妻汝年廿八筭一 二〇五六
堅男弟厚年五歲 二〇五七
母妾年六十二 二〇五八
妻女弟梅年十六筭一 二〇五九
男姪漢年廿五筭一 二〇六〇
右黄家口食廿二人　筭二　訾　五　十 二〇六一
文妻婢年廿一筭一 二〇六二
□子男樞（？）年九歲 二〇六三
【注】「子男」上□右半殘缺，左半從「木」。
妻辟年卅六筭一 二〇六四
子男兒年三歲 二〇六五
進渚里户人公乘吴鹿年卌筭一 二〇六六
子女牙（？）年十四 二〇六七
右舟家口食七人　筭四　訾　五　十 二〇六八
其廿三户官樵民 二〇六九
變中里户人公乘吴巴年卅五　踵兩足 二〇七〇
巴妻思年卅筭一 二〇七一
子女利年七歲 二〇七二
利男弟廖年五歲 二〇七三
廖男弟興年三歲 二〇七四
興男弟青年一歲 二〇七五
右巴家口食十一人　筭四　訾　五　十 二〇七六
朏妻仙年廿三筭一 二〇七七
巴男弟水年廿一筭一 二〇七八
水妻遇年十九筭一 二〇七九
右唐家口食十人　筭三　訾　五　十 二〇八〇
水子女春年一歲 二〇八一
唐妻叱年廿三筭一 二〇八二
稾小妻营年廿筭一 二〇八三
稾女姪角年十五筭一 二〇八四
變中里户人公乘庄中年卌七　苦腹心病 二〇八五
稾男弟寐年卅六筭一 二〇八六
曹妻若年六十二 二〇八七
子男伯年卅七　腹心病 二〇八八
襄男弟板年四歲 二〇八九
難男弟鼠年六歲 二〇九〇
浬小妻汝年廿六筭一 二〇九一
浬妻型年卌五筭一 二〇九二
右根家口食七人　筭一　訾　五　十 二〇九三
吴從姪乘年四歲 二〇九四
吴家口食七人　訾　五　十 二〇九五
臈妻思年五十一　筭一 二〇九六
安男弟錢年九歲 二〇九七
閈妻吴年十七筭一 二〇九八
變中里户人公乘逢文年六十四　踵左足 二〇九九

右典家口食十三人　筭四　訾　五　十　二一〇〇
變中里户人公乘逢唐年五十　刑右足　二一〇一
妻筭年卅筭一　二一〇二
子男主年十歲　二一〇三
主女弟者年八歲　二一〇四
者男弟政年六歲　二一〇五
政男弟遑年四歲　二一〇六
遑男弟佔年二歲　二一〇七
佔男弟彼（?）年一歲　二一〇八
勇男姪涂年五歲　二一〇九
右伯家口食五人　筭二　訾　五　十　二一一〇
變中里户人公乘乞高年卅九筭一　二一一一
右便家口食十二人　二一一二
客姊□年卅六筭一　二一一三
妻婢年卌八筭一　二一一四
萇子女今年二歲　二一一五
□母妾年七十三　二一一六
顔（?）母萬年七十二　二一一七
顔（?）妻巴年卅一筭一　二一一八
鼠女弟勉年四（?）歲　二一一九
杋女弟見年三歲　二一二〇
子女尋年五年歲　二一二一

【注】「歲」上「年」應爲衍字。

尋男弟步年四歲　二一二二
富貴里户人公乘高文年五十一　踵兩足　二一二三
子男閏年廿五筭一　二一二四
攴（?）子女兼年四歲　二一二五
妻叱年卅筭一　二一二六
變中里户人公乘張橥（?）年卌筭一　二一二七
章男弟略年卅三　踵足　二一二八
略妻汝年廿筭一　二一二九
妻歸年卅六筭一　二一三〇
角男弟護年四歲　二一三一
高男姪加年五歲　二一三二
攴男弟義年七歲　二一三三
會妻汝年卌二筭一　二一三四
夫秋里户人公乘彭尾年卅九　雀右旨　二一三五
子男脪年八歲　二一三六
客男弟得年三歲　二一三七
支女弟雨年四歲　從姪董年八歲　二一三八

【注】「姪」上脱「男」或「女」字。

還女弟展年四歲　二一三九
右陵家口食六人　筭二　訾　五　十　二一四〇
梢女弟鋗年十一　二一四一
梢妻祝年廿七筭一　二一四二
政從男弟張相年卌八　踵兩足　二一四三
子男佳年二歲　二一四四
妻来年卌六筭一　二一四五
右常家口食五人　筭一　訾　五　十　二一四六

【注】「右」上原有墨筆點記。

富貴里户人公乘黄讙年五十二　喉病　二一四七
昭男弟平年六歲　二一四八
文妻勉年卌筭一　二一四九
章男姪停年十一　二一五〇
右會家口食十一人　筭二　訾　五　十　二一五一

【注】「右」上原有墨筆點記。

都妻知年卅三筭一　二一五二
子女運年十歲　二一五三
運女弟石年五歲　二一五四
右尚家口食十人　筭三　訾　五　十　二一五五
變中里户人公乘逢伯年卌六　筭一　二一五六
妻壬年卅筭一　二一五七
子男宗年十二　二一五八
都兄卷年廿三筭一　卷女弟銀年七歲　二一五九
夫秋里户人公乘鄧吉年卅踵兩足　二一六〇
宗男弟還年八歲　二一六一
卷衣妻月年十六筭一　從女姪支年九歲　二一六二
從男弟文倚年廿五筭一　二一六三
遺男弟宛年六歲　二一六四
子男䏦年十一　二一六五
右鄧家口食五人　二一六六
妻務年卅筭一　子男連年四歲　二一六七
尾男姪臺年十一腹心病　臺男弟衛年八歲　二一六八
衛男弟客年四歲　二一六九
客男弟小年一歲　二一七〇
奴男弟杖年六歲　二一七一
杖女弟當年五歲　二一七二
妻妾年卅一　筭一　二一七三
讙男姪誦□年十一　二一七四
伯女弟延年三歲　二一七五
妻黄年卅一筭一　子女陳年九歲　二一七六
陳男弟蓋年三歲　男姪金年十二　二一七七
右賢家口食五人　二一七八
夫秋里户人公乘佃帥龔溲年六十一　二一七九
妻爲年五十二筭一　子女顔（？）年七歲　二一八〇
子男敬年廿一給州吏　敬男弟郡年十五筭一　二一八一
夫秋里户人公乘步侯還民這龍年八十一　二一八二
妻妾年六十　二一八三
男姪支年三歲　二一八四
子男溥年卅六筭一　二一八五
當男弟住年三歲　二一八六
右當家口食五人　二一八七
右才家口食九人　二一八八
從男弟先年十七筭一　二一八九
夫秋里户人公乘龔豪（？）年五十九筭一　二一九〇
女弟皆年十二　二一九一
夫秋里户人公乘龔皮年卌一腹心病　二一九二
男弟堅年十一　二一九三
變中里户人公逢年（？）年卅筭□　二一九四

【注】按吳簡格式，「公」下應脱「乘」字。

妻大女紫年卌筭一　二一九五
住男弟自年二歲　二一九六
自男弟陽年一歲　二一九七
誂男弟雨年九歲　二一九八
夫秋里户人公乘潘持年六十九　二一九九
□妻男弟張石年四歲　二二〇〇
從男□□□年卌　二二〇一
從男姪孫年廿五筭一苦風病　二二〇二
葛男弟埑年十三　二二〇三
子男泊年六歲　二二〇四
母妾年七十一　二二〇五
夫秋里户人公乘常墨年卅九筭一　二二〇六

妻思年六十三 二二〇七

妻栂年卅四筭一 二二〇八

子女金年四歲 二二〇九

右常家口食四人 二二一〇

【注】「右」上原有墨筆點記。

右護家口食五人 二二一一

【注】「右」上原有墨筆點記。

右馮家口食七人 二二一二

夫秋里户人公乘鄧世年廿□筭一 二二一三

海（？）男姪故年十（？）六筭一 二二一四

妻□年□十二　以嘉禾五年十月廿日被病死 二二一五

思男弟安年廿一筭一腹心病 二二一六

【注】簡文『筭』與『腹心病』同時出現。

右陠（？）家口食七人　筭二　訾　五　十 二二一七

孫男弟脽年六歲 二二一八

從男弟彭留年十三踵兩足 二二一九

石女弟忽年三歲 二二二〇

右顏家口食八人　筭一　訾　五　十 二二二一

變中里户人公乘張笵年五十七筭一 二二二二

子男兒年六歲 二二二三

思男弟賓年四歲 二二二四

賓女弟光年二歲 二二二五

異子男剌年四歲 二二二六

子男伯年十五筭一 二二二七

□男弟麦年七歲 二二二八

海小妻思年卌五筭一 二二二九

頃女弟咄年四歲 二二三〇

莖男弟頃年六歲 二二三一

☐□陽里户人公乘吳□年廿九踵足 二二三二

□女弟張年三歲 二二三三

妻大女姑年六十二 二二三四

羣姊典年十五筭一 二二三五

右巢家口食十（？）人　筭五　訾　五　十 二二三六

從男姪易年十六踵兩足 二二三七

子女沵年二歲 二二三八

子男曠年二歲　以過年十月十日被病勿故 二二三九

【注】「勿」應爲「物」之通假。

□小妻姑年廿七筭一 二二四〇

健（？）男弟取年五歲 二二四一

取男弟常年三歲 二二四二

常男弟慎年二歲 二二四三

右□家口食十人　筭二　訾　五　十 二二四四

右讋家口食八人　筭二　訾　五　十 二二四五

右廉（？）家口食八人　筭二　訾　五　十 二二四六

厚男弟勉年廿一筭一 二二四七

勉女弟珶（？）年十一 二二四八

海妻□年九十一 二二四九

陠妻陵年十五筭一 二二五〇

陠女弟各年十三 二二五一

各男弟怒年十二 二二五二

怒女弟曾年七歲 二二五三

曾男弟伍年四歲 二二五四

男姪宇年九歲 二二五五

俗男弟清年六歲 二二五六

清女弟汝年六歲 二二五七

右持家口食六人　筭四　訾　五　十 二二五八

變中里户人公乘廬尾年卅六刑左手　二二五九
妻連年廿七筭一　二二六〇
右袁家口食三人　二二六一
【注】「右」上原有墨筆點記。
胡妻貞年卅九筭一　二二六二
右和家口食七人　二二六三
子女汝年三歲　二二六四
寡姊蓈年五十筭一　二二六五
正男弟主年一歲　二二六六
□男弟隹年十一　二二六七
子男大年廿三苦腹心病　二二六八
鰒男弟等年六歲　二二六九
【注】「鰒」音搜，作人名，《史記・韓世家》有將名「鰒」。
明妻趙年卅一筭一　二二七〇
進渚里户人公乘朱敬年六十四　二二七一
專（？）男弟孫年四歲　二二七二
右義家口食五人　筭四　訾　五　十　二二七三
進渚里户人公乘鄧民年五十三　筭一　刑右手　二二七四
生男弟進年一歲　二二七五
〼陽里户人公乘五䧁年廿二　筭一　二二七六
吉陽里户人公乘黄海年七十三刑手　二二七七
䧁母田年六十三　二二七八
陵女弟雨年五歲　二二七九
右塹家口食六人　筭一　二二八〇
吉陽里户人公乘李襄年十四禿頭剝旨　二二八一
襄母如年卅二筭一　二二八二
襄男弟俚年十三　二二八三
妻咬年廿六筭一　二二八四
咄男弟簣年二歲　二二八五
右堂家口食三人　筭二　訾　五　十　二二八六
右世家口食五人　二二八七
右龍家口食七人　二二八八
勝男弟莒年一歲　二二八九
右尾家口食六人　二二九〇
子男溲年十歲踵兩足　二二九一
土男弟動年十五　苦腹病　二二九二
□妻取年廿三筭一　以過年十一月廿九日被病物故　二二九三
盖子女汶年七歲　二二九四
從小父李朋年卅六筭一　苦風病　二二九五
子男奴年六歲　二二九六
何妻生年廿四筭一　二二九七
動男弟兒年七歲　二二九八
當母間年卅三筭一　二二九九
顔從男姪指年三歲　二三〇〇
能母脩年六十　二三〇一
子女陶年八歲　二三〇二
從女弟盖年卅八筭一　二三〇三
宜都里户人公乘潘雷（？）年卅六筭一　二三〇四
碩從男姪王棿年十三　二三〇五
□子女杋年十二　二三〇六
杋男弟湖年四歲　二三〇七
右開家口食六人　筭三　訾　五　十　二三〇八
吉陽里户人公乘光鐵（？）年卅六筭一　二三〇九
右鐵（？）家口食三人　筭二　訾　五　十　二三一〇
右衆家口六人　筭一　訾　五　十　二三一一
【注】「右」上原有墨筆點記。「口」下應脱「食」字。

子女嬮年九歲　二三一二

孫女弟Ⅲ年十二　二三一三

【注】「Ⅲ」疑爲「皿」之俗別。

夫秋里户人公乘吴才年八十九　二三一四

易妻唐年十五筭一　二三一五

變中里户人公乘張持年卅二　筭一　二三一六

右高家口食六人　筭三　訾　五　十　二三一七

夫秋里户人公乘袁留年卌四　二三一八

妻思年卅　二三一九

從姪恙年廿一男　二三二〇

母妾年七十三　二三二一

夫秋里户人公乘吴開年廿六筭一　二三二二

開妻思年廿一筭一　二三二三

開女姪銀年十三　二三二四

彊男弟户年十三臨病　二三二五

梲男弟帛年六歲　二三二六

凡口五人　筭四　訾　五　十　二三二七

宜陽里户人彊男弟户年十三臨病年六十□苦風病　二三二八

妻思年六十三　二三二九

吉陽里户人公乘胡高年卅一　筭一　二三三〇

吉陽里户人公乘霍逸年廿五筭一　二三三一

□男弟昆（？）年六歲　二三三二

匹女弟交年九歲　二三三三

□女弟叱年一歲　二三三四

夫秋里户人公乘吴碭年九十七　從男姪逢錐年十二　二三三五

動妻義年十九筭一　二三三六

子男支年七歲　二三三七

【注】「支」爲「夬」之或體。

右碭家口食八人　二三三八

子男兒年二歲　二三三九

右棠家口食三人　二三四〇

夫秋里户人公乘郵卒吴坦年五十一鮨右手踵足　二三四一

紉（？）女弟蒴年三歲　二三四二

専男弟小年二歲　二三四三

孫男弟匹年三歲　二三四四

洞（？）男弟訓年一歲　二三四五

子男頭年十一聾耳　二三四六

☐　君子男孫年二歲　二三四七

子男迎（？）年八歲　二三四八

妻妾年卌三筭一　二三四九

宜陽里户人公乘楊升年五十一　苦腹病　叛走　二三五〇

凡口九人　筭四　訾　五　十　二三五一

動女弟客女年七歲　二三五二

莨妻杞年十九筭一　二三五三

漢妻咄年廿六筭一　二三五四

能男姪莨年廿五苦風病　二三五五

莨男動年八歲　二三五六

【注】「男」上或下應有脱字。

郵男弟運年□歲　二三五七

右碭家口食六人　筭四　訾　五　十　二三五八

魁　逢　紡　主　二三五九

妻姑年廿三筭一　二三六〇

子男兒年五歲　兒男弟生年二歲　二三六一

持男弟彊年廿一苦聾病　二三六二

紛叔父明（？）年五十六　踵右手　腹心信病　二三六三

子女縷年八歲　二三六四

妻蔡年卌三筭一　二三六五
世男姪奇年八歲　二三六六
如女姪財年十二　二三六七
妻汝年廿一筭一　二三六八
仲叔父根年九十一　二三六九
逸母思年卌九筭一　二三七〇
夫秋里户人公乘文㐰（？）年六十　二三七一
【注】「㐰」，《説文》：古文「信」。
妻汲年卌筭一　二三七二
□男弟約年七歲　二三七三
妻大女鄧年廿一筭一　二三七四
妻□年卌二筭一　二三七五
彼女姪思年五歲　二三七六
□子女專年十一　二三七七
勇男弟旱年十七筭一　二三七八
□男弟□年十六苔病　二三七九
凡口八人　筭三　訾　五　十　二三八〇
宜陽里户人公乘夏招年卌二筭一　二三八一
招母妾年六十九　二三八二
妻紫年卌筭一　二三八三
子男兒年三歲　二三八四
兒男弟頭年十三苦雀（？）病　二三八五
叔母貴年六十三　二三八六
堤男弟佰年六歲　伯男弟營年四歲　二三八七
夫秋里户人公乘谷（？）富（？）年廿九踵兩足　二三八八
子男督年十三　二三八九
風男弟使年二歲　二三九〇
□妻如年廿九筭一　二三九一
樹女弟風年四歲　二三九二
□女弟油年九歲　二三九三
油女弟要年六歲　二三九四
世女弟姑年六歲　二三九五
姑男弟督年四歲　二三九六
凡口五人　筭二　訾　五　十　二三九七
從男弟鼠年九歲　二三九八
凡口五人　訾　五　十　二三九九
妻汝年卌九筭一　二四〇〇
交女弟槁年四歲　二四〇一
持男弟河年十五筭一　二四〇二
儀男弟周年二歲　二四〇三
會小妻汝年廿四筭一　二四〇四
從男弟黄明（？）年卌三筭一　二四〇五
遠妻還年卌九筭一　二四〇六
凡口五人　筭二　訾　五　十　二四〇七
宜陽里户人公乘周同（？）年六十七踵病足　二四〇八
妻陵年六十五　二四〇九
從男姪毛□年卌七腹病　二四一〇
順母汝年六十六　二四一一
佰妻爲年卌四筭一　二四一二
要男弟兒年四歲　二四一三
宜陽里户人公乘吴順年卌一　二四一四
高男弟仲年十二　二四一五
妻姡年十六筭一　二四一六
右鄭家口食五人　筭一　訾　五　十　二四一七
右溲家口食廿三人　筭五　訾　五　十　二四一八
叱女弟賣（？）年六歲　二四一九

妻汝年七十九　子男前年卌六筭一　二四二〇
變中里户人公乘頎（？）踹年卌一筭一　二四二一
才男姪彭随年卅一筭一　二四二二
吳男弟樹年七歲　二四二三
還女弟會年七歲　二四二四
黄子男連年六歲　二四二五
連男弟窋年三歲　二四二六
黄從男姪思年十三　二四二七
妻絢年卅四筭一　二四二八
奴男弟斗年十三　二四二九
□妻取年廿筭一　二四三〇
妻金年廿六筭一　二四三一
右奴家口食四人　筭三　訾　五　十　二四三二
進渚里户人公乘張春年七十親盲　二四三三
【注】「親」與「新」通。
妻汝年六十二　二四三四
子男帣（？）年廿一筭一　二四三五
謝妻譴（？）年十六筭一　二四三六
□男弟强年十六筭一聾病　二四三七
强女弟廋年十一　二四三八
子男自（？）年二歲　二四三九
凡口八人　筭二　訾　五　十　二四四〇
宜陽里户人公乘張航（？）年七十六　刑左足　二四四一
宜陽里户人公乘潘兮年五十九　二四四二
妻思年卌六筭一　二四四三
男弟樂年十三　二四四四
妻大女列年卌三筭一　二四四五
前妻紕年卅一筭一　前子男堤年八歲　二四四六

右留（？）家口食五人　二四四七
妻高年卅一筭一　二四四八
□子女彡年十歲　二四四九
【注】「彡」疑爲「分」之俗别。下同。
彡男弟孫年九歲　二四五〇
子男兒年八歲　二四五一
覩男弟小年四歲　二四五二
右眼家口食四人　筭一　訾　五　十　二四五三
☑□里户人公乘區古年卅六筭一　二四五四
男弟呇年十六筭一刑右足　二四五五
凡口六人　筭一　訾　五　十　二四五六
宜陽里户人公乘莫鶯年卅五　腹心病　二四五七
呇女弟羊年十四　二四五八
右古家口食三人　筭一　訾　五　十　二四五九
母思年六十三　二四六〇
子男福年十七筭一　二四六一
妻了年卅三筭一　二四六二
根妻妾年六十　二四六三
☑□里户人公乘區黄年卅六筭一腹心病　二四六四
子男兜年二歲　二四六五
妻思年卌一筭一　二四六六
航男弟朱年四歲　二四六七
閆男弟吳年十二　二四六八
宜陽里户人公乘謝隆年六十二　踵兩足　二四六九
民男弟造年八歲　二四七〇
□女姪回（？）年三歲　二四七一
妻年卅六筭一　二四七二
【注】「妻」下應脱人名。

二四七三 子女初年七歲
二四七四 男弟住年六歲
二四七五 妻貴年廿一筭一
二四七六 從（？）男（？）姪彭躭年七歲
二四七七 妻住年卅五筭一
二四七八 吉陽里户人公乘范會年五（？）十四
二四七九 初男弟雒年五歲
二四八〇 雒男弟稠（？）年二歲
二四八一 從女弟黨五歲
【注】「五歲」上應脱「年」字。
二四八二 右春家口食七人 筭三 訾 五 十
二四八三 篤妻器年卅筭一
二四八四 隻男弟足年三歲
二四八五 進渚里户人公乘陳堂（？）年廿三筭一
二四八六 王男弟油年三歲
二四八七 凡口九人 筭四 訾 五 十
二四八八 宜陽里户人公乘潘巡年六十二踵兩足
二四八九 沛子男兒年一歲
二四九〇 從兄曹卅二筭一
【注】「卅二」上應脱「年」字。
二四九一 妻勝年十六筭一 勞男姪報年十二
二四九二 報女弟啎（？）年五歲 子男蘋年三歲
二四九三 蘋女弟兒年二歲 從男姪潘嬰（？）年十四歲
【注】按吳簡格式，末「歲」應爲衍字。
二四九四 右湛家口食十人 筭三 訾 五 十
二四九五 進渚里户人公乘陳呈（？）年卅一筭一
二四九六 妻汝年廿一筭一
二四九七 右沛家口食十人 筭五 訾 五 十
二四九八 右呈（？）家口食十人 筭二 訾 五 十
二四九九 □女弟栗年七歲 栗男弟舉年六歲
二五〇〇 ⊘里户人公乘朱塼年卅一筭一
二五〇一 皁（？）母鄉年六十五踵兩足
【注】「皁」疑爲「罕」之俗別。
二五〇二 福妻希年十五筭一
二五〇三 子男生年七歲盲左目
二五〇四 會妻維年卅二筭一
二五〇五 子男問年十四
二五〇六 吉陽里户人公乘私學區勝年卅六苦風病
二五〇七 莨男弟□年□歲
二五〇八 侯男弟石年七歲
二五〇九 慎從男姪經年十九刑足
二五一〇 凡口十人 筭四 訾 五 十
二五一一 宜陽里户人公乘逢象年卅一筭一
二五一二 象母思年六十二
二五一三 妻頂年卅三筭一
二五一四 陽貴里户人公乘谷（？）湛年九十二 湛妻姑年六十苦□□
二五一五 湛子男勞年卅八筭一 妻嬰年廿四筭一
二五一六 右湛家口食十一人 筭四 訾 五 十
二五一七 ⊘貴里户人公乘潘屯年廿二筭一 妻小年十八筭一
二五一八 □□□年七歲
二五一九 妻□年□五 子男頂（？）年五歲
二五二〇 回女弟奇年二歲
二五二一 子女回年十二 回男弟嵍（？）年十歲
二五二二 男弟藥年五歲 户下婢唐啓年十二
二五二三 思男姪兒年十四 筭一
二五二四 黄母妾年七十七

⧄户人公乘雷武年七十三　二五二五

右逸家口食七人　筭三　訾　五　十　二五二六

右思家口食七人　筭一　訾　五　十　二五二七

母黄年八十一　二五二八

右妾家口食四人　訾　五　十　二五二九

⧄人公乘李從年卌五筭　二五三〇

【注】按吴簡格式，「筭」下應脱「一」字。

⧄户人大女區妾□妾年七十七　妾女孫許年十七　二五三一

⧄　□子女□年□歲　□子女囷年□歲　二五三二

⧄　□男弟否年七歲　□男姪紋年五歲　二五三三

⧄□里户人公乘區步年五十四　步男姪别年十五筭一　二五三四

右秋家口食八人　訾　五　十　二五三五

【注】「右」上原有墨筆點記。

□男弟文年八歲　二五三六

倚女弟賢年卅　賢男弟整年十九　二五三七

將女弟小年四歲　二五三八

□妻始年廿八筭一　二五三九

順男弟岱年十一　苦䏊聾　二五四〇

部妻嬰年廿二筭一　二五四一

𩯭男藥年四歲　二五四二

【注】「男」上或下應有脱字。

貸男弟𩯭年六歲　二五四三

□男弟貸年十一　二五四四

子男拖年三歲　二五四五

種妻曾年十四　二五四六

廷男弟侯年九歲　二五四七

右將家口食三人　筭二　訾　五　十　二五四八

𩕳姨母尋年七十　二五四九

其三户南民　二五五〇

其六户佃帥　二五五一

定應事役卅九户　二五五二

從男姪脩雙年廿六筭一　二五五三

⧄公乘□□年廿（？）八筭一　二五五四

石男弟好年廿八筭一　二五五五

陽貴里户人公乘區舟年卅一筭一　妻准年廿筭一　二五五六

舟男弟買年廿二筭一　妻福年十八苦腹心病　二五五七

其二户佃帥　二五五八

□男弟鄧年八歲　鄧從女弟□□年□歲　二五五九

……年七十一　妻大女營（？）年五十七……　二五六〇

□妻嬰（？）年卅三　子男印年十三　二五六一

此子男星年十歲　此子女難年九歲　二五六二

……女首年卅一筭一　寡嫂好年五十□筭一　二五六三

⧄　右市家口食六人　訾　五　十　二五六四

⧄　福子女取年八歲　福子男文年六歲　二五六五

晊母經年五十六　晊妻鼠年卅　二五六六

□□弟婢年廿一筭一　二五六七

逸姑陳妾年六十盲右目　二五六八

子男囷年二歲　二五六九

妻思年卅六筭一　二五七〇

進渚里户人公乘鄧部年廿四　筭一　二五七一

部母妾年六十二……　二五七二

右欽家口食十一人　筭四　訾　五　十　二五七三

⧄　右樂家口食四人　筭二　訾　五　十　二五七四

其卅户私學　出限米　二五七五

⧄　□妻□年□十一　□子男莨年十七　二五七六

⧄　利子男騎年……　……　二五七七

☒右文家口食七人　訾　五　十　二五七八
☒始年六十一　二五七九
☒　子男倜年十四　男弟眞（？）年九歲　二五八〇
☒廿九……　二五八一
☒　青男弟相年五歲　二五八二
☒何（？）故年八十六　男孫碩年八歲　二五八三
☒　央女弟雨年廿歲　二五八四
從男弟旦年十一腹心病　二五八五
【注】《集韻》：「昏」，古作「旦」。
迮妻衣年十六筭一　二五八六
盡母臺年八十六　盡男弟衆年廿給州吏　二五八七
☒恙妻淮年十八筭一　二五八八
☒從男姪恙年廿二筭一　二五八九
☒順婦男弟姃酘（？）年十五筭一　二五九〇
妻始年卅二筭一　二五九一
宜陽里户人公乘逢紒（？）年卅六苦風病　二五九二
經男弟闞年十六筭一　二五九三
☒人公乘吴將年五十筭一　二五九四
☒　希男弟離年七歲　二五九五
右高家口食五人　筭二　訾　五　十　二五九六
☒　子男狢年十四　狢男弟鬱年十歲　二五九七
子女汝年十三　二五九八
定領見三百廿九人　二五九九
☒　□□□爲（？）□□簿別列　二六〇〇
楨男弟勉年六歲　二六〇一
子男發年三歲　二六〇二
汝女弟如年十一　二六〇三
右囟家口食五人　筭一　訾　五　十　二六〇四

☒　其一户州吏　二六〇五
妻姑年卅五筭一　二六〇六
☒　妻黑年廿八筭一　二六〇七
☒　至女弟占年五歲　死　二六〇八
☒　子男廷年廿筭一　二六〇九
☒　其二户佃帥私學限米　二六一〇
☒食五人　筭三　訾　五　十　二六一一
☒家口食四人　筭二　訾　五　十　二六一二
□妻姑年廿筭一　二六一三
☒　寡嫂彭年廿六筭一　二六一四
☒　富女弟姑年十一　二六一五
☒　愼男弟土年十四　二六一六
凡口十二　筭五　訾　五　十　二六一七
☒　妻定年卅九　筭一　二六一八
☒子女得年四歲　二六一九
□□□年□四筭一　二六二〇
右屯家口食八人　筭二　訾　五　十　二六二一
陽貴里户人公乘文轉年卅三筭一　妻宗年廿五　☒　二六二二
……　訾　五　十　二六二三
與本通合五千二百九十　二六二四
□□備易百姓出在縣界□吏☒　二六二五
☒無年四歲　銀嫂黄年廿二筭一　二六二六
☒五　訾　五　十　二六二七
☒年十六踵兩足　二六二八
屯子男桑年三歲　二六二九
☒　訾　五　十　二六三〇
☒　訾　五　十　二六三一
☒□聶年五十筭一……☒　二六三二

☒年六十二　妻鄉年六十　二六三三

始子女好年九歲　好女鼠年四歲　二六三四

【注】按吴簡格式，「好女」下應脱「弟」字。

☒　妻大女姑年五十一筭一　二六三五

☒吏民五十户口食三百卌二人　二六三六

☒□年三歲　河子女緣年十八筭一　二六三七

☒起黄龍三年六月廿日訖四年四月十一日□□□□□□　二六三八

☒年九歲　□女弟沙年六歲　二六三九

☒歲　☒　二六四〇

☒男子周唐元年□☒　二六四一

☒年十二　二六四二

☒□嘉禾二年侻米　二六四三

【注】「侻」應爲「税」之訛誤。一説「侻」音脱，與脱通，「侻米」意即脱殻米，亦似可通。

吏番有□☒　二六四四

☒六十四踵足　二六四五

凡口四人☒　二六四六

☒年一歲　二六四七

☒年五歲　二六四八

☒□女弟世年九歲　二六四九

【注】「女弟」上□左半殘缺，右半爲「帛」。

☒　子男勝年十四　二六五〇

☒母妾年七十六　妻大女筭年卅□　二六五一

☒　恩妻孚年廿一筭一　二六五二

☒　訾　五　十　二六五三

☒子男至年廿三筭一　☒　二六五四

☒女弟愍年六歲　二六五五

十三匹直三千二百布簿別列付受□☒　二六五六

☒家口食二人　訾　五　十　二六五七

☒　右客家口食七人　訾☒　二六五八

☒石轉家口食五人　筭二　訾　五　十　二六五九

☒年廿六筭一　欽母細年九十三　二六六〇

妻思年五十二筭一　二六六一

☒　右□家口食□人……　二六六二

☒　殷女弟初年七歲　二六六三

☒　訾　五　十　二六六四

☒褌錢二百六十五萬九千七百七十九爲　二六六五

出元年市租錢卌萬四千五百與褌錢☒　二六六六

☒年五歲　廟男弟曠年三歲　二六六七

☒爲具錢一萬七千卅四錢收佰錢一千八百六十　二六六八

☒　其二户郵卒出限米　二六六九

右諸鄉起正月一日訖月卅日☒　二六七〇

【注】第二「月」或爲衍字，或上有脱字。

☒　□萬二千一百遣吏謝陳傳　二六七一

☒……〓嘉禾元年八月廿日☒　二六七二

☒督諸鄉典田掾蔡忠☒　二六七三

☒其三百卌五斛五斗五升吏☒　二六七四

☒凡（？）二百□☒　二六七五

入模鄉五年鋘賈☒　二六七六

碩妻慈年卅二　☒　二六七七

☒子女取年廿一筭一　二六七八

其五百□☒　二六七九

子女□☒　二六八〇

入嘉禾二年税米一百□五斛　〓☒　二六八一

☒　客母汝年六十☒　二六八二

☒勞男姪挹年九歲　二六八三

☒乘□龍年□三　☒　二六八四

⧄□苦□病　二六八五
⧄郡屯田掾利焉黄龍元年□⧄　二六八六
⧄五匹〓嘉禾元年八月十九日　二六八七
入模鄉布四匹〓嘉⧄　二六八八
⧄嵩付倉吏黄諱潘慮受　二六八九
春平里户人公乘李春年⧄　二六九〇
⧄户下婢沁年卅五　二六九一
⧄　付庫吏殷連受　二六九二
右富家⧄　二六九三
春平里户人公乘貸（？）年卅五　⧄　二六九四
【注】本簡户人姓名有脱字。
⧄□歲　子男錢年四歲　二六九五
⧄從父區道年五十二　二六九六
⧄　其一百六斛黄龍三年⧄　二六九七
⧄强年十二盲左目　强男弟道年九歲　二六九八
⧄□帛年十六　二六九九
⧄　訾　⧄　二七〇〇
⧄有男⧄　二七〇一
其⧄　二七〇二
⧄　生男弟萌年四歲　二七〇三
⧄　紫男弟衛年五歲　二七〇四
⧄□四百三人　其二百五十人男 □百五十二人女　二七〇五
⧄下婢恙年廿七　二七〇六
⧄……年十三　户下婢米年十一　二七〇七
⧄□　訾　五　十　二七〇八
⧄　妻朱年廿九筭一　二七〇九
⧄□吏　二七一〇
⧄十二户州軍吏　二七一一
⧄年十五筭一　男弟昭年七歲　二七一二
⧄年十四　二七一三
⧄□吏□千錢□賈錢五千大男朱文田賣　二七一四
⧄十二　生妻京年廿五筭一　二七一五
⧄　其十二户□□□⧄　二七一六
君誠惶誠恐叩頭死罪敢言⧄　二七一七
今餘錢六千九百在庫⧄　二七一八
【注】「錢六千」上有朱筆塗痕。
⧄年廿歲　二七一九
⧄□七□□□□□　二七二〇
⧄十一斛八斗嘉禾二年　⧄　二七二一
⧄□□雅付復等受　二七二二
⧄　右喬家口⧄　二七二三
⧄□嘉禾元年……⧄　二七二四
吏月日吏姓名爲簿⧄　二七二五
右□家口食七人筭一　⧄　二七二六
⧄吏民□□户口食三百五十□人　二七二七
⧄　何子男米年十八　子女□年八歲⧄　二七二八
其一千二百六十八斛四斗二升七⧄　二七二九
⧄踵□足　茋男弟義年十歲　二七三〇
⧄　其六十三斛五斗五升新還⧄　二七三一
⧄□□□付受　⧄　二七三二
⧄□□丘嘉禾三年九月⧄　二七三三
定領襍米四萬八百□⧄　二七三四
⧄吏客黄龍三年限米一斗七⧄　二七三五
⧄八冰營足别門異居⧄　二七三六
⧄……五斗五升嘉禾元年新吏限米　二七三七
⧄……丘男子謝兒布五匹〓嘉　⧄　二七三八

☒□嘉禾□年二月七日付吏張遠☒　二七三九

☒　其廿斛州佃吏鄭脩黄武☒　二七四〇

☒……□信張鼠等三人付庫吏☒　二七四一

如曹別主大吏彭鼠□□☒　二七四二

右田曹史付諸鄉☒　二七四三

……都鄉搒丘大男烝萇布□匹⋈☒　二七四四

☒……卌二匹三丈☒　二七四五

入嘉禾二年貸食嘉禾元年税米五十斛一□☒　二七四六

入嘉禾二年貸食黄龍元年……　二七四七

☒人　訾　五　十　二七四八

脩楀六人行如都尉白……佐尉……☒　二七四九

草言府遣吏黄杞送銅三百九斤詣宫事　二七五〇

☒□九日付吏潘喜　二七五一

☒□□十一斛九斗三升三合　二七五二

☒其八十一斛三斗司馬黄升嘉禾元年限米　二七五三

□□里户人公乘□□年……　二七五四

……付庫殷連受　二七五五

【注】「庫」下應脱「吏」字。

右都鄉入二年民所貸嘉禾元年☒　二七五六

☒閤董基付倉吏鄭黑受　二七五七

☒斛八斗七升三合縣領☒　二七五八

☒錢出用所付授簿（？）　二七五九

☒妻思年六十☒　二七六〇

入嘉禾三年衛士限米☒　二七六一

入模鄉二年貸食嘉禾元年郵卒限米☒　二七六二

草言府被記寫□諸鄉吏□☒　二七六三

☒　四月十五日兼金曹史李珠白☒　二七六四

出倉吏黄諱番慮所領嘉禾元年☒　二七六五

☒……付三州倉吏谷漢☒　二七六六

☒……遲丘男子□客關堅☒　二七六七

☒……事　十月一日……☒　二七六八

☒……郡吏……事　十二月十八日兵曹掾潘棟白　二七六九

……嘉禾元年……斛六斗嘉禾三年☒　二七七〇

縣元年領鍛佐吴開具錢九萬二千三百卌錢收佰錢二萬六　二七七一

☒吏出限米　二七七二

元男姪□年☒　二七七三

☒妻遭年十六　二七七四

☒年十二月十九日庚戌書給監運都尉襍☒　二七七五

☒十一　孫女弟尊年八歲　二七七六

☒杬子男□年九歲苦☒　二七七七

☒李嵩（？）……☒　二七七八

入都鄉嘉禾二年税米廿六斛六斗⋈嘉禾二年十月十七日禾丘吴張關堅閣李嵩付☒　二七七九

【注】簡二七七九至二八七二出土時原爲一坨，揭剥順序參見《揭剥位置示意圖》圖六。

入東鄉嘉禾□年税米□斛⋈嘉禾元年八月十五日上唐丘□□關堅閤□□付倉吏……　二七八〇

入中鄉嘉禾二年税米十一斛⋈嘉禾二年十月廿一日山下丘民唐堅關☒　二七八一

入西鄉嘉禾二年税米十一斛⋈嘉禾二年十月廿三日下俗丘……☒　二七八二

☒帥客嘉禾二年限米二千四百九十斛七斗七升　二七八三

右入税米三百九十二斛六斗六升　☒　二七八四

其□斛州佃吏董基黄龍二年☒　二七八五

入郵卒嘉禾二年限米八十二斛　二七八六

☒私學嘉禾二年限米四百廿□斛四斗九升　二七八七

其卅六斛三升新吏黄龍二年限米　二七八八

【注】「其」上原有墨筆點記。

君教已校已核　丞出給民種粻掾烝脩如曹期會掾烝　録事掾谷水校
重核已出　主簿　省　嘉禾三年五月十三日白州中倉領襍米起 嘉禾二年九月一日訖十一月卅日一時簿 二七八八（一）

【注】「已核」为朱筆批字；「重核已出」爲墨筆批字。

其五斛司馬黄升黄龍二年限米 二七八九

【注】「其」上原有墨筆點記。

入所運三州倉嘉禾二年税吳平斛米……嘉禾三年正月……〼 二七九〇

石襍米……三斛 二七九一

入□鄉嘉禾□年限米卅五斛七斗嘉禾□年十月廿七日湛丘區客
關坠閣李嵩付倉吏黄諱潘慮受 二七九二

入中鄉嘉禾二年限米廿五斛嘉禾二年十一月廿八日陵枯丘私學
唐萇關坠閣李嵩付倉吏〼 二七九三

入西鄉嘉禾二年佃帥限米十斛嘉禾二年十月廿五日高樓丘烝萬
關坠閣李嵩付倉吏黄〼 二七九四

右小武陵鄉入佃帥限米十三斛 二七九五

入運三州嘉禾元年吏帥客限米廿七斛四升擿畢嘉禾二年五月廿
七日民胡初關坠閣〼 二七九六

【注】「三州」下應脱「倉」字。

入運三州倉吏谷漢嘉禾元年吏帥客限米二百斛擿畢嘉禾二年五
月廿七日船師傅刀關坠閣李嵩付倉〼 二七九七

入船師謝道賃嘉禾元年吏帥客限米十二斛二升收擿斛一升嘉禾
二年五月廿八日關坠閣李〼 二七九八

入東鄉嘉禾二年税米五斛七斗嘉禾二年十月十九日石仓丘□〼 二七九九

其□□□□〼 二八〇〇

入西鄉嘉禾二年私學限米十二斛……嘉禾二年十月廿八日山下
丘私學黄晗關坠閣〼 二八〇一

入西鄉嘉禾二年税米三斛□斗……〼 二八〇二

〼其十八斛五斗七升佃卒黄龍元年限米　中 二八〇三

〼……黄龍三年新還民限米七十三斛一斗五升司馬黄 二八〇四

月出用復白 二八〇五

其十一斛五斗監池司馬鄧邵嘉禾元年臨居米 二八〇六

入會郭客所買賊黄勳黄龍三年衣物賈米十五斛五斗 二八〇七

入西鄉嘉禾二年税米二斛五斗嘉禾二年十月四日唐下丘大〼 二八〇八

其廿斛五斗六升價人李綏黄龍二年米 二八〇九

其廿八斛一斗三升……限米 二八一〇

入都鄉嘉禾二年税米六斛嘉禾二年十月廿四日緒下丘吳李關坠
閣李嵩〼 二八一一

其八十八斛三斗七升佃卒黄龍元年限米 二八一二

入郡掾利焉黄龍元年餘力税米五斛 二八一三

入都尉□□吏士妻子嘉禾二年租米卌斛三斗 二八一四

其……私學嘉禾元年限米 二八一五

其四百卅斛九斗佃卒嘉禾元年限米 二八一六

【注】「其」上原有墨筆點記。

入民還三年所貸司馬黄升嘉禾元年限米十斛五斗□升 二八一七

其廿斛七斗二升價人李綏黄龍二年米 二八一八

其□百廿八斛四斗八升吏帥客嘉禾元年限米 二八一九

入西鄉嘉禾元年吏帥客米□百卅八斛二斗□升嘉禾二年五月廿
八日俗丘陳庭關坠〼 二八二〇

君教　已出　丞出給民種粻掾烝脩如曹期會掾烝　録事掾谷水校
已核　主簿　省　嘉禾三年五月十三日白州中倉領襍米起 嘉禾二年十二月一日訖卅日一時簿 二八二〇（一）

【注】「已出」、「已核」爲墨筆批字。

入西鄉嘉禾二年子弟限米五斛嘉禾二年十月廿七日俗丘男子廖

稚關坠閣李嵩付倉吏⧄⧄　二八二一

……領下丘男子□□關坠閣李嵩付倉吏黃諱⧄　二八二二

入小武陵鄉嘉禾二年佃帥限米……𠄠嘉禾二年十月廿一日□丘男
子衛春關坠閣……⧄　二八二三

⧄⧄……七斛𠄠嘉禾二年十月廿三日松田丘……⧄　二八二四

入運三州倉吏谷漢所領嘉禾元年稅米十三斛擿畢𠄠嘉禾二年九月
廿五日船師□⧄　二八二五

其卌六斛五斗四升叛士黃龍三年限米　二八二六

其十斛州佃吏鄭脩黃龍二年限米　二八二七

其十二斛三升黃龍元年復田稅米　二八二八

【注】「其」上原有墨筆點記。

其七十一斛一斗私學黃龍二年限米　二八二九

入民還二年所貸嘉禾元年佃吏限禾准米四斛　二八三〇

其十斛三斗佃卒黃龍二年限米　二八三一

【注】「其」上原有墨筆點記。

簿（？）本事到後月出用復白　二八三二

其三百六十七斛四斗五升郵卒嘉禾元年限米　二八三三

其十六斛七斗監池司馬鄧邵黃龍三年池賈米　二八三四

其廿五斛州佃吏鄭脩黃武七年限米　二八三五

⧄□□米二斛　中　二八三六

⧄　六月廿日倉吏黃諱潘慮白　二八三七

入郡掾利焉嘉禾二年屯田限米一百一十二斛五斗六升　二八三八

入嘉禾二年復民租米二斛二升　二八三九

⧄因斗民還……黃龍元年稅米　二八四〇

……嘉禾元年限米一百一十九斛三斗七升　二八四一

⧄斛𠄠嘉禾二年十月廿六日硃溲丘縣吏烝邵關坠閣李嵩付倉吏黃諱
史潘慮受　二八四二

入廣成鄉嘉禾二年租米卅六斛𠄠嘉禾二年十月廿九日揑陵丘男子
謝毛關坠閣李嵩付倉吏黃諱史潘慮受　二八四三

……米一百一十九斛九□　二八四四

……租米十五斛六斗𠄠嘉禾二年十月十八日楊丘男子……⧄　二八四五

入廣成鄉嘉禾二年租米十斛𠄠嘉禾二年十月廿四日復丘州吏湯堂
關坠閣李嵩付倉吏黃諱史潘⧄　二八四六

入西鄉嘉禾二年稅米九斛𠄠嘉禾二年十月十四日上俗丘文客關坠
閣李嵩付倉吏黃諱史潘慮受⧄　二八四七

⧄𠄠嘉禾二年七月□日上汝丘男子□□關坠閣李嵩付倉吏黃諱史番
慮受　二八四八

⧄……𠄠嘉禾二年十月廿二日東平丘男子□□關坠閣李嵩付倉吏黃
諱⧄　二八四九

入西鄉嘉禾二年子弟限米廿七斛𠄠嘉禾二年九月四日億丘男子烝
動關坠閣李⧄　二八五〇

入西鄉嘉禾二年……　二八五一

右樂鄉入限米廿□斛……　二八五二

⧄日旱丘廖□關坠閣李嵩付倉吏黃諱番慮受　二八五三

……嘉禾二年稅米□斛𠄠嘉禾二年……日廖丘這□關坠閣……⧄　二八五四

⧄……潘慮受　二八五五

⧄□年十月廿二日杆梁丘大男程思關坠閣李嵩付倉吏黃諱史潘慮受　二八五六

入西鄉嘉禾二年稅米廿三斛𠄠嘉禾二年□月□日唐下丘……倉吏
黃諱史番慮⧄　二八五七

入廣成鄉嘉禾二年租吳平斛米廿一斛𠄠嘉禾二年十月廿六日孫丘
大男蔡宿關坠閣李嵩付倉吏黃諱潘慮受　二八五八

右南鄉入復民租米十三斛六斗四升　二八五九

【注】「右」上原有墨筆點記。

入都鄉嘉禾二年火種租田米三斛𠄠嘉禾二年十月廿七日橫溪丘民鄭

高關壂閣李嵩付倉吏黃諱史潘慮受　二八六〇

入黃龍元年吏帥客限米廿七斛　二八六一

其八斛州佃吏蔡雅董基黃龍三年限米　二八六二

其八十斛付醴陵漉浦倉吏周進　☑　二八六三

☑二年七月廿七日東丘大男潘棟關壂閣李嵩付倉吏黃諱史潘慮受　二八六四

☑斛州吏張晶備黃武六年適客限米　二八六五

入郡掾利焉嘉禾元年限米十七斛二斗五升　二八六六

入都鄉嘉禾二年税米卅二斛乂嘉禾二年十月三日桃奇丘五貴關壂
閣李嵩付倉吏諱史潘慮受　二八六七

【注】「諱」上應脱「黃」字。

☑禾二年九月廿八日盡丘男子陳魯關壂閣李嵩付倉掾黃諱史番慮受　二八六八

區起李都翁湯　二八六九

☑鄉入火種租米十六斛七斗　二八七〇

其一千六十三斛二斗五升　☑　二八七一

【注】「其」上原有墨筆點記。

……☑　二八七二

【注】本簡有字面色黑，在紅外綫下亦難辨字跡。

其卅一斛監池司馬鄧邵☑　二八七三

【注】「其」上原有墨筆點記。簡二八七三至三一二六四出土時原爲一坨，揭剥順序參見《揭剥位置示意圖》圖七。

其二斛五斗吏谷水爲故吏孫陵備黃龍元年税米　二八七四

出倉吏黃諱潘慮所領嘉禾元年税吳平斛米十一斛三斗二升爲稟斛
米十一斛七斗九升　二八七五

其卅八斛四斗三升私學黃龍元年限米　二八七六

【注】「其」上原有墨筆點記。

其六百斛八斗八升嘉禾二年郵卒限米　二八七七

【注】「其」上原有墨筆點記。

升黃龍三年屯田限米壂閣右郎中李嵩被督軍糧都尉嘉禾　二八七八

其廿六斛郡吏士還所貸黃龍元年税米　二八七九

其廿八斛七斗五升郡吏利焉嘉禾元年限米　二八八〇

【注】「其」上原有墨筆點記。

其五斛九斗三升……嘉禾二年……　中　二八八一

【注】「其」上原有墨筆點記。

其廿七斛吏謝韶備黃龍元年吏帥客限米　二八八二

二年十月廿日丙午書給監運掾劉乘運詣集所其年十月廿三日付
□□　二八八三

尤（？）堤　二八八四

其三斛五斗郡屯田掾利焉黃龍二年限米　二八八五

其九斛州佃吏董基黃龍二年限米　二八八六

其二斛郡屯田掾利焉還所貸黃龍三年限米　二八八七

【注】「其」上原有墨筆點記。

其廿一斛郡屯田掾利焉黃龍元年限米　二八八八

【注】「其」上原有墨筆點記。

其三百五十五斛二斗嘉禾二年□□米　二八八九

其一千三百一十九斛六斗嘉禾二年吏帥客限米　二八九〇

其八斛六斗一升會支朋所買賊黃勳黃龍三年青賈米　二八九一

【注】「其」上原有墨筆點記。

其一百七十八斛七斗嘉禾二年佃卒限米　二八九二

其一百八十九斛九斗嘉禾二年新還民限米　二八九三

【注】「其」上原有墨筆點記。

其五百卅一斛一斗嘉禾二年佃帥限米　二八九四

【注】「其」上原有墨筆點記。

其七十九斛嘉禾二年佃卒限米　二八九五

【注】「其」上原有墨筆點記。

其九十八斛嘉禾二年叛士限米　二八九六

【注】「其」上原有墨筆點記。

其五斛二斗黃龍二年税米　二八九七

其廿三斛三斗新吏黃龍元年限米 二八九八
其卅四斛五斗叛士黃龍二年限米 二八九九
其二斛□斗□升八合東部烝口倉吏孫陵備黃龍元年税米 二九〇〇
其卌斛嘉禾二年叛士限米 二九〇一
其八斛七斗一升會支朋所買賊黃勳黃龍三年青買米 二九〇二
【注】「其」上原有墨筆點記。
其卅六斛大男張吉張狗所買賊黃勳黃龍三年牛買米 二九〇三
今餘吴平斛米三萬一千五百六十五斛三斗七升 二九〇四
其一百八十五斛五斗嘉禾元年私學限米 二九〇五
其廿斛七斗六升價人李綏黃龍二年米 二九〇六
其七十一斛一斗私學黃龍二年限米 二九〇七
其一百卅五斛九斗嘉禾二年□□限米 二九〇八
其□百八十三斛五斗嘉禾二年新吏限米 二九〇九
其一百九十斛二斗嘉禾二年郵卒限米 二九一〇
其五斛司馬黃升黃龍二年限米 二九一一
其十斛船師何春備建安廿七年折咸米 二九一二
其五斛□斗……建安廿六年折咸米 二九一三
其卅斛叛士黃龍元年限米 二九一四
其六斛佃吏鄭脩黃龍□年限米 二九一五
出倉吏黃諱潘慮謹列十一月旦簿 二九一六
七月卅日倉吏黃諱潘慮白 二九一七
入嘉禾二年粢租米十四斛□斗 二九一八
其卅斛叛士黃龍元年限米 二九一九
其廿二斛五斗吏烝若等備黃武五年租米 二九二〇
其□□□斛故吏監賢備黃武六年臧錢米 二九二一
其四百五十七斛五斗嘉禾二年粢租米 二九二二
承十月旦簿餘吴平斛米三萬一千五百六十五斛三斗七升 二九二三
其廿一斛郡掾利焉黃龍元年限米 二九二四
【注】「其」上原有墨筆點記。
其二斛郡掾利焉還所貸黃龍三年限米 二九二五
【注】「其」上原有墨筆點記。
其三斛五斗郡掾利焉黃龍二年限米 二九二六
【注】「其」上原有墨筆點記。
戊書給右田曹典田掾趙徹半年稾起嘉禾二年閏月訖十月月二斛 二九二七
除小 二九二八
□壁閣右郎中李嵩被督軍糧都尉移右節度府嘉禾二年八月六日癸 二九二九
其廿斛七斗六升價人李綏黃龍二年米 二九三〇
其□□斛□斗私學黃龍二年限米 二九三一
【注】「其」上原有墨筆點記。
其三斛五斗郡掾利焉黃龍二年限米 二九三二
【注】「其」上原有墨筆點記。
其廿八斛七斗五升郡掾利焉嘉禾元年限米 二九三三
【注】「其」上原有墨筆點記。
右八月出吴平斛米……萬□千□百五十□斛一斗 二九三四
其一百八十七斛六斗一升嘉禾元年火種租米 二九三五
入嘉禾二年火種租米五斛 二九三六
定領……米三萬六千一百九十四斛七斗六升 二九三七
其一百卌四斛一斗八升三州倉運嘉禾元年火種租米 二九三八
其五百九十二斛七升三州倉運嘉禾元年租米 二九三九
其三百五十七斛八斗八升嘉禾二年䄠擿米 二九四〇
其六十八斛吏帥客黃龍元年限米 二九四一
其廿七斛二斗嘉禾二年郵卒限米 二九四二
其七斛嘉禾二年新還民限米 二九四三
其三百五十七斛八斗四升嘉禾二年䄠擿米 二九四四
其四百卅五斛四斗六升三州倉運郡縣佃吏嘉禾元年限米 二九四五
其二斛郡掾利焉還所貸黃龍三年限米

其二斛二斗嘉禾元年粢租米　二九四六
其廿斛州佃吏鄭脩黃龍□年限米　二九四七
其廿一斛郡掾利焉黃龍元年限米　二九四八
【注】「其」上原有墨筆點記。
其廿二斛五斗吏烝若等所備黃武五年租米　二九四九
其五斛八斗故吏潘慮備船師張蓋建安廿六年折咸米　二九五〇
其六斛船師何春備建安廿七年折咸米　二九五一
其九十一斛三斗司馬黃升嘉禾元年限米　二九五二
其五斛三斗賊黃勳黃龍三年旱賈米　二九五三
其十六斛賊黃勳黃龍三年牛賈米　二九五四
【注】「其」上原有墨筆點記。
其三千一百七十九斛六斗三州倉運嘉禾元年稅米　二九五五
其二斛郡掾利焉還所貸黃龍三年屯田限米　二九五六
其二百五十七斛一斗六升黃龍三年稅米　二九五七
其廿一斛郡掾利焉黃龍元年限米　二九五八
入嘉禾二年租米三斛　中　二九五九
其一百卌六斛四斗三州倉運叛士嘉禾元年限米　二九六〇
右襍米一千三百八十斛三斗一升別領　二九六一
其四百卌斛九斗佃卒嘉禾元年限米　二九六二
其一百二斛一斗九升新吏嘉禾元年限米　二九六三
其五斛□□嘉禾元年復民租米　二九六四
其四百卌斛九斗佃卒嘉禾元年限米　二九六五
【注】「其」上原有墨筆點記。
其三斛五斗郡掾利焉黃龍二年限米　二九六六
其一百八十七斛六斗八升嘉禾元年火種租米　二九六七
其一千七百六十七斛四斗三升吏帥客嘉禾元年限米　二九六八
出倉吏黃諱潘慮所領襍吳平斛米四千九百斛其二千九百□十二斛
□斗□升黃龍元年新　二九六九

其一百卌六斛八斗三州倉運叛士嘉禾元年限米　二九七〇
其二斛八斗郡士及都尉區弈嘉禾元年租米　二九七一
其三百六十七斛四斗五升郵卒嘉禾元年限米　二九七二
其二百二斛一斗九升新吏嘉禾元年限米　二九七三
其一百五十九斛七斗新還民嘉禾元年限米　二九七四
【注】「其」上原有墨筆點記。
其七十一斛州佃吏鄭脩徐晶嘉禾元年限米　二九七五
其二斛八斗郡士及都區弈嘉禾元年租米　二九七六
【注】「都」下應脱「尉」字。
其二百七十五斛九斗四升私學嘉禾元年限米　二九七七
右襍米一千三百卌四斛六斗別領　二九七八
【注】「右」上原有墨筆點記。
其一千七百廿七斛六斗三升吏帥客嘉禾元年限米　二九七九
其九十一斛三斗司馬黃升嘉禾元年限米　二九八〇
稅米壂閣右郎中李嵩被督軍糧都尉嘉禾二年六月廿六日甲申書
給壂運　二九八一
其一百卌七斛七斗新還民嘉禾元年限米　二九八二
八十九斛六斗四升嘉禾元年粢租米卌斛習射嘉禾元年限米十三
斛民還黃武　二九八三
其三百六十五斛四斗五升郵卒嘉禾元年限米　二九八四
出倉吏黃諱潘慮所領襍吳平斛米九百卌斛其六百九十七斛三斗
六升嘉禾元年稅米一百　二九八五
其四百廿斛九斗佃卒嘉禾元年限米　二九八六
其八百卌斛三斗一升郡縣佃吏嘉禾元年限米　二九八七
其七百卌四斛八斗一升郡縣佃吏嘉禾元年限米　二九八八
其二百五十七斛四斗九升私學嘉禾元年限米　二九八九
其卌斛三斗六升吏帥客黃龍二年限米　二九九〇
【注】「其」上原有墨筆點記。

其廿七斛六斗民還黃龍元年稅米　二九九一

【注】「其」上原有墨筆點記。

掾章採運詣集所其年六月廿八日付杝師五生黃□張□吕升高元　二九九二

其卌六斛六斗七升賊黃勳黃龍三年財物賈米　二九九三

【注】「其」上原有墨筆點記。

其一百四斛一斗嘉禾二年盈米　二九九四

【注】「其」上原有墨筆點記。

書史述隄杝師黃郡徐襄尢集　二九九五

倩嘉禾二年閏月奉其年閏月十日付倩所將佰史何陽周曼　二九九六

都尉嘉禾二年六月廿日戊寅書付監運掾劉乘運詣集所其年六月
廿八日付　二九九七

四千二百卌八斛通合吴平斛米五千九百一十八斛壂閣右郎中李
嵩被督軍糧　二九九八

其一千五百一十七斛七斗七升吏帥客嘉禾二年限米　二九九九

其一千五十斛三斗四升新吏嘉禾元年限米　三〇〇〇

【注】「其」上原有墨筆點記。

其三百卌四斛九斗三升嘉禾二年禚擿米　三〇〇一

【注】「其」上原有墨筆點記。

右郎中李嵩承縣嘉禾二年閏月四日癸巳書給作柏船匠師朱德鄭　三〇〇二

其一千一十八斛五斗一升嘉禾元年郡縣佃吏限米　三〇〇三

出倉吏黃諱潘慮所領嘉禾元年稅吴平斛米六斛七斗二升爲稟斛米
七斛壂閣　三〇〇四

其六百七十四斛九斗一升嘉禾元年禚盈米　三〇〇五

其六十三斛五斗五升新還民嘉禾元年限米　三〇〇六

【注】「其」上原有墨筆點記。

其八十一斛州吏張晶備黃武六年適客限米　三〇〇七

【注】「其」上原有墨筆點記。

其十六斛七斗監池司馬鄧邵嘉禾元年池賈米　三〇〇八

【注】「其」上原有墨筆點記。

其十一斛五斗監池司馬鄧邵嘉禾元年臨居米　三〇〇九

其十一斛五斗監池司馬鄧邵嘉禾元年臨居米　三〇一〇

其卌一斛監池司馬鄧邵嘉禾元年限米　三〇一一

郎中李嵩被督軍糧都尉移右節度府嘉禾二年三月廿九日庚寅書
給監　三〇一二

司馬孫碩運詣集所嘉禾元年四月廿一日付書史史通杝師朱□　三〇一三

其廿八斛七斗五升郡掾利焉嘉禾元年限米　三〇一四

郎中李嵩被督軍糧都尉嘉禾二年閏月七日丙申書給右選曹尚書
郎貴　三〇一五

出倉吏黃諱潘慮所領嘉禾元年稅吴平斛米五斛七斗六升爲稟斛
米六斛壂閣右　三〇一六

【注】本簡與前三〇一五、二九九六簡可能原爲一組，本簡在前，三〇一五簡在中，二九九六簡在後。

其三百五十四斛五斗五升郵卒嘉禾元年限米　三〇一七

閏月十日付陽曼　三〇一八

【注】「閏」上原有墨筆點記。

其四百卌七斛七斗佃卒嘉禾元年限米　中　三〇一九

書郎貴倩所將佰史何陽周曼二人嘉禾二年閏月直人二斛其年　三〇二〇

其一千二百廿斛一斗七升郡縣佃吏嘉禾元年限米　三〇二一

【注】「其」上原有墨筆點記。

其一百一十九斛嘉禾元年郵卒限米　三〇二二

其四百一十七斛□斗嘉禾元年佃卒限米　三〇二三

其卌二斛佃吏蔡雅董基黃龍三年限米　三〇二四

【注】「其」上原有墨筆點記。

其二百八十八斛二斗五升嘉禾二年所受禚擿米　三〇二五

其一千一百一十斛八升嘉禾元年私學限米　三〇二六

其廿一斛郡掾利焉黃龍元年限米　三〇二七

其一斛八斗五升白米　三〇二八

其三斛五斗郡掾利焉黃龍二年限米　三〇二九

其四萬一千七百二斛八斗七升三合蒭米　三〇三〇

集凡承餘新入吳平斛米合四萬一千七百四斛七斗二升三合　三〇三一

其二千五百卌二斛五斗嘉禾三年租米　三〇三二

右郎中李嵩被督軍糧都尉嘉禾二年閏月七日丙申書給右選曹尚　三〇三三

【注】本簡與前三〇二〇簡可能原爲一組，本簡在前，三〇二〇簡在後。

嘉禾二年五月□日付書史鄧箕……　三〇三四

其卅六斛監池司馬鄧邵嘉禾元年限米　三〇三五

出倉吏黃諱潘慮所領嘉禾元年稅吳平斛米卅三斛九斗八升爲稟斛
米卅五斛四斗埊閣右　三〇三六

其二萬三百一十五斛八斗一升四合嘉禾元年稅米　三〇三七

其二斛八斗郡士及都尉區弈嘉禾元年租米　三〇三八

其一百八十四斛六斗八升嘉禾元年火種租米　三〇三九

其五斛一斗一升嘉禾元年復民租米　三〇四〇

五月十三日付書史吳齊　三〇四一

定領襍米三萬七千卌八斛八斗五升七合　三〇四二

匠司馬周圖一年奉起嘉禾二年五月有閏月訖閏三年三月卅日月
三斛除小月　三〇四三

【注】嘉禾二年閏五月，故在五月後注明「有閏月」。下三〇四八簡同。但嘉禾三年無閏月，簡稱「閏三年」，疑「閏」為衍字。

其五斛一斗一升嘉禾元年復民租米　三〇四四

【注】「其」上原有墨筆點記。

其七斛五斗吏民備黃武五年租米　三〇四五

【注】「其」上原有墨筆點記。

嵩被督軍糧都尉嘉禾二年四月十七日丁未書付監運掾謝慎　三〇四六

月人月二斛其年三月十六日付吏吳楊　三〇四七

督軍都尉朱節所主吏謝林鍾露二人稟起嘉禾二年正月有閏月訖
十二　三〇四八

閣右郎中李嵩被督軍糧都尉嘉禾二年五月十二日辛未書給豫州　三〇四九

出倉吏黃諱潘慮所領嘉禾元年稅吳平斛米卌九斛九斗二升爲稟斛
米五十二斛埊　三〇五〇

【注】三〇四七簡至本簡應爲一組，其編聯順序應爲三〇五〇、三〇四九、三〇四八、三〇四七。

其十六斛七斗監池司馬鄧邵黃龍三年池賈米　三〇五一

埊閣右郎中李嵩被督軍糧都尉移右節度府嘉禾二年三　三〇五二

其卌六斛五升司馬黃升黃龍元年限米　三〇五三

其十六斛七斗監池司馬鄧邵黃龍三年池賈米　三〇五四

右襍米一千二百五十七斛三斗八升別領　三〇五五

右四月入吳平斛米四千九百廿七斛七斗七升……　三〇五六

其廿九斛九斗民還黃龍三年稅米　三〇五七

【注】「其」上原有墨筆點記。

其廿六斛六斗七升賊黃勳黃龍三年財物賈米　三〇五八

【注】「其」上原有墨筆點記。

其六百七十四斛九斗一升嘉禾元年襍盈湎米　三〇五九

【注】「其」上原有墨筆點記。

其一百四斛一斗嘉禾二年盈米　三〇六〇

【注】「其」上原有墨筆點記。

其九十一斛三斗司馬黃升嘉禾元年限米　三〇六一

其五十一斛州吏張晶備黃武六年適客限米　三〇六二

其廿一斛郡掾利焉黃龍元年限米　三〇六三

其一百八十二斛六斗九升新吏嘉禾元年限米　三〇六四

【注】「其」上原有墨筆點記。

☑其卅三斛郡掾利焉黃龍□年限米　三〇六五

【注】「其」上原有墨筆點記。

其五斛黄龍元年叛士限米 三〇六六

其九斛八斗監池司馬鄧邵嘉禾元年臨居米 三〇六七

【注】「其」上原有墨筆點記。

其八百二斛二斗二升嘉禾元年税□…… 三〇六八

【注】「税□」下殘爲小字。

其十斛備船師何春建安廿七年折咸米 三〇六九

右褋米九十一斛四斗六升别領 三〇七〇

其六斛郡吏士還所貸黄龍元年税米 三〇七一

其七斛五斗佃卒黄龍二年限米 三〇七二

右褋米七千八百卌六斛三斗一升縣領 三〇七三

其……年限米 三〇七四

月十二日壬申書給彭純史陳桑一年錢米稟起黄龍三年十二月訖 三〇七五

其廿八斛七斗五升郡掾利焉嘉禾元年限米 三〇七六

集凡承餘新入吴平斛米一萬九千三百卌四斛七斗五升五合 三〇七七

【注】「集」上原有墨筆點記。

右四月出吴平斛米合五千三百卌斛九斗 三〇七八

其五斛黄龍元年叛士限米 三〇七九

【注】「其」上原有墨筆點記。

其五十八斛一斗佃卒黄龍三年限米 三〇八〇

其卌三斛一升船師栂朋傅忠備建安廿六年折咸米 三〇八一

【注】「其」上原有墨筆點記。

其一百一十二斛六斗二升八合吏帥客黄龍三年限米 三〇八二

出倉吏黄諱潘慮所領褋吴平斛米七百七十三斛其五百廿斛五斗三
升嘉禾二 三〇八三

其卌三斛五斗監池司馬鄧邵嘉禾元年攻捕米 三〇八四

【注】「其」上原有墨筆點記。

年税米二百五十二斛四斗七升私學黄龍元年限米壂閣右郎中 三〇八五

其廿八斛七斗六升吏張廟周崇備黄武六年粢租米 三〇八六

【注】「其」上原有墨筆點記。

其廿斛郡吏士吴將貸黄龍元年税米 三〇八七

嘉禾元年十一月除小月嘉禾二年四月廿一日付陳桑傍人朱德 三〇八八

其七斛五斗佃卒黄龍二年限米 三〇八九

其九十一斛三斗司馬黄升嘉禾元年限米 三〇九〇

其卌二斛九斗一升黄龍二年租米 三〇九一

嘉禾元年賊帥限米七斛四斗東部烝口倉吏孫陵備黄龍元年耗咸
税 三〇九二

【注】「嘉禾」上原有墨筆點記。

其廿二斛佃吏蔡雅董基黄龍三年限米 三〇九三

【注】「其」上原有墨筆點記。

其七斛五斗吏民備黄武五年租米 三〇九四

【注】「其」上原有墨筆點記。

其十九斛監池司馬鄧邵嘉禾元年限錢米 三〇九五

【注】「其」上原有墨筆點記。

入四月所受褋擿米卌八斛七斗九升 三〇九六

入賊黄勳黄龍三年財物賈米廿六斛六斗七升 三〇九七

入監池司馬鄧邵嘉禾元年限米三斛 三〇九八

入州吏張晶所備黄武六年適客限米十三斛 三〇九九

其廿八斛監池司馬鄧邵嘉禾二年限米 三一〇〇

其六十七斛三斗大男張狗張吉所買賊黄勳黄龍三年牛賈米 三一〇一

其五斛叛士黄龍元年限米 三一〇二

其卌一斛監池司馬鄧邵嘉禾元年限錢米 三一〇三

【注】「其」上原有墨筆點記。

其卌四斛一斗六升黄龍三年税米 三一〇四

其七斛三斗三升新吏黄龍二年限米 三一〇五

【注】「其」上原有墨筆點記。

其七斛三升黄龍元年張復田税米　三一〇六
其九十八斛二斗黄龍二年粢租米　三一〇七
其二千三百八十九斛八斗三升嘉禾元年吏帥客限米　三一〇八
定領襍米三萬五千六百九十六斛四斗二升九合　三一〇九
【注】「定」上原有墨筆點記。
右襍米二百八十一斛五斗九升別領　三一一〇
其二百九十六斛八斗一升五合黄龍三年税米　三一一一
【注】「其」上原有墨筆點記。
右襍米二千五百卌八斛一斗八升縣領　三一一二
【注】「右」上原有墨筆點記。
其十九斛九斗民還黄龍二年税米　三一一三
【注】「其」上原有墨筆點記。
其七斛五斗佃卒黄龍二年限米　三一一四
【注】「其」上原有墨筆點記。
右出吴平斛米八百六十五斛六斗五升四合　三一一五
其年三月十五日付書史黄勝　三一一六
掾被督軍糧都尉嘉禾□年……日乙亥書……司馬王軌嘉禾二年
正月直　三一一七
出倉吏黄諱番慮所領嘉禾二年税吴平斛米二斛八斗八升爲稟斛米
三斛壂閣左郎中郭　三一一八
其……元年……米　三一一九
其十九斛四斗六升價人李綬黄龍二年米　三一二〇
【注】「其」上原有墨筆點記。
其卌八斛州吏張晶備黄武六年適客米　三一二一
其六斛八斗監池司馬鄧邵嘉禾元年臨居米　三一二二
【注】「其」上原有墨筆點記。
其十六斛七斗監池司馬鄧邵黄龍三年池賈米　三一二三
【注】「其」上原有墨筆點記。
其六斛八斗監池司馬鄧邵嘉禾元年臨居米　三一二四
【注】「其」上原有墨筆點記。
二月卅日倉吏黄諱潘慮白　三一二五
其一百五十八斛二斗吏帥客黄龍二年限米　三一二六
出倉吏黄諱潘慮所領襍吴平斛米二百斛其一百卌八斛六斗嘉禾元
年税米卌五斛　三一二七
其五十八斛一斗佃卒黄龍三年限米　三一二八
【注】「其」上原有墨筆點記。
其年二月一日付書史鄧棐　三一二九
其卌一斛監池司馬鄧邵嘉禾元年限米　三一三〇
【注】「其」上原有墨筆點記。
其六斛郡吏士所貸黄龍元年税米　三一三一
【注】「其」上原有墨筆點記。
其卌一斛監池司馬鄧邵嘉禾元年限米　三一三二
【注】「其」上原有墨筆點記。
其五十八斛一斗佃卒黄龍三年限米　三一三三
【注】「其」上原有墨筆點記。
其廿九斛九斗民還黄龍二年税米　三一三四
【注】「其」上原有墨筆點記。
其廿九斛一斗黄龍二年私學限米　三一三五
【注】「其」上原有墨筆點記。
其十六斛七斗監池司馬鄧邵黄龍三年池賈米　三一三六
【注】「其」上原有墨筆點記。
其六斛郡吏士所還黄龍元年税米　三一三七
【注】「其」上原有墨筆點記。
其卌八斛州吏張晶備黄武六年適客限米　三一三八
【注】「其」上原有墨筆點記。
承二月旦簿餘襍米一萬二千五百七十七斛三斗一升九合　三一三九
其八十八斛五斗司馬黄升黄龍二年限米　三一四〇
【注】「其」上原有墨筆點記。
中倉吏黄諱潘慮謹列二月旦簿　三一四一

其七十三斛一斗三升司馬黄升黄龍三年限米　三一四二
【注】「其」上原有墨筆點記。
監運掾李練所領士七十三人嘉禾二年三月直其二人人二斛五斗
七十一人人二斛　三一四三
出倉吏黄諱潘慮所領嘉禾元年稅吳平斛米一百卌一斛一斗二升爲
稟斛米一百卌　三一四四
七斛塈閣左郎中郭據被督軍糧都尉嘉禾二年二月一日辛卯書給　三一四五
其卌八斛七斗五升黄龍元年吏帥客限米　三一四六
【注】「其」上原有墨筆點記。
其卅三斛九斗吏備黄龍二年豆租米　三一四七
【注】「其」上原有墨筆點記。
嘉禾二年二月奉其年二月廿日付倩所將佰史胡曼　三一四八
其卅五斛嘉禾元年賊帥限米　三一四九
【注】「其」上原有墨筆點記。
其七十九斛六斗新吏黄龍三年限米　三一五〇
【注】「其」上原有墨筆點記。
其八十斛叛士嘉禾元年限米　三一五一
【注】「其」上原有墨筆點記。
其十斛船師何春建安廿七年折咸米　三一五二
【注】「其」上原有墨筆點記。
其三百六十七斛四斗五升郵卒嘉禾☐　三一五三
右閏月入吳平斛米四千三百卌四斛九斗八升　其三千八百五斛六斗七
升三州倉運　三一五四
右褋米一千四百六十一斛二斗一升別領　三一五五
【注】「右」上原有墨筆點記。
其五十斛七斗三升黄龍三年盈溢米　三一五六
史史通　三一五七
入州佃吏武陵徐晶嘉禾元年限米七十九斛　三一五八

其七斛五斗佃卒黄龍二年限米　三一五九
【注】「其」上原有墨筆點記。
其六百五十七斛九升黄龍三年租米　三一六〇
【注】「其」上原有墨筆點記。
入衛士何成嘉禾元年限米廿斛　三一六一
其卅三斛一升吏民備船師栂朋傳忠建安廿六年折咸米　三一六二
【注】「其」上原有墨筆點記。
其卌八斛七斗五升吏帥客黄龍元年限米　三一六三
【注】「其」上原有墨筆點記。
入三州倉運黄龍元年新吏旱限米廿六斛六斗　三一六四
其卅六斛三升新吏黄龍二年限米　三一六五
入州鈴下許進失休限米四斛四斗五升　三一六六
其卌三斛黄龍三年叛士限米　三一六七
【注】「其」上原有墨筆點記。
其四斛四斗五升州鈴下許進失休限米　三一六八
【注】「其」上原有墨筆點記。
入司馬黄升黄龍元年屯田限米卅六斛　三一六九
其一百八十九斛五斗吏帥客黄龍二年限米　三一七〇
【注】「其」上原有墨筆點記。
其三斛五斗郡掾利焉黄龍二年限米　三一七一
【注】「其」上原有墨筆點記。
其六十四斛一斗郡掾利焉黄龍三年限米　三一七二
【注】「其」上原有墨筆點記。
入民還黄武七年麦種准米七斛五斗　三一七三
入叛士黄龍元年限米五斛　三一七四
其三斛五斗郡掾利焉黄龍☐年限米　三一七五
【注】「其」上原有墨筆點記。
其五斛司馬黄升黄龍二年限米　三一七六
【注】「其」上原有墨筆點記。
入吏帥客嘉禾元年限米一百九十七斛七斗　中　三一七七

其五百九斛三斗嘉禾元年郵卒限米　三一七八
【注】「其」上原有墨筆點記。
其二斛三升私學黄龍元年限米　三一七九
【注】「其」上原有墨筆點記。
其九斛男子郭元所買賊黄勳黄龍三年牛賈米　三一八〇
入三州倉運叛士黄龍二年限米十四斛一斗五升　三一八一
其十六斛七斗監池司馬鄧邵黄龍三年池賈米　三一八二
【注】「其」上原有墨筆點記。
其一百八十四斛一升黄龍二年税米　三一八三
【注】「其」上原有墨筆點記。
其七斛九斗新吏烝勉還連道黄武六年米　三一八四
【注】「其」上原有墨筆點記。
其八十六斛一斗五升黄龍二年粢租米　三一八五
【注】「其」上原有墨筆點記。
入郵卒嘉禾元年限米卌五斛四斗　三一八六
其一斛四斗新吏劉楊還昭陽黄武六年米　三一八七
【注】「其」上原有墨筆點記。
六人人月二斛五斗七人人月□斛三人人月一斛□斗除小月死叛
□其年三月廿八日付録事程弈　三一八八
入吏帥客黄龍三年六十六斛六斗　三一八九
【注】「三年」下應脱「限米」二字。
其三百五十二斛五斗四升吏帥客嘉禾元年限米　三一九〇
【注】「其」上原有墨筆點記。
其五十三斛三斗新還民黄龍三年限米　三一九一
【注】「其」上原有墨筆點記。
其一百八十二斛六斗九升新吏嘉禾元年限米　三一九二
其九十一斛三斗司馬黄升嘉禾元年限米　三一九三
【注】「其」上原有墨筆點記。
尉蔣肅所領吏士卒師士一百卌八人嘉禾二年直起五月訖閏月其
卌二人人月三斛八斗　三一九四

入黄龍元年税米四斛　中　三一九五
其三百八十八斛九斗九升嘉禾元年襍擿米　三一九六
其二百七十斛新還民嘉禾元年限米　三一九七
其廿九斛九斗九升民還黄龍元年税米　三一九八
【注】「其」上原有墨筆點記。
其二百五十斛佃卒嘉禾元年限米　三一九九
其五十六斛一斗佃卒黄龍三年限米　三二〇〇
【注】「其」上原有墨筆點記。
入監池司馬鄧邵嘉禾元年攻捕米六十八斛五斗　三二〇一
入佃卒嘉禾元年限米廿三斛九斗　三二〇二
其七斛佃吏黄龍元年限米　三二〇三
嘉禾二年正月直其六人人二斛五斗八十八人人二斛二人人一斛
五斗其年正月十八日付書　三二〇四
被督軍糧都尉嘉禾二年正月十八日己卯書給監運掾俞朔所領吏
士九十六人　三二〇五
出倉吏黄諱潘慮所領嘉禾元年税吴平斛米一百八十六斛二斗四升
爲稟斛米一百九十四斛　三二〇六
其四百五十斛郵卒嘉禾元年限米　三二〇七
月奉其年正月廿日付倩親人謝頡　三二〇八
其六斛九斗故吏鄧慎臧錢米　三二〇九
【注】「其」上原有墨筆點記。
其百五十一斛六斗八升白米　三二一〇
【注】「其」上原有墨筆點記。按吴簡格式，「百」上應脱「一」字。
其廿一斛郡掾利焉黄龍元年限米　三二一一
【注】「其」上原有墨筆點記。
出倉吏黄諱潘慮所領嘉禾元年税吴平斛米卌斛八斗二升爲稟斛米
卌二斛五升　三二一二
其廿八斛七斗六升吏張堂區岑備黄武六年粢租米　三二一三
【注】「其」上原有墨筆點記。

二年正月六日付書史孫應杝師文平戴壽黄密馬桑　三二一四
其卅三斛六斗吏所備黄龍二年豆租米　三二一五
軍糧都尉嘉禾元年十二月十九日庚戌書付監運掾楊遺運詣集所
嘉禾　三二一六
十斛七斗三升黄龍三年盈湎米卅斛吏張晶備黄武六年適客限米
被督　三二一七
嘉禾元年限米三百廿斛郵卒嘉禾元年限米七斛佃吏黄龍元年限
米　三二一八
中郭據被督軍糧都尉嘉禾二年七月十一日癸巳書給右選曹尚書
郎貴　三二一九
其廿斛郡吏士還所貸黄龍元年税米　三二二〇
其二百六十九斛嘉禾元年佃卒限米　三二二一
【注】「其」上原有墨筆點記。
其八十叛士嘉禾元年限米　三二二二
【注】「其」上原有墨筆點記。「八十」下應脱「斛」字。
其一百一十二斛三斗七升嘉禾元年復民租米　三二二三
【注】「其」上原有墨筆點記。
其廿八斛七斗六升吏張靦周甖備黄武六年桼租米　三二二四
【注】「其」上原有墨筆點記。
出倉吏黄諱潘慮所領嘉禾元年税吴平斛米五斛七斗六升爲稟斛米
六斛塈閣左郎　三二二五
其一百一十二斛嘉禾元年復民租米　三二二六
付書史周則杝師□□畢安　三二二七
【注】第二□上半殘缺，下半從「辶」。
其五十斛七斗三升黄龍三年盈湎米　三二二八
【注】「其」上原有墨筆點記。
其六百三斛五斗嘉禾元年郡縣佃吏限米　三二二九
【注】「其」上原有墨筆點記。
其十斛船師何春建安廿七年折咸米　三二三〇
【注】「其」上原有墨筆點記。
其六十六斛八斗八升四合嘉禾元年桼租米　三二三一
其一千一百斛私學嘉禾二年限米　三二三二
給□所領鍛師佐監寒等一百九十六人嘉禾二年二月直其卅人人
三斛五十六人人二　三二三三
入佃卒黄龍三年限米二斛　三二三四
入監池司馬鄧邵嘉禾元年錢准米十斛　三二三五
入州吏張晶備黄武六年適客限米十三斛　三二三六
其五十三斛州吏張晶備適客黄武六年限米　三二三七
【注】「其」上原有墨筆點記。
其五十六斛一斗佃卒黄龍三年限米　三二三八
【注】「其」上原有墨筆點記。
元年税米五百廿斛嘉禾元年桼租米三百六十斛新吏嘉禾元年新
吏　三二三九
糧都尉嘉禾二年正月十日辛未書給右選曹尚書史貴倩嘉禾二年
正　三二四〇
其四斛四斗五升州鈴下失休限米　三二四一
其卅三斛八斗五升黄龍三年叛士限米　三二四二
【注】「其」上原有墨筆點記。
其九十斛叛士黄龍元年限米　三二四三
【注】「其」上原有墨筆點記。
其三百斛嘉禾元年桼租米　三二四四
出倉吏黄諱潘慮所領嘉禾元年税吴平斛米五斛七斗六升爲稟斛米
六斛被督軍　三二四五
其二千二百七十斛吏帥客嘉禾元年限米　三二四六
其廿一斛郡掾利焉黄龍元年限米　三二四七
【注】「其」上原有墨筆點記。
出倉吏黄諱潘慮所領褋吴平斛米五千六百斛其四千三百二斛二斗
七升嘉禾　三二四八

其一百一十九斛八斗三升吏帥客嘉禾元年限米　三二四九
其三百七十斛二斗一升郡士都尉陳埜區弈嘉禾元年士租米　三二五〇
【注】「其」上原有墨筆點記。
其四百八十三斛五斗司馬黄升嘉禾元年限米　三二五一
【注】「其」上原有墨筆點記。
入私學黄龍元年限米廿八斛四斗　三二五二
其廿七斛二斗新還民嘉禾元年限米　三二五三
【注】「其」上原有墨筆點記。
斛五斗百人人二斛其年正月廿九日付吏烝承　三二五四
其十三斛州吏張晶備黄武[六]年適客限米　三二五五
【注】「其」上原有墨筆點記。
其九斛男子郭元所買賊黄勳黄龍三年牛賈米　三二五六
【注】「其」上原有墨筆點記。
其廿八斛五斗監池司馬鄧[卲]嘉禾元年攻捕米　三二五七
【注】「其」上原有墨筆點記。
入民還黄龍元年税米一斛　民還嘉禾元年所[貸]　三二五八
其卅三斛八斗五升黄龍三年叛士限米　三二五九
【注】「其」上原有墨筆點記。
其六十七斛郵卒黄龍二年限米　三二六〇
【注】「其」上原有墨筆點記。
出倉吏黄諱潘慮所領黄龍三年租吴平斛米卅四斛五斗六升爲稟斛
米卅六斛塈閣左　三二六一
其六十四斛一斗監池司馬鄧卲嘉禾元年臨居米　三二六二
【注】「其」上原有墨筆點記。
☑年九月廿九日高沙丘男子胡秩關塈閣李嵩付倉吏黄諱[潘][慮]受　三二六三
出倉吏黄諱潘慮所領嘉禾元年税吴平斛米九斛六斗爲稟斛米十斛
給郡吏□　三二六四
其四斛五斗吏民備黄武五年租米　三二六五
【注】「其」上原有墨筆點記。簡三二六五至三三八四出土時原爲一坨，揭剥順序參見《揭剥位置示意圖》圖八。
其十斛監池司馬鄧卲嘉禾元年蒭錢准米　三二六六
【注】「其」上原有墨筆點記。
其卌斛州吏張晶黄武六年適客限米　三二六七
【注】「其」上原有墨筆點記。
其一萬八千七百卌四斛七斗七升嘉禾元年税米　三二六八
【注】「其」上原有墨筆點記。
其廿三斛四升嘉禾二年襍擿米　三二六九
其卅五斛嘉禾元年賊帥限米　三二七〇
其十六斛七斗監池司馬鄧卲黄龍三年池賈米　三二七一
其卅四斛一斗監池司馬鄧卲嘉禾元年臨居米　三二七二
【注】「其」上原有墨筆點記。
入民還黄龍二年税米十九斛九斗　其十二斛九斗八升嘉禾元年所[貸]　三二七三
其一十九斛佃卒嘉禾元年限米　三二七四
【注】「其」上原有墨筆點記。
入司馬黄升黄龍二年限米廿九斛　中　三二七五
其十六斛七斗監池司馬鄧卲黄龍三年池賈米　三二七六
【注】「其」上原有墨筆點記。
出倉吏黄諱潘慮所領嘉禾元年税吴平斛米一百九十斛五斗六升爲
稟斛米一百九十八斛　三二七七
其廿一斛郡掾利焉黄龍元年限米　三二七八
【注】「其」上原有墨筆點記。
其六十四斛一斗郡掾利焉黄龍三年限米　三二七九
【注】「其」上原有墨筆點記。
其五十一斛二[升][郵]卒黄龍[三]年限米　三二八〇
【注】「其」上原有墨筆點記。
其廿斛監池司馬鄧卲[黄][龍]元年限米　三二八一
【注】「其」上原有墨筆點記。
其七斛佃吏黄龍元年限米　三二八二
【注】「其」上原有墨筆點記。

其七斛四斗東部烝口倉吏孫陵備黃龍元年稅米　三二八三

其七斛二斗三升新吏黃龍二年限米　三二八四

書給典軍所主吏繆雒一年奉起嘉禾元年十一月訖嘉禾二年十月
月二斛除小月六日　三二八五

其三斛五斗郡掾利焉黃龍二年限米　三二八六

【注】「其」上原有墨筆點記。

入監池司馬鄧邵嘉禾元年臨居米卅一斛一斗　三二八七

入佃卒黃龍三年限米五斛三斗　中　三二八八

入私學黃龍三年限米卌一斛　中　三二八九

其十九斛佃卒嘉禾元年限米　三二九〇

【注】「其」上原有墨筆點記。

其卌二斛九斗一升黃龍二年租米　三二九一

【注】「其」上原有墨筆點記。

其年二月十二日付典軍曹史章松傍人吳衍任奴　三二九二

其一百卅一斛郡吏士還黃龍元年稅米　三二九三

入監池司馬鄧邵嘉禾元年限米廿斛　三二九四

入郡縣佃吏嘉禾元年限米七十斛三斗　中　三二九五

日丙子書付校尉呂端所督校尉向倉栂豪等運詣武陵嘉禾二年正
月廿日　三二九六

其六十四斛一斗郡掾利焉黃龍三年屯田限米　三二九七

【注】「其」上原有墨筆點記。

其七斛九斗新吏烝勉還連道縣黃武六年米　三二九八

其六十三斛五斗五升新還民嘉禾元年限米　三二九九

【注】「其」上原有墨筆點記。

其二百五十二斛監池司馬鄧邵嘉禾元年限米　三三〇〇

【注】「其」上原有墨筆點記。

其一百五十三斛嘉禾元年監池鄧邵攻捕米　三三〇一

【注】「其」上原有墨筆點記。「監池」下應脱「司馬」二字。

其七斛佃吏黃龍元年限米　三三〇二

【注】「其」上原有墨筆點記。

一斛通合稟斛米四百六十斛被監作部都尉王㬂嘉禾二年正月廿
九日庚寅　三三〇三

右裸米一千六百七十四斛六斗二升　三三〇四

其五斛一斗一升嘉禾元年復民租米　三三〇五

【注】「其」上原有墨筆點記。

其七斛二斗三升新吏黃龍二年限米　三三〇六

【注】「其」上原有墨筆點記。

其三百七十三斛一升郡士都尉陳埜區弈士妻[子][嘉][禾][元][年][租]　三三〇七

【注】「其」上原有墨筆點記。

入嘉禾元年裸盈米八百八十七斛六斗一升　三三〇八

其九十七斛郵卒嘉禾元年限米　三三〇九

【注】「其」上原有墨筆點記。

入監池司馬鄧邵嘉禾元年限錢米廿二斛　三三一〇

八十七斛通合二萬六千六百六十九斛被督軍糧都尉嘉禾元年二
年正月十五　三三一一

其廿斛郡縣佃吏嘉禾元年限米　三三一二

其五百八十三斛五斗郡縣佃吏嘉禾元年限米　三三一三

其卅三斛五斗嘉禾元年火種租米　三三一四

【注】「其」上原有墨筆點記。

其一千九百五十斛嘉禾元年租米　三三一五

【注】「其」上原有墨筆點記。

其七斛□斗黃龍元年限米　三三一六

【注】「其」上原有墨筆點記。

掾時都　三三一七

其卅四斛五斗嘉禾元年火種租米　三三一八

其六斛八斗監池司馬鄧邵嘉禾元年臨居米　三三一九

【注】「其」上原有墨筆點記。

其二斛八斗郡士都尉陳埜區弈士妻子嘉禾元年租米　三三二〇

【注】「其」上原有墨筆點記。

出倉吏黄諱潘慮所領嘉禾元年税吳平斛米三斛八斗四升爲稟斛米
四斛埊閣左郎　三三二一

中郭據被督軍糧都尉嘉禾二年三月三日癸亥書給埊閣司馬魏田
所領吏　三三二二

【注】本簡與前三三二一簡可能原爲一組，本簡在後，三三二一簡在前。

周尾直起嘉禾□年二月訖三月月二斛其年三月三日付……　三三二三

其十一斛五斗郡掾利焉嘉禾元年限米　三三二四

【注】「其」上原有墨筆點記。

與倉吏監賢稟斛米一百九十斛六斗六升八合倉吏逢審區胃稟斛
米六十　三三二五

其十斛監池司馬鄧邵嘉禾元年限錢米　三三二六

入新還民黄龍三年限米八斛　三三二七

其卌三斛一升船師栂朋傅忠備建安廿六年折咸米　三三二八

【注】「其」上原有墨筆點記。

其六十六斛九斗四升嘉禾二年襍擿米　三三二九

【注】「其」上原有墨筆點記。

其卅斛四斗三升私學黄龍元年限米　三三三〇

【注】「其」上原有墨筆點記。

入黄龍三年税米一千七十七斛九斗　其一千六十斛九斗七升三州倉米　三三三一

其四斛六斗佃吏董基黄龍二年限米　三三三二

【注】「其」上原有墨筆點記。

其七斛九斗新吏丞勉還連道黄武六年米　三三三三

【注】「其」上原有墨筆點記。

其廿四斛五斗吏鄧愼黄龍□年臧錢米　三三三四

其五百八十斛新吏嘉禾元年限米　三三三五

其五十七斛私學黄龍二年限米　三三三六

閣左郎中郭據被督軍糧都尉移右節度府嘉禾元年十二月十三日
甲辰　三三三七

其七十九斛六斗新吏黄龍三年限米　三三三八

【注】「其」上原有墨筆點記。

其五十七斛私學黄龍三年限米　三三三九

【注】「其」上原有墨筆點記。

其三百六十八斛六升黄龍三年租米　三三四〇

【注】「其」上原有墨筆點記。

入吏帥客黄龍三年限米十三斛九斗六升　其四斛九斗六升三州倉運米　三三四一

其七十二斛八斗私學嘉禾元年限米　三三四二

【注】「其」上原有墨筆點記。

▨南鄉勸農掾謝韶被書條列鄉界州吏父兄子弟年一以上狀處爲
簿輒部歲伍潘祇謝
▨黄巨力謝琿陳魯等條鄉領州吏父兄子弟合十二人其二人被病
物故一人先給郡吏一人老
▨鈍刑盲七人細小謹破莂保據無有遺脱年紀虚欺爲他官所覺韶
自坐嘉禾四年
▨八月廿六日破莂保據　三三四二（一）

【注】本簡爲木牘，凡四行，此處按原格式釋文。牘首書有合同符號▨。

其十九斛四斗六升價人李綬黄龍二年米　三三四三

【注】「其」上原有墨筆點記。

吏何陽周曼二人嘉禾二年四月直人二斛其年四月十二日付陽曼　三三四四

出倉吏黄諱潘慮所領税吳平斛米六百六十斛其九十八斛七斗六升
黄龍三年叛士限米二百　三三四五

六十一斛四斗九升嘉禾元年税米三百斛黄龍三年税米埊閣右郎
中李嵩被督軍糧　三三四六

入黄龍二年粢租米九斛四斗　三三四七

出倉吏黄諱潘慮所領黄龍三年租吳平斛米廿二斛六斗二升爲稟斛
米廿三斛五斗八升埊　三三四八

其一斛四斗新吏劉楊還𨛍陽縣黃武六年米　三三四九

其七十三斛一斗五升黃升黃龍三年限米　三三五〇

【注】按吳簡格式，「黃升」上應脱「司馬」二字。

其五斛司馬黃升黃龍二年限米　三三五一

其三斛五斗郡掾利焉黃龍二年限米　三三五二

其一斛四斗新吏劉楊還𨛍陽縣黃武六年米　三三五三

其八十三斛五斗司馬黃升黃龍二年限米　三三五四

其一百廿六斛嘉禾元年郡縣佃吏限米　三三五五

【注】「其」上原有墨筆點記。

入三州倉運黃武五年稅米五十四斛二斗　三三五六

其六斛郡吏士所貸黃龍元年稅米　三三五七

入嘉禾元年租米二千八十四斛五斗四升　其一千九百卌二斛六斗三州倉米　三三五八

入三州倉運黃龍三年郵卒限米一百六斛二斗八升　三三五九

其一百七十斛五斗私學嘉禾元年限米　三三六〇

【注】「其」上原有墨筆點記。

入黃龍二年稅米十斛　三三六一

其十斛三斗佃卒黃龍二年限米　三三六二

【注】「其」上原有墨筆點記。

入民還價人李綏黃龍二年米一斛三斗　三三六三

五月卅日倉吏黃諱潘慮白　三三六四

入嘉禾元年火種租米一百五十斛一斗八升　其一百卌八斛一斗八升三州倉米　三三六五

其十斛備船師何春建安廿七年折咸米　三三六六

【注】「其」上原有墨筆點記。

離襄一年奉起嘉禾元年十一月訖二年九月月三斛除小月嘉禾二
年三月廿日付□　三三六七

其四百八斛九斗七升嘉禾元年租米　三三六八

入郡吏士還所貸黃龍元年稅米十斛　三三六九

其三百五十三斛五斗五升郵卒嘉禾元年限米　三三七〇

其八百卌四斛六斗五升還黃龍二年稅米　三三七一

【注】「其」上原有墨筆點記。

倉吏黃諱潘慮謹列閏月旦簿　三三七二

其七十斛□斗□升吏張瞻周崇備黃武六年粢租米　三三七三

郭據被督軍糧都尉移右節度府嘉禾元年十二月卅日辛酉書給右
大倉曹　三三七四

入私學嘉禾元年限米五十二斛□斗一升　其卅八斛二斗一升三州倉運米　三三七五

其廿斛七斗六升價人李綏黃龍二年限錢米　三三七六

右諸鄉入火種租米一百一十一斛四斗　三三七七

【注】「右」上原有墨筆點記。

其十斛三斗佃卒黃龍二年限米　三三七八

【注】「其」上原有墨筆點記。

其五十一斛七斗五升吏帥客黃龍元年限米　三三七九

【注】「其」上原有墨筆點記。

其六十一斛三斗新還民黃龍三年限米　三三八〇

【注】「其」上原有墨筆點記。

其卅三斛五斗監池司馬鄧邵嘉禾元年攻捕米　三三八一

【注】「其」上原有墨筆點記。

其卅斛監池司馬鄧邵嘉禾元年池賈米　三三八二

【注】「其」上原有墨筆點記。

入郵卒嘉禾元年限米二百卌四斛五斗五升　其一百九十九斛三州倉運米　三三八三

其二萬七千三百五十七斛八斗九升五合蒭米　三三八四

入郡縣佃吏嘉禾元年限米二百一十斛三斗六升　其一百七十五斛三斗六
升三州倉運米　三三八五

入嘉禾元年稅米二百廿三斛四斗七升　其一百卌一斛七斗七升三州倉所運米　三三八六

其七十一斛一斗私學黄龍二年限米　三三八七
【注】「其」上原有墨筆點記。
承□月旦簿領餘吴平斛米□萬八百六斛六斗七升三合　三三八八
其卅斛三斗六升吏帥客黄龍二年限米　三三八九
其四百卅七斛七斗佃卒嘉禾元年限米　三三九〇
其一千二百廿八斛八斗七升郡縣佃吏嘉禾元年限米　三三九一
其卌斛三斗六升吏帥客黄龍二年限米　三三九二
其一斛八斗五升白米　三三九三
入三州倉運監運掾姃度漬米百斛五斗八升　三三九四
【注】「姃」作女子名，音征，長沙東牌樓出土東漢光和六年《李建與精張諍田自相和從書》有「精姃」；作姓氏，音政，通「正」，《史記・封禪書》記戰國有「正伯僑」。下同，不再注明。又按吴簡格式，「百」上應脱「一」字。
☐□一百卅八斛四斗六升别領　三三九五
【注】簡三三九五至三四九八出土時原爲一坨，揭剥順序參見《揭剥位置示意圖》圖九。
☐卅斛叛士黄龍元年限米　三三九六
☐□五斛新還民嘉禾元年限米　三三九七
☐　其一萬七千一百七十七斛六斗一升四合嘉禾元年税米　三三九八
☐限米三斛□斗五升　三三九九
其三斛五斗郡掾利焉黄龍二年限米　三四〇〇
【注】「其」上原有墨筆點記。
☐　其一千二百七斛九斗八升私學嘉禾□年限米　三四〇一
其一萬二千四百卌五斛六斗三升九合⿱艹姦米　三四〇二
其七斛五斗佃卒黄龍二年限米　三四〇三
史章松傍吴衍任奴　三四〇四
【注】「傍」下應脱「人」字。
其七斛四斗東部烝口倉吏孫陵備黄龍元年税米　三四〇五
【注】「其」上原有墨筆點記。
其四斛四斗五升州鈐下許進失休限米　三四〇六
【注】「其」上原有墨筆點記。
右襍米四百卌六斛五斗八升别領　三四〇七

入吏曹信備黄武五年租米三斛　三四〇八
出倉吏黄諱潘慮所領……　三四〇九
其七斛四斗東部烝口倉吏孫陵備黄龍元年税咸税米　三四一〇
【注】「其」上原有墨筆點記。
其卅三斛六斗吏備黄龍二年豆租准米　三四一一
【注】「其」上原有墨筆點記。
其三百斛□斗□升吏帥客嘉禾元年限米　三四一二
【注】「其」上原有墨筆點記。
郎中郭據被督軍糧都尉移右節度府嘉禾元年十二月二日癸巳書
給典軍　三四一三
其九斛男子郭元所買賊黄勳黄龍三年牛賈米　三四一四
【注】「其」上原有墨筆點記。
其卌二斛九斗一升黄龍二年租米　☐　三四一五
【注】「其」上原有墨筆點記。
入州佃吏蔡雅黄龍三年限米七斛　三四一六
☐吴平斛米三斛八斗四升爲稟斛米四斛塈閣　三四一七
定領襍吴平斛米一萬四千八百一十四斛九斗九合　三四一八
其一百八十二斛六斗九升新吏嘉禾元年限米　三四一九
【注】「其」上原有墨筆點記。
其廿一斛郡掾利焉黄龍元年限米　三四二〇
【注】「其」上原有墨筆點記。
入嘉禾二年襍盈米一百四斛一斗　三四二一
右三月入吴平斛米二千七百五斛二斗九升　其一千一百八十六斛七斗七升三州倉運米　三四二二
其九千一百八十九斛七斗七升四合嘉禾元年税米　三四二三
入三月所受襍擿米十六斛九斗六升　三四二四
其四斛四斗五升州鈐下許進失休限米　三四二五
【注】「其」上原有墨筆點記。
其七斛二斗三升新吏黄龍二年限米　三四二六

【注】「其」上原有墨筆點記。
右襍米一千卅斛六斗七升别領　三四二七
其一百七十斛五斗私學嘉禾元年限米　三四二八
【注】「其」上原有墨筆點記。
主吏曹史徐檐一年奉起黄龍二年正月訖十二月月三斛其年二月
十二日付典軍曹　三四二九
其一百九十八斛三斗五升嘉禾元年郡縣佃吏限米　三四三〇
【注】「其」上原有墨筆點記。
其十九斛佃卒嘉禾元年限米　三四三一
【注】「其」上原有墨筆點記。
其卌一斛監池司馬鄧邵嘉禾元年限米　三四三二
其卌斛九斗九升民還黄龍元年税米　三四三三
【注】「其」上原有墨筆點記。
出倉吏黄諱潘慮所領黄龍二年税吴平斛米卌四斛五斗六升爲稟斛
米卅六斛墜閣左　三四三四
其七斛佃卒黄龍元年限米　三四三五
【注】「其」上原有墨筆點記。
其九斛三斗六升價人李綏黄龍二年米　三四三六
其卅五斛嘉禾元年賤帥限米　三四三七
【注】「其」上原有墨筆點記。
入嘉禾元年租米五十六斛一斗五升　其一斛八斗五升白米　三四三八
其一千一百卌四斛九斗五升私學黄龍三年限米　三四三九
郎中郭據被督軍糧都尉移右節度府黄龍三年十一月九日乙巳書
給大倉　三四四〇
【注】本簡與前三四三四簡可能原爲一組，本簡在後，三四三四簡在前。
丞五裕一年稟起黄龍二年正月訖十二月月三斛嘉禾二年三月廿
日付臨湘吏烝若　三四四一
入嘉禾元年郡縣佃吏張□廖怡等限米卅九斛　三四四二
出倉吏黄諱潘慮所領黄龍三年租吴平斛米五斛七斗六升爲稟斛米
六斛墜閣右郎中　三四四三
其廿九斛一斗黄龍二年私學限米　三四四四
【注】「其」上原有墨筆點記。
入嘉禾元年税米二千六百一斛六升　其二千五百卌斛六升三州倉運米　三四四五
其七十三斛一斗五升司馬黄升黄龍三年限米　三四四六
其一百五十七斛三斗三升郵卒黄龍三年限米　三四四七
【注】「其」上原有墨筆點記。
入三州倉運黄龍三年税米二百一斛七斗五升　三四四八
其卌三斛一升船師栂朋傅忠備建安廿六年折咸米　三四四九
【注】「其」上原有墨筆點記。
其五斛司馬黄升黄龍□年限米　三四五〇
【注】「其」上原有墨筆點記。
其六十四斛八斗八升佃卒黄龍元年限米　三四五一
【注】「其」上原有墨筆點記。
李嵩被督軍糧都尉嘉禾二年十一月七日丁酉書給選曹尚郎貴倩
嘉禾二年四　三四五二
【注】「選曹」上應脱「右」字；「尚郎」間應脱「書」字。
其卌斛三斗六升吏帥客黄龍二年限米　三四五三
其卅斛四斗三升私學黄龍元年限米　三四五四
月奉其年四月十二日付倩所將佰史何陽周曼　三四五五
其六十一斛□斗新還民黄龍二年限米　三四五六
其七斛五斗黄武七年麥種准米　三四五七
【注】「其」上原有墨筆點記。
其廿二斛佃吏蔡雅董基黄龍三年限米　三四五八
【注】「其」上原有墨筆點記。
其三百一十二斛四斗三升黄龍三年租米　三四五九
入吏帥客嘉禾元年限米一千八百八十九斛一斗五升　其一千八百七十
二斛二斗四升三州倉米　三四六〇
……税吴平斛米六十一斛六斗四升爲稟斛米六十四斛五升墜閣　三四六一

入三州倉運民還黃龍二年税米一百八斛九斗　三四六二
其七斛二斗三升新吏黃龍二年限米　三四六三
【注】「其」上原有墨筆點記。
入郵卒嘉禾元年限米二斛五斗　三四六四
其七十三斛一斗五升司馬黃升黃龍三年限米　三四六五
【注】「其」上原有墨筆點記。
入佃卒嘉禾元年限米三百九十八斛七斗　其三百八十五斛七斗三州倉米　三四六六
入三州倉運民還黃龍三年吏帥客限米一斛五斗一升　三四六七
其三百五十八斛四斗六升黃龍三年租米　三四六八
其十四斛一斗五升叛士黃龍二年限米　三四六九
入郡掾利焉還所貸黃龍三年屯田限米二斛　三四七〇
其一斛三斗佃卒黃龍二年限米　三四七一
入三州倉運郵卒黃龍三年限米卌九斛五斗　三四七二
其五百卌四斛九升二合吏帥客黃龍三年限米　三四七三
張陳壽程信等三人嘉禾二年閏月六月直人月一斛其年七月十五
日付書史☒　三四七四
其十六斛郡吏士還所貸黃龍元年税米　三四七五
入三州倉運黃龍二年粢租米七十七斛二斗　三四七六
入三州倉運叛士黃龍三年限米一斛　三四七七
其一百卌九斛八斗五升黃龍二年税米　三四七八
出倉吏黃諱潘慮所領嘉禾元年税吳平斛米七斛二斗爲稟斛米七斛☒　三四七九
其十二斛三升黃龍元年張復田税米　三四八〇
【注】「其」上原有墨筆點記。
其卌六斛五斗四升叛士黃龍三年限米　三四八一
【注】「其」上原有墨筆點記。
其□七斛□斗二升故吏鄧慎黃龍三年藏錢米　三四八二
入三州倉運吏帥客黃龍元年限米□百……斛五斗五升　三四八三

入三州倉運吏……　三四八四
☒……斛□斗□升新還民黃龍三年限米　三四八五
其……七斛六斗三升故吏鄧慎黃龍三年藏錢米　三四八六
入州吏南陽鄭脩黃龍二年限米十斛　三四八七
其卌四斛五斗叛士黃武二年限米　三四八八
【注】「其」上原有墨筆點記。
其七十三斛一斗五升故吏鄧慎黃龍三年……☒　三四八九
入七月所受襍擿米九斛九斗八升　三四九〇
其七斛五斗黃武七年麥種租米　三四九一
入州佃吏南陽鄭脩黃龍元年限米十斛　三四九二
其五斛司馬黃升黃龍二年限米　三四九三
【注】「其」上原有墨筆點記。
其□斛備船師何春建安廿七年折咸米　三四九四
☒……書給隆（？）地都尉鄧通□☒　三四九五
其十一斛五斗監池司馬鄧邵□□☒　三四九六
二月廿六日下雋大男謝迪辭以嘉禾二年於淕口賣餘鹽四百廿　三四九七
七月五日☒　三四九八
入模鄉五年鋘賈錢一萬三千三百五十　三四九九
【注】簡三四九九至三五九二出土時原爲一坨，揭剥順序參見《揭剥位置示意圖》圖十。
☒□上新蔡　三五〇〇
☒其卌七斛五斗三升倉吏……　三五〇一
入小武陵鄉五年鋘賈錢四萬八千七百　三五〇二
☒年税吳平斛米六斛七斗二升爲稟斛米七斛壁☒　三五〇三
……　三五〇四
【注】本簡爲雙行小字，磨滅難辨，僅左行可識「百八十四」四字，不録。
草白豫章上蔡縣言□□□□吏區□□□步騖將軍十令不　三五〇五
入桑鄉五年鋘賈錢一萬七百　三五〇六
右諸鄉起十二月七日訖月廿九日入五年鋘賈錢廿八萬七千二

百卌　三五〇七
入南鄉五年鋘賈錢一萬　三五〇八
入東鄉五年鋘賈錢六萬四百　三五〇九
入中鄉五年鋘賈錢三千八百　三五一〇
入樂鄉五年鋘賈錢四千一百　三五一一
□□□變易名姓留在諸縣爲吏宜各隱核縣若有新出　三五一二
入平鄉五年鋘賈錢一萬八千二百五十　三五一三
入桑鄉五年鋘賈錢一萬四千五百五十　三五一四
忠區光黄欣烝若等徵尋求領備趍患禹得忠等文書　三五一五
▨□□送詣府言君叩頭叩頭死罪死罪……　三五一六
【注】第二□右半筆畫不全，左半從「金」。
▨無有他郡县新出給縣吏者甒寫部諸鄉典田掾蔡　三五一七
大男高見年卅八刑右足　妻姑年卅二　女弟思年卅五　三五一八
大男鄧昭年卌　妻汝年卅五　▨　三五一九
大男□初年……　初妻姑年卅九　子男當年十歳聾耳　三五二〇
將兄□年卌二　妻汝年卅七　□▨　三五二一
右𢘑家口食七人　逵妻皆年卅二　逵子男□▨　三五二二
【注】「𢘑」疑爲「恵」之俗別；「恵」爲古文「臣」字。
右將家口食七人　▨　三五二三
【注】「右」上原有墨筆點記。
右□家口食八人　□男弟勳年八歳　□男弟□年□歳　三五二四
大男誦孟年七十二風病　妻□年卅九　子男□年十歳　三五二五
大男□□年廿□……　□妻□年……　□子男□年……　三五二六
男弟黨年十五　▨　三五二七
野男弟早年八歳　三五二八
右頎家口食四人　三五二九
大男□□年……　威男弟從年七歳　從女弟□年六歳　三五三〇
大男張當年七十九　妻□年七十八▨　三五三一

大男李噲年五十五刑右手　妻文年卅六　子男□年六歳　三五三二
右曾家口食七人　……　三五三三
□男弟賢年五歳賓病腹心　賢女弟維年三歳　三五三四
曾妻小年廿六　組妻姑年十五　三五三五
頚男弟騎年十一　騎男弟幡年十歳　三五三六
□寡嫂盡年五十一　三五三七
右奇家口食十一人　三五三八
香姪子男綵年八歳　綵男弟顔年六歳　三五三九
習妻姑年卌一　雅妻帶年卅六　三五四〇
【注】「帶」應爲「帝」之俗別。
女弟嬌年四歳　嬌男弟生年□歳▨　三五四一
□妻汝年卌二　▨　三五四二
奇叔母里姑年五十六□□　三五四三
香姪子男賜年六歳　賜男弟具年四歳　三五四四
□男弟斗年一歳　□男弟汗年九歳　三五四五
孝從弟見年十二　妻□年卌　三五四六
【注】「弟」上疑脱「男」或「女」字。
右噲家口食五人　▨　三五四七
大男廬高年五十五腹心病　妻何年五十一　▨　三五四八
高從兄趙轉年七十三苦風病　妻大女匡年五十一　三五四九
□男弟伯年六歳蕙病　伯男弟腸年四歳彊病　三五五〇
恒妻姑年廿九　恒男弟象年廿　三五五一
右□家口食□人　三五五二
□姪子男政年三歳　□子男年□腹心病　三五五三
香從女弟叱年十□　□子男興年四歳　三五五四
右靖家口食□人　……年廿七　三五五五
大男□趙年……　趙姪智陳公年□十□　公女姪贊年十一　三五五六
□男弟取年五歳　三五五七

冥男弟拾年十三㾗病　□姪子男㬻年十歲□□　三五五八
郡吏潘邵年廿七　邵妻㶶年廿一　邵男弟得年十二　三五五九
郡吏鄧槇年卅八　槇男弟水年廿四給吏　水男弟賨年十歲　三五六〇
妻婢年……　□男弟□年……　三五六一
廣妻汝年十八　姪子壬吴年卅三　三五六二
郡吏烝廣年十九　廣父林年五十□　廣母□年六十一……　三五六三
右恒家口食六人　象妻汝年廿五　三五六四
右高家口食□人　三五六五
大男廖劉年□十一　妻思年……　三五六六
大男……　三五六七
大男鄧龍年卅一刑左足　妻新年卌六　新母思年□□☑　三五六八
大男監轉年卌　妻□年卅□　☑　三五六九
大男唐□年卌四　妻盖年卅三　☑　三五七〇
□男弟比年十一刑右足　三五七一
☑祭庫關坠閣李嵩付倉吏黄諱潘慮受　三五七二
右汝家口食□人　……　三五七三
□男弟□年……　□男弟□年……　三五七四
郡吏……　□妻□年……　□子男□年……　三五七五
男弟急年十六　姪子女汝年十五　三五七六
大男□樂年□□腹心病　母肯年六十六　樂從男弟□年廿一　三五七七
【注】「男弟」下□右半殘缺，左半爲「合」。「廿一」上應脱「年」字。
□妻棴年十八　男弟佰年□歲　三五七八
大男宋攸年卌踵足　攸母妾年七十三　妻汝年廿一　三五七九
右轉家口食六人　三五八〇
右志家口食□人　☑　三五八一
右□家口食□人　三五八二
大男吴宗年六十二　宗子男□年……　三五八三
純男弟頭年十歲　頭男弟綛年七歲　三五八四
大男□□年……　□子男□年□歲　……　三五八五
右還家口食三人　三五八六
皐子男孟年一歲　……　三五八七
□□上簿□□□☑　三五八八甲
右□家口食□人☑　三五八八乙
大男□還年……　還子男勉年廿□　勉妻□年十八　三五八九
還姪子男□年……　三五九〇
大男□□年□十一　三五九一
右□家口食□人　三五九二
郡吏……　□男姪客年廿養官牛　客妻思年十五　三五九三
【注】簡三五九三至三六八〇出土時原爲一坨，揭剥順序參見《揭剥位置示意圖》圖十一。
右象家口食四人　三五九四
右□家口食五人　三五九五
其二户下品之下　魁□□　☑　三五九六
幼男姪萇年十三　妻大女阡年廿七　三五九七
子弟祭巡年廿三　妻思年廿二　三五九八
右宗家口食四人　三五九九
大男吴□年五十六盲兩目　妻易年卌五　子男杖年八歲腫兩足　三六〇〇
大男烝□年……　妻□年……　子男當年四歲……　三六〇一
□男弟杖年三歲　三六〇二
右丁家口食六人　三六〇三
右□家口食□人　……　三六〇四
【注】「右」上原有墨筆點記。
大男番象年卌九㾗病　妻歸年卅二　象從兄林年五十一　三六〇五
□妻思年□□……　三六〇六
大男李期年六十一刑右足　妻劉年五十六　子男雙年十九腹心病　三六〇七
雙妻婢年十五　女弟思年五歲　三六〇八

【注】「萋」應爲「妻」之誤。
右廣家口食七人 三六〇九
【注】「右」上原有墨筆點記。
□子男棟年六歲 三六一〇
右縣家口食五人 三六一一
郡吏張遠年廿□　母姑年六十三　遠妻汝年十七 三六一二
慎妻思年廿五　慎男弟領年十九 三六一三
右遠家口食四人 三六一四
右米家口食□人 三六一五
【注】「右」上原有墨筆點記。
郡吏鄧慎年廿四　慎母綅年卅八　慎子男□年十一 三六一六
□妻婢年廿八　□男弟衛年廿 三六一七
郡吏樂會年廿四　會母妾年八十四　妻汝年廿一 三六一八
□男弟猶年一歲 三六一九
其一户窮老女户不任役　下品之下 三六二〇
大男唐柴年五十六　孫子男斗年十五　孫子女沙年十□ 三六二一
領從弟文年廿五　文男弟仲年四歲 三六二二
【注】按吴簡格式，「從」下應脱「男」字。
領子女買年四歲　領女弟汝年十八 三六二三
郡吏何奇年卌二　奇妻汝年卅六　奇子男動年三歲 三六二四
綿妻汝年十八 三六二五
□男姪和年十歲　昨男弟恩年七盲目 三六二六
【注】按吴簡格式，「年七」下應脱「歲」字。
會男弟旱年廿一　買妻姑年十八 三六二七
右□家口食□人 三六二八
姪子男賣年八歲　户下奴石年……☑ 三六二九
右兒家口食九人 三六三〇
【注】「右」上原有墨筆點記。
右入税米二百五十斛九斗 三六三一

典田掾謝韶嘉禾五年所主□□里魁謝□□□ 三六三二
大男謝扶年六十七刑右手　妻新年卌六　子男□年四刑右足 三六三三
【注】按吴簡格式，「年四」下應脱「歲」字。
郡吏□□年……　妻□年…… 三六三四
□子男□年四歲　……年□歲 三六三五
其二户子弟限米　其□户下品　其□户下品之下 三六三六
主男弟調年卅一苦腫足　調妻要年卅☑ 三六三七
其十八户下品 三六三八
巴女弟婢年五歲 三六三九
其四户軍吏　☑ 三六四〇
右妾家口食□人　……☑ 三六四一
右幼家口食七人 三六四二
私學番胆年六十七　妻汝年五十二　子男生年五歲 三六四三
右胆家口食三人 三六四四
□□□年五十二　□子男遠年□□　遠男弟□年□□ 三六四五
郡吏黄蔣年廿九　妻莀卅六　蔣男弟碩年七歲☑ 三六四六
【注】按吴簡格式，「卅六」上應脱「歲」字。
大男謝恃年廿五喉病　母妾年五十九　□男弟婢年廿五腹心病☑ 三六四七
右妾家口食三人 三六四八
【注】「右」上原有墨筆點記。
奇男弟告年卅一腹心腫病　告妻姑年十九 三六四九
軍吏李曾年卅九　曾男弟貢年廿三給郡吏　貢男弟綅年廿一 三六五〇
【注】「綅」，《説文》：古文「繭」。
民謝香年五十五奇病□　妻瞻年卌一　子男貸年十刑手足 三六五一
……子男□年九歲　恃妻思年廿　𤨏妻視年卌八 三六五二
郡吏潘□年卅八　妻婢年卅六　□子女絹年三歲 三六五三
大男吴客年九十五　妻視年七十五　子男初年十八 三六五四

右會家口食五人　三六五五

右慎家口食九人　三六五六

右真家口食十人　三六五七

勳男弟袁年一歲　□從姪蔡德年十歲　三六五八

【注】「從」下應脱「男」或「女」字。

右習家口食九人　三六五九

大男謝習年□廿五腹心病　習母妾年九十四死　習男弟雅年卌軍吏　三六六〇

大男周頎年九十四死　妻汝年卌六　子男野年十八腹心病　三六六一

右二户中品　三六六二

其八户郡吏　三六六三

習姪子男客年六盲右目　姪子男番純年五雀左手　三六六四

【注】按吳簡格式，「年六」、「年五」下均應脱「歲」字。

其三户縣吏　三六六五

兒男姪巴年十腹心病　巴女弟急年九　三六六六

【注】按吳簡格式，「年九」下應脱「歲」字。

大男唐兒年廿五腹心　兒母妾年七十八　兒男弟箸年十六　三六六七

【注】按吳簡格式，「腹心」下應脱「病」字。

大男許難年七十一踵足　妻桑年六十三　姪子男頭年十六　三六六八

□從子高庚年廿腹心病　三六六九

【注】「子」下疑脱「男」或「女」字。

大男□□年廿五　□母年八十……　妻汝年廿八　三六七〇

男弟鐵年六歲踵兩足　三六七一

定應役民卅户　〼　三六七二

縣卒張牛五十　妻思年卌五　子男孫年三歲　三六七三

【注】按吳簡格式，「五十」上應脱「年」字。

……　□妻□年……　子男莫年廿……　三六七四

右家口食三人　三六七五

【注】按吳簡格式，「右」下應脱人名。

大男□□年……　子男□年……　三六七六

右秩家口食三人　三六七七

大女壬妾年七十五　子男生年卌一　生妻如年卌八　三六七八

碩男弟禾年三歲　户下婢□年十四　三六七九

其一户中品　三六八〇

其六十一斛三斗新還民黄龍三年限米　三六八一

【注】簡三六八一至三七九五（一）出土時原爲一坨，揭剥順序參見《揭剥位置示意圖》圖十二。

付書史黄定　三六八二

都尉嘉禾二年四月二日壬辰書付監運掾楊遺運詣集所其年四月廿四日　三六八三

入三州倉運嘉禾元年叛士限米九十一斛五斗一升　三六八四

其卅三斛八斗五升黄龍三年叛士限米　三六八五

【注】「其」上原有墨筆點記。

其七斛三升黄龍元年張復田税米　三六八六

【注】「其」上原有墨筆點記。

其五百五十一斛九升五合黄龍三年税米　三六八七

【注】「其」上原有墨筆點記。

入郡縣佃吏嘉禾元年限米七百七十一斛一斗六升　其七百卅斛一斗六升三州倉米　三六八八

入嘉禾元年税米一萬一千五百廿八斛七斗三升　其一萬一千四百卅六斛三斗三升三州□　三六八九

入私學嘉禾元年限米一千七斛五斗八升　其一千斛三州倉米　三六九〇

其三斛四斗郎中王毅黄武六年佃禾准米　三六九一

【注】「其」上原有墨筆點記。

其百斛五斗八升監運掾姃度漬米　三六九二

【注】「其」上原有墨筆點記。按吳簡格式，「百」上應脱「一」字。

其十九斛四斗六升價人李綏黄龍二年米　三六九三

【注】「其」上原有墨筆點記。

其七斛五斗黃武五年租米　三六九四
【注】「其」上原有墨筆點記。
其五百六十斛五斗新吏黃龍三年限米　三六九五
其卅四斛一斗黃龍二年私學限米　三六九六
承五月旦簿餘吳平斛米三萬七千三百五十九斛□斗四升三合　三六九七
入三州倉運新吏嘉禾元年限米四百卅三斛三斗　三六九八
入三州倉運黃龍三年租米廿三斛九斗七升　三六九九
入三州倉運習射嘉禾元年限米卌斛　三七〇〇
入三州倉運叛士嘉禾元年限米一百卌六斛八斗　三七〇一
其九十一斛三斗司馬黃升嘉禾元年限米　三七〇二
其三千五百一十四斛七斗七升吏帥客嘉禾元年限米　三七〇三
其廿七斛六斗民還黃龍元年限米　三七〇四
其一千五十斛三斗四升新吏嘉禾元年限米　三七〇五
其五百六十斛五斗新吏黃龍三年限米　三七〇六
其三百八十二斛四斗三升黃龍三年[租]米　三七〇七
入[郡]佃吏潘清鄧□等嘉禾元年限米卌斛　中　三七〇八
【注】「鄧」下□右半殘缺，左半從「王」。
其一千五百……限米　三七〇九
入新還民嘉禾元年限米八十四斛一斗五升　三七一〇
其五百五十四斛六斗二合吏帥客黃龍□年限米　三七一一
【注】「其」上原有墨筆點記。
其六十一斛三斗新還民黃龍三年限米　三七一二
【注】「其」上原有墨筆點記。
其十六斛郡吏士還所貸黃龍元年稅米　三七一三
【注】「其」上原有墨筆點記。
入州佃吏南陽鄭脩嘉禾元年限米[五][十][斛]　三七一四
【注】「五十斛」三字上有墨筆塗抹痕跡。
其三斛四斗郎中王毅黃武六年佃禾准[米]　三七一五
【注】「其」上原有墨筆點記。

入新吏嘉禾元年限米十九斛五斗　三七一六
入吏帥客嘉禾元年限米[八][百]□五斛一斗　三七一七
其三百八十八斛七斗五升黃龍二年稅米　三七一八
【注】「其」上原有墨筆點記。
其一百斛五斗八升三州倉所運監運掾姃度[漬][米]　三七一九
【注】「其」上原有墨筆點記。
其七斛五斗黃武五年租米　三七二〇
【注】「其」上原有墨筆點記。
承六月旦簿領餘吳平斛米[二]萬六千七百一十一斛九斗三升三合　三七二一
其七十一斛□斗[私][學]黃龍二年限米　三七二二
【注】「其」上原有墨筆點記。
其卅斛七斗六升價人李綏黃龍三年米　三七二三
其七十九斛六斗新吏黃龍三年限米　三七二四
其五十九斛私學黃龍三年限米　三七二五
☑吏帥客黃龍三年限米三斛　三七二六
入郵卒黃龍三年限米二斛　三七二七
入州吏高賓還黃龍元年租米四斛　三七二八
[入]吏烝若備黃武五年租米十五斛　三七二九
坒閣右郎中李嵩被監作部都尉王[暉]嘉禾二年[七]月一日己丑書給
[監][運][掾]□　三七三〇
[入]三州倉運黃武七年稅米一斛五斗　三七三一
其十八斛州佃吏鄭脩黃龍元年限米　三七三二
其四斛九斗州吏高賓黃龍元年租米　三七三三
出倉吏黃諱潘慮所領嘉禾元年稅吳平斛米四百九斛八斗八升爲稟
斛米四百廿五斛□　三七三四
其三斛五斗郡掾利焉黃[龍]三年限米　三七三五
師佐監寒趙旼蓋買等一百七十七人嘉禾二年七月起月一日訖廿
九日其六十四人人二斛九斗　三七三六

其卅一斛監池司馬鄧邵嘉禾元年限米　三七三七

其廿八斛七斗五升郡掾利焉嘉禾元年限米　三七三八

其廿一斛郡掾利焉黄龍元年限米　三七三九

其卅斛叛士黄龍元年限米　三七四〇

其廿斛七斗六升價人李綬黄龍二年米　三七四一

其十斛船師何春備建安廿七年折咸米　三七四二

其八十八斛三斗七升佃卒黄龍元年限米　三七四三

入民還二年所貸黄龍三年税米卌七斛五斗　中　三七四四

其廿七斛六斗民還黄龍元年税米　三七四五

其十二斛三升黄龍元年□□税米　三七四六

其三百六十七斛四斗五升郵卒嘉禾元年限米　三七四七

其廿二斛五斗吏烝若備黄武五年租米　三七四八

其七十六斛州佃吏鄭脩徐晶嘉禾元年限米　三七四九

其一百五十九斛七斗新還民嘉禾元年限米　三七五〇

其卅斛叛士黄龍元年限米　三七五一

其五斛一斗一升復民嘉禾元年租米　三七五二

其廿九斛五斗嘉禾元年火種租米　三七五三

入民還二年所貸黄龍三年吏帥客限禾准米十五斛　三七五四

入佃帥嘉禾二年限米九十□斛七斗　三七五五

其廿斛州佃吏鄭脩黄武六年限米　三七五六

中倉謹列十二月旦簿　▨　三七五七

其卅二斛五斗吏烝若等備黄武五年租米　三七五八

其七十一斛一斗私學黄▨　三七五九

其十斛船師何春備建安廿七年折咸米　三七六〇

其九斛州佃吏董基黄龍二年限米　三七六一

【注】「其」上原有墨筆點記。

其十六斛郡吏士還所貸黄龍元年税米　三七六二

【注】「其」上原有墨筆點記。

入郡掾張衹所買賊黄勳黄龍三年早賈米四斛一斗五升　三七六三

【注】「早」應爲「旱」之誤。

入郡掾張衹所買賊黄勳黄龍三年絹賈米四斛五斗　三七六四

其七十一斛一斗私學黄龍二年限米　三七六五

中倉吏黄諱潘慮謹列七月旦簿　三七六六

其一百一十九斛三斗四升二合給貸嘉禾四年貧民▨　三七六七

入大男張吉張狗所買賊黄勳黄龍三年牛賈米卅一斛三斗　三七六八

其卅八斛四斗三升私學黄龍元年限米　三七六九

▨……斛九斗□□州中倉壂閣李嵩吏李金　三七七〇

▨禾元年□月六日關壂閣□□付庫吏殷連▨　三七七一

入黄龍三年税米三斛　三七七二

▨□□卌一斛七斗九升付吏烝若栂綜給貸嘉禾四年貧民爲佃種　三七七三

其一千一百卌斛運集監倉付吏區桐區待　▨　三七七四

【注】「其」上原有墨筆點記。

□曹……事　五月……▨　三七七五

壂閣李嵩吏李金蒴誤爲郵卒限米　三七七六

其廿七斛六斗二升故吏鄧愼黄龍二年臧錢米　三七七七

其四百四斛八斗五升郡縣佃吏嘉禾元年限米　三七七八

其一斛八斗郡士及都尉區弈嘉禾元年租米　三七七九

入黄龍三年税米十二斛　三七八〇

入三州倉運嘉禾元年新吏限米十斛　三七八一

其卅斛叛士黄龍元年限米　三七八二

今餘米一斛見在倉　▨　三七八三

▨　其廿五斛六斗運集中倉付郡倉吏監賢　三七八四

縣三年領火種租米三百九十八斛三斗六升二合已入畢　三七八五

其十四斛三斗新吏黄龍元年限米　三七八六

其六十八斛六斗三升運集中倉付吏黄諱潘慮　三七八七

縣三年領白衣衛士限米二百斛已入畢　三七八八

其一千一百卌斛還償□□所貸……☑　三七八九

入□鄉嘉禾二年税米五十斛〼嘉禾二年十月廿日㕓下丘大男貴恒☑　三七九〇

其一百斛運集中倉付吏李金　三七九一

☑斛九斗運集中倉付吏李金　三七九二

☑〼嘉和元年□月廿七日關丞付庫吏殷連受　三七九三

【注】「嘉和」之「和」應爲「禾」之誤。

☑年七月廿九日關丞付庫吏殷連受　三七九四

【注】「殷連」左邊存兩半字，似爲「一匹」二字。

☑□□□十六匹二丈七尺〼嘉禾元年八月十四日關丞付庫吏殷連受　三七九五

三州倉　　而吏五年租

吏孫儀　　税禖米斛數

　　　　　草　本　事　三七九五（一）

【注】本簡爲簽牌。

☑丘男子黄曰關邸閣李嵩付倉吏黄諱潘慮受　三七九六

【注】簡三七九六至三九七九出土時原爲一坨，揭剥順序參見《揭剥位置示意圖》圖十三。

☑〼嘉禾二年十月廿一日唐中丘彭膢關邸閣李嵩付倉吏黄諱潘慮受　三七九七

☑□關邸閣李嵩付倉吏黄諱史潘慮受　三七九八

☑彭活關邸閣李嵩付監倉掾黄諱史潘慮受　三七九九

☑禾二年十月廿五日霖丘大男秦香關邸閣李嵩付倉吏黄諱潘慮受　三八〇〇

☑李嵩付倉吏黄諱潘慮受　三八〇一

☑牙田丘渚主關邸閣李嵩付倉吏黄諱史潘慮受　三八〇二

☑張妾關邸閣李嵩付倉掾黄諱史潘慮受　三八〇三

☑廿六日桐渚丘大男益買關邸閣李嵩付倉吏黄諱潘慮受　三八〇四

☑俗丘唐草關邸各李嵩付倉吏黄諱潘慮受　三八〇五

【注】「關邸各」之「各」應爲「閣」之省誤。

☑支丘男子劉客關邸閣李嵩付倉吏黄諱史潘慮受　三八〇六

☑丘男子張平關邸閣李嵩付倉吏黄諱潘慮受　三八〇七

☑閣李嵩付倉吏黄諱史潘慮受　三八〇八

☑斛五斗　三八〇九

☑年十月廿一日唐中丘男子常南關邸閣李嵩付倉吏黄諱史潘慮受　三八一〇

☑丘子弟胡志關邸閣李嵩付倉吏黄諱史潘慮受　三八一一

☑子弟曹如關邸閣李嵩付倉吏黄諱史潘慮受　三八一二

☑子弟秦浦關邸閣李嵩付倉吏黄諱史潘慮受　三八一三

☑溲丘何雀關邸閣李嵩付倉吏黄諱史潘慮受　三八一四

☑邸閣李嵩付倉吏黄諱史潘慮受　三八一五

☑一日㐮陵丘楳專關邸閣李嵩付倉吏黄諱潘慮受　三八一六

【注】「楳」即「梅」，又作「栂」。吴簡三者並用。作爲姓氏用字，三者並存，不予統一。

☑□虎關邸閣李嵩付倉吏黄諱潘慮受　三八一七

【注】「虎」上□上半殘缺，下半從「辶」。

☑關邸各李嵩付倉吏黄諱潘慮受　三八一八

【注】「關邸各」之「各」應爲「閣」之省誤。

☑……關邸閣李嵩付倉吏黄諱史潘慮受　三八一九

☑子張樂關邸閣李嵩付倉吏黄諱潘慮受　三八二〇

☑□關邸閣李嵩付倉吏黄諱史潘慮受　三八二一

☑□丘五酉關邸閣李嵩付倉吏黄諱潘慮受　三八二二

☑各李嵩付倉吏黄諱史潘慮受　三八二三

【注】「各」應爲「閣」之省誤。

☑廿二日平支丘男子朱掙關邸閣李嵩付倉吏黄諱潘慮受　三八二四

☑□區曼關邸閣李嵩付倉吏黄諱史潘慮受　三八二五

☑□天關邸閣李嵩付倉吏黄諱潘慮受　三八二六

☑□關邸閣李嵩付倉吏黄諱潘慮受　三八二七

☑二日子弟洪野關邸閣李嵩付倉吏黄諱史潘慮受　三八二八

☑廿二日逐田丘陳揚關邸閣李嵩付倉吏黄諱潘慮受　三八二九

☑廿五日伻中丘大男彭光關邸閣李嵩付倉掾黄諱史潘慮受　三八三〇

☑男子劉愁關邸閣李嵩付倉吏黄諱史潘慮受　三八三一

☑　……付倉吏黄諱史潘慮受

丘鄧成關邸閣李嵩付倉吏黄諱史潘慮受　三八三二

【注】本簡左右二行文字全同，應是剖「莂」爲「別」，錯位所致。

☑丘男子黄春黄耀劉課關邸閣李嵩付倉吏黄諱潘慮受　三八三三

☑廿月廿一日諸中丘男子張與關邸閣李嵩付倉吏黄諱史田慮受　三八三四

【注】「田慮」之「田」應爲「番」之省誤。

☑支丘蔡狶關邸閣李嵩付倉吏黄諱史潘慮受　三八三五

☑閣李嵩付倉吏黄諱史潘慮受　三八三六

☑關邸閣李嵩付倉吏黄諱潘☑　三八三七

☑關邸閣李嵩付倉吏黄諱番慮受　三八三八

☑□上丘張奉關邸閣李嵩付倉吏黄諱番慮受　三八三九

☑升　三八四〇

☑關邸閣李嵩付倉吏……　三八四一

☑□□關邸閣李嵩付倉吏黄諱史潘　三八四二

【注】「潘」下應脱「慮受」二字。

☑嵩付倉吏黄諱史潘慮受　三八四三

☑二年十月廿五日横溲丘大男周貸關邸閣李嵩付倉吏黄諱史潘慮

受　三八四四

☑平支丘吴衡關邸閣李嵩付倉吏黄諱史潘慮受　三八四五

☑二日宜佃丘胡健關邸閣李嵩付倉吏黄諱潘慮受　三八四六

☑專關邸閣李嵩付倉吏黄諱潘慮受　三八四七

☑……關邸閣李嵩付倉吏黄諱潘慮受　三八四八甲

☑□□□□關閣李嵩付倉吏黄諱潘慮受　三八四八乙

☑火種租米六斛　三八四九

☑鄉入租米一百七斛七升　三八五〇

☑斛四斗　三八五一

☑□□斗五升　三八五二

☑〓嘉禾元年十月六日杆梁丘大男區博關邸閣李嵩付倉吏黄諱史番

慮受　三八五三

☑下丘男子翟孝關邸閣李嵩付倉吏黄諱潘慮受　三八五四

☑拜免關邸各李嵩付倉吏黄諱史潘慮受　三八五五

【注】「關邸各」之「各」應爲「閣」之省誤。

☑番壽閣邸閣李嵩付倉吏黄諱潘慮受　三八五六

【注】前「閣」應爲「關」之誤。

☑何經關邸各李嵩付倉吏黄諱潘慮受　三八五七

【注】「關邸各」之「各」應爲「閣」之省誤。

☑米廿三斛六斗〓嘉禾□年十月廿九淦丘大汝李銮關邸閣李嵩付倉

吏黄諱史潘慮受　三八五八

【注】「廿九」下應脱「日」字，「汝」應爲「女」之誤。

☑嘉禾二年十月廿一日州上丘男子烝弱關邸閣李嵩付倉掾黄諱史☑　三八五九

☑禾二年十月廿九日新丘男子周兒關邸閣李嵩付倉吏黄諱史潘慮受　三八六〇

☑十月十七日下彈溲丘男子黄張關邸閣李嵩付倉吏黄諱番慮受　三八六一

☑□□億丘男子唐大關邸閣李嵩付倉吏黄諱史潘慮受　三八六二

☑關邸閣李嵩付倉吏黄諱史潘慮受　三八六三

☑六日断坏丘魁李力大男陳散關邸閣郎中李嵩監倉掾黄諱史潘慮

受　三八六四

☑何宗關邸閣李嵩付倉吏黄諱潘慮受　三八六五

☑□斛三斗〓嘉禾二年十月五日高沙丘大男徐高關邸閣李嵩付倉吏

黄諱潘慮受　三八六六

☑六日杆梁丘大男黄謝關邸閣李嵩付倉吏黄諱史番慮受　三八六七

入西鄉嘉禾二年子弟限米十四斛〓嘉禾二年十月廿二日〼　三八六八
〼二年十月廿七日下俗丘何黑關邸閣李嵩付倉吏黃諱潘慮受　三八六九
〼〓嘉禾二年十月廿一日淦丘大男唐青關邸閣李嵩付倉吏黃諱史番
慮受　三八七〇
〼十月廿九日廉丘許宗關邸閣李嵩付倉吏黃諱史番慮受　三八七一
入都鄉嘉嘉禾二年子弟限一斛〓嘉禾二年九月廿七日員車丘常索
關邸閣李嵩付倉吏黃諱史潘慮受　三八七二
【注】「嘉嘉」，衍一「嘉」字。「限」下應脱「米」字。
〼〓嘉禾二年十月廿六日楮下丘度買關邸閣李嵩付倉吏黃諱番慮受　三八七三
〼年十月廿一日進渚丘男子李客關邸閣李嵩付倉吏黃諱史番慮受　三八七四
〼……關邸閣李嵩付倉吏黃諱史潘慮受　三八七五
〼關邸閣李嵩付倉吏黃諱史潘慮受　三八七六
〼溲丘逢文張仙關邸閣李嵩付倉吏黃諱潘慮受　三八七七
〼廿九日淦丘州吏張輕關邸閣李嵩付倉吏黃諱潘慮受　三八七八
〼二年十月廿九日苧丘文連關邸閣李嵩付倉吏黃諱史潘慮受　三八七九
〼嘉禾二年十月廿六日小赤丘大男潘莫關邸閣李嵩付倉吏黃諱潘
慮受　三八八〇
〼嘉禾二年十月廿一日郟丘男子周忠關邸閣李嵩付倉吏黃諱史潘
慮受　三八八一
〼斛□□〓嘉禾二年十月廿六日關邸閣李嵩付倉吏黃諱史潘慮受　三八八二
〼四斗五升〓嘉禾二年十月廿一日諸中丘男子□□關邸閣李嵩付倉
吏黃諱潘慮受　三八八三
〼右平鄉入租米廿二斛　三八八四
集凡中倉起九月一日訖卅日受嘉禾二年租税禊米一百六十六斛二
斗五升　三八八五
【注】「集」上原有墨筆點記。
入中鄉嘉禾二年税米七斛六斗〓嘉禾二年九月廿六日山下丘男子
張平關邸閣李嵩付倉吏黃諱潘慮受　三八八六
〼樂倚關邸閣李嵩付倉吏黃諱潘慮受　三八八七
〼年十月六日杆梁丘鄧里關邸閣李嵩付倉吏黃諱史番慮受　三八八八
〼丘大男呆通關邸閣李嵩付倉吏黃諱潘慮受　三八八九
〼大男文諧關邸閣李嵩付倉吏黃諱史潘慮受　三八九〇
〼郡吏新祥關邸閣李嵩付倉吏黃諱史番慮受　三八九一
〼吏黃□關邸閣李嵩付倉吏黃諱史潘慮受　三八九二
入中鄉嘉禾二年税米廿一斛〓嘉禾二年十月廿六日德田丘大男張
明關邸閣李嵩付倉吏黃諱潘慮受　三八九三
入中鄉嘉禾二年税米十斛〓嘉禾二年十月四日唐下丘大男吳□關
邸閣李嵩付倉吏黃諱潘慮受　三八九四
【注】「吳」下□上半殘缺，下半從「辶」。
入都鄉嘉禾二年税米七斛四斗〓嘉禾二年十月廿四日前龍丘大男
毛阻關邸閣李嵩付倉吏黃諱史潘慮受　三八九五
〼税米廿一斛五斗〓嘉禾二年十月廿日羅民毛要關邸閣李嵩付倉吏
黃諱潘慮受　三八九六
入都鄉嘉禾二年税米八斛〓嘉禾二年十月五日新唐丘男子張黑關
邸閣李嵩付倉吏黃諱潘慮受　三八九七
〼二年十月七日病東丘大男康鼠關邸閣李嵩付倉吏黃諱史潘慮受　三八九八
〼禾二年十月六日盈溲丘大男文誼關邸閣李嵩付倉吏黃諱潘慮受　三八九九
〼〓嘉禾二年十月六日杆梁丘大男李長關邸閣李嵩付倉吏黃諱史潘
慮受　三九〇〇
〼斛〓　……邸閣李嵩付倉吏黃諱史
嘉禾二年十月卅日唐下丘男子毛布關邸閣李嵩付倉吏黃諱史

潘慮受
潘慮受　三九〇一

【注】本簡左右二行文字全同，應是剖「莂」爲「別」，錯位所致。

右諸鄉入二年稅米一百卅五斛二斗五升　三九〇二

【注】「右」上原有墨筆點記。

☐年十月廿一日郏丘男子□張關堅閣李嵩付倉吏黃諱史潘慮受　三九〇三

☐月廿三日歷丘郡吏光蒻關堅閣李嵩付倉吏黃諱史潘慮受　三九〇四

☐火種租米四斗　三九〇五

☐岑關堅閣李嵩付倉吏黃諱史番慮受　三九〇六

☐米三百七十四斛三斗　三九〇七

☐二年十月四日唐下丘大男陳来關堅閣李嵩付倉吏黃諱番慮受　三九〇八

☐嘉禾二年十月廿四日杆梁丘大男胡積關堅閣李嵩付倉吏黃諱史
潘慮受　三九〇九

☐年十月廿四日杆梁丘大男烝囷關堅閣李嵩付倉吏黃諱史潘慮受　三九一〇

☐米□斛≡嘉禾二年十月廿日州吏張晶關堅閣李嵩付倉吏黃諱潘慮
受　三九一一

☐入二年吏帥客限米一斛　三九一二

☐≡嘉禾二年十月五日高沙丘大男誽生關堅閣李嵩付倉吏黃諱潘慮
受　三九一三

☐禾二年十月廿一日洭（？）丘縣吏周求關堅閣李嵩付倉掾黃諱
史潘慮受　三九一四

☐堅閣李嵩付倉吏黃諱史潘慮受　三九一五

☐田桐山丘郡吏郭礽徐俱關堅閣李嵩付監倉掾黃諱史潘慮受　三九一六

☐≡嘉禾二年十月九日梘下丘郡吏馬斐關堅閣李嵩付倉吏黃諱史潘
慮受　三九一七

☐丘廖□關堅閣李嵩付倉吏黃諱史番慮受　三九一八

【注】「廖」下□右半殘缺，左半從「礻」。

☐二年十月十八日新唐丘縣吏張赤關堅閣李嵩付倉吏黃諱潘慮受　三九一九

☐禾二年十月十八日厭下丘魁鄭升關堅閣李嵩付倉吏黃諱番慮受　三九二〇

☐年十月廿四日杆梁丘大男區潘關堅閣李嵩付倉吏黃諱史潘慮受　三九二一

☐≡嘉禾二年十月廿日允中丘大男周逢關堅閣李嵩付倉吏黃諱史潘
慮受　三九二二

☐≡嘉禾二年十月廿日栗中丘男子區武關堅閣李嵩付倉吏黃諱潘慮
受　三九二三

右都鄉入火種租米十二斛四斗　三九二四

入都鄉嘉禾二年火種租米吴平斛米三斛≡嘉禾二年十月廿七日横
溪民張仵關堅閣李嵩付州中倉吏黃諱史慮　三九二五

【注】「慮」上下應分別脱「潘」、「受」二字。

☐年租米十七斛≡嘉禾二年十月卅日營浦丘大男廖震關堅閣李嵩付
倉吏黃諱史潘慮受　三九二六

☐年租米卅四斛≡嘉禾二年十月廿八日曼溲丘郡吏蔡粲關堅閣李嵩
付倉吏黃諱潘慮受　三九二七

右模鄉入二年稅米三斛　三九二八

【注】「右」上原有墨筆點記。

☐鄉嘉禾二年稅米三斛≡嘉禾二年九月廿六日日山下丘男子張樂關
堅閣李嵩付倉吏黃諱潘慮受　三九二九

入都鄉嘉禾二年稅米四斛三斗≡嘉禾二年九月廿七日眞坪丘唐紆
關堅閣李嵩付倉吏黃諱史潘慮受　三九三〇

☐三斗≡嘉禾二年九月廿九日東扶丘大男李統關堅閣李嵩付倉吏黃
諱潘慮受　三九三一

☒✕嘉禾二年九月廿七日[真]坪丘朱[困]關邸閣李嵩付倉吏黃諱史潘慮
受　三九三二

☒斛五斗✕嘉禾二年九月廿二日唐下丘男子番丞關邸閣李嵩付倉吏
黃諱潘☒　三九三三

☒[九]月廿六日函丘番主關邸閣李嵩付倉吏黃諱史潘慮☒　三九三四

☒[禾]二年吏帥客限米一斛　三九三五

☒限米二斛五斗　三九三六

☒月廿七日遲丘……☒　三九三七

☒[年]火種租米吳平斛米一斛四斗✕嘉禾二年十月廿七日……　三九三八

☒□六斛✕嘉禾二年十月廿七日橫溪丘大男李從關邸閣李嵩付倉吏
黃諱史番慮受　三九三九

入都鄉嘉禾二年郵卒限米三斛✕嘉禾二年九月廿七日唐中丘文湛
關邸閣李嵩付倉吏黃諱史潘慮受　三九四〇

入[中][鄉]嘉禾二年□米七斛✕嘉禾二年十月廿七日[山][下][丘]郡吏監親
關邸☒　三九四一

【注】「米」上□右半殘缺，左半從「禾」。

右平鄉入二年稅米卌一斛一斗　三九四二

【注】「右」上原有墨筆點記。

入中鄉嘉禾二年稅米十五斛五斗✕嘉禾二年九月廿二日唐下丘陳
文關邸閣李嵩付倉吏黃諱潘慮受　三九四三

入都鄉嘉禾二年稅米四斛✕嘉禾二年九月廿七日高丘大男□□關
邸閣李嵩付倉吏黃諱潘慮受　三九四四

入都鄉嘉禾二年火佃租米五斛✕嘉禾二年九月廿九日高沙丘男子
□□關邸閣李嵩付倉吏黃諱潘慮受　三九四五

☒□✕嘉禾二年九月廿九日伍社丘張[取]關邸閣[李]☒　三九四六甲

☒……[丘][大][男][鄧]□[謝]……☒　三九四六乙

☒右中鄉入二年稅米卌七斛四斗　三九四七

☒二斛五升✕嘉禾二年九月廿七日真坪丘鄭休關邸閣李
嵩☒　三九四八甲

☒[嵩][付][倉][吏][黃][諱][史][潘]☒　三九四八乙

☒月廿七日唐中丘黃肝關邸閣李嵩付倉吏黃諱史潘慮受　三九四九

☒廿六日盡丘謝螺關邸閣李嵩付倉吏黃諱史潘慮受　三九五〇

右廣成鄉入租米八十斛一斗　三九五一

【注】「右」上原有墨筆點記。

入平鄉嘉禾二年租米三斛✕嘉禾二年十月十八日倉中丘男子張彊
關邸閣李嵩付倉吏黃諱史潘慮受　三九五二

入平鄉嘉禾二年租米二斛✕嘉禾二年十月十八日杆沽丘黃原關邸
閣李嵩付倉吏黃諱史潘慮受　三九五三

☒[年]私學限米六斛　中　三九五四

右都鄉入二年郵卒限米三斛　中　三九五五

右小武陵鄉入二年私學限米五斛　三九五六

【注】「右」上原有墨筆點記。

入模鄉嘉禾二年稅米三斛✕嘉禾二年九月十六日男子樂☒　三九五七

【注】「男子」上似脫居地或丘名。

入平鄉嘉禾二年稅米五斛✕嘉禾二年九月廿九日栗丘大男烝子關
邸閣李嵩付倉吏黃諱潘慮受　三九五八

右都鄉入二年稅米六十三斛七斗五升　三九五九

【注】「右」上原有墨筆點記。

右都鄉入二年私學限米一斛　三九六〇

【注】「右」上原有墨筆點記。

[入][平][鄉][嘉][禾][二][年]□[米][二][斛][五][斗]✕嘉禾二年九月廿八日伍社丘李非
關邸閣李嵩付倉吏黃諱史番慮受　三九六一

【注】「米」上□右半殘缺，左半從「禾」。

右平鄉入二年租米三斛　中　三九六二

【注】「右」上原有墨筆點記。

☒右都鄉入二年火種租米五斛　中　三九六三

☒……關邸閣李嵩付倉吏黃[諱]史番慮受　三九六四

入都鄉嘉禾二年私學限米一斛✕嘉禾二年九月廿七日員東丘龔□關邸閣李嵩付倉吏黄諱⧄　三九六五

入都鄉嘉禾二年税米十七斛✕嘉禾二年九月廿九日廉丘大男吕平關邸閣李嵩付倉吏黄諱潘⧄　三九六六

入中鄉嘉禾二年租米五斛四斗七升✕嘉禾二年十月廿八日州吏鄧暹關邸閣李嵩付倉吏黄諱番慮受　三九六七

⧄關邸閣李嵩付倉吏黄諱潘慮受　三九六八

⧄税米八斛四斗✕嘉禾二年十一月廿七日真坪丘男子朱伍關邸閣李嵩付倉吏黄諱番慮受　三九六九

⧄税米三斛一斗✕嘉禾二年九月廿七日真坪丘蔡觳關邸閣李嵩付倉吏黄諱史番慮受　三九七〇

⧄嘉禾二年九月廿七日真坪丘番賓關邸閣李嵩付倉吏黄諱史番慮受　三九七一

入都鄉嘉禾二年租米卅斛二斗四升✕嘉禾二年十月廿九日目疒丘郡吏胡楊關邸閣李嵩付倉吏黄諱史番慮受　三九七二

入模鄉嘉禾二年税米十八斛✕嘉禾二年十月廿五日盡丘郡吏何奇關邸閣李嵩付倉吏⧄　三九七三

右諸鄉入租米卌一斛　三九七四

【注】「右」上原有墨筆點記。

右諸鄉入二年吏帥客限米十四斛　中　三九七五

【注】「右」上原有墨筆點記。

⧄……八斗二升✕嘉禾二年……　三九七六

入平鄉嘉禾二年税五斛✕嘉禾二年九月廿九日伍社丘張蘭關邸閣李嵩付倉吏黄諱史番慮受　三九七七

【注】「税」下應脱「米」字。

⧄二年税米九斛✕嘉禾二年九月廿九日唐中丘男子劉閏關邸閣李嵩付倉吏黄諱史潘慮受　三九七八

右平鄉入二年吏帥客限米九斛五斗　三九七九

【注】「右」上原有墨筆點記。

⧄丘區坪關邸閣李嵩付倉吏黄諱潘慮受　三九八〇

【注】簡三九八〇至四三八〇出土時原爲一坨，揭剥順序參見《揭剥位置示意圖》圖十四。

⧄月十八日厭下丘魁鄭升關邸閣李嵩付倉吏黄諱番慮受　三九八一

⧄廿五日坪中丘大男李帛關邸閣李嵩付倉掾黄諱史潘慮受　三九八二

⧄月廿九日師唐丘子弟韓敬關邸閣李嵩付監倉掾黄諱史潘慮受　三九八三

⧄丘子弟胡雀關邸閣李嵩付倉吏黄諱番慮受　三九八四

⧄嘉禾二年十月廿九日□□丘子弟□客關邸閣李嵩付⧄　三九八五

【注】「客」上□右半殘缺，左半從「言」。

⧄禾二年税米五斛✕……大男婁宜關邸閣李嵩付倉吏黄諱史潘慮受
嘉禾二年十月廿五日坪中丘大男婁宜關邸閣李嵩付倉吏黄諱史潘慮受　三九八六

【注】本簡左右二行文字全同，應是剖「莂」爲「别」，錯位所致。

⧄□✕嘉禾二年十月廿五日坪下丘大男李尾關邸閣李嵩付倉掾黄諱史潘慮受　三九八七

⧄十斛五斗✕嘉禾二年十一月十四領□下丘男子庄揚關邸閣李嵩付倉吏黄諱史潘慮受　三九八八

【注】「十四」下應脱「日」字。

⧄□□丘男子黄□關邸閣李嵩付倉吏黄諱史潘慮受　三九八九

⧄日員東丘子弟龔軺關邸閣李嵩付倉吏黄諱潘⧄　三九九〇

⧄□丘大男區□關邸閣李嵩付倉吏黄諱潘慮受　三九九一

⧄關邸閣李嵩付倉吏黄諱史潘慮受　三九九二

⧄廿一斛二斗六升　三九九三

⧄　右西鄉入税米一千二百⧄　三九九四

⧄諸鄉入税米二千六百九十二斛二斗三升　三九九五

⧄年十月廿二日湛龍丘男子鄭柱關邸閣李嵩付倉掾黄諱史潘慮受　三九九六

⧄年十月廿六日弦丘唐陶關邸閣郎中李嵩付倉吏黄諱潘慮受　三九九七

入□鄉……⧄　三九九八

☐〼嘉禾二年八月十二日付庫吏殷連受 三九九九

許讓承書區處皆處言會月廿日皆如詔書科令 四〇〇〇

今爲米二千五百六十一斛六斗九升已出二千四百卌九斛一升付倉

吏鄧隆谷榮等 四〇〇一

六斗八升迪先割用飲食不復列廖咨所覺米不見☐ 四〇〇二

飲食盡前見都尉實怖死詣府對云以米備擿 四〇〇三

備入米付倉吏黃瑛悉畢前實怖猥死對都尉云以米備擿實如今辭

□□ 四〇〇四

【注】「猥」爲「畏」之通假。

千四百卌九斛一升出付倉吏鄧隆謝靖等受餘米一百一十二斛 四〇〇五

不見以過六月一日已備償付倉吏黃瑛受考問具服依科 四〇〇六

九升八合四勺其四斛五斗七升爲七量四百廿一斛六斗二升八合四

勺爲六量 四〇〇七

勺合得米二千五百六十一斛六斗九升迪舉簿言郡但列二 四〇〇八

二斛六斗八升迪先割用飲食不復列見後爲直事廖咨所覺□ 四〇〇九

割盜飲食爲咨所覺姦惡無狀迪罪應罪科斬沒入小讓躐 四〇一〇

爲生口妾年八十五於科不坐八冰營足別門異居科文不載請 四〇一一

賣得錢米褋物料核相應餘鹽四百廿六斛一斗九升八合四 四〇一二

但列二千四百卌九斛一升出付倉吏鄧隆謝靖等受餘米一百一十

四〇一三

應言君叩頭々々死罪々々案文書被書輒部核事掾趙譚考實迪 四〇一四

辭本下雋縣民少失父與母妾兄八男弟冰迪妻小子男讓男 四〇一五

上八歲以下不應罪坐如科迪見吏明知科行典受官實卻敢 四〇一六

輒匿爲姦書到促部吏考核迪務得事實據科彈正罪法所 四〇一七

□爲吏雷祺所收送付縣爲人所覺後已別以米補償以過六月一日付

倉吏黃瑛輒依條平 四〇一八

買米斛直錢一千五百合直錢一十六萬九千廿案辭正科罪迪具服辛

丑科目今 四〇一九

【注】許迪割用飲食「餘米一百一十二斛六斗八升」，以「斛直錢一千五百」計，正「合直錢一十六萬九千廿」。

弟躐八妻營冰妻足俱居南鄉𥡴丘佃作爲業八冰以過十一 四〇二〇

凡鹽滿一石米二石褋物直錢五千皆斬沒入妻子科一條吏民坐臧入

直應當死者恐猥受取一萬諸盜官物直臧五萬皆應 四〇二一

迪兄八々男弟冰八妻榮冰妻足四人別門異居科文不載請行迪 四〇二二

妻小子男讓々男弟躐三人爲生口迪母妾年八十五於科不坐 四〇二三

臨湘丞掾寫移書到亟促部吏據科正處迪罪法所應不得稽留言如府

旁書科令 四〇二四

☐鄉入租米六十五斛二斗 四〇二五

☐壆閣李嵩付倉吏黃諱史番慮受 四〇二六

☐□□米四百五十一斛三斗 四〇二七

☐二年十月廿六日栗中丘安關壆閣李嵩付倉吏黃諱潘慮受 四〇二八

【注】「安」上下應有脫字。

☐年十月廿一日員東丘大男陳諄關壆閣李嵩付倉吏黃諱史番慮受 四〇二九

☐年十月十九日㳂丘縣吏孫儀關壆閣李嵩付倉吏黃☐ 四〇三〇

☐□〼嘉禾二年十月廿一日郟丘大男周萇關壆閣李嵩付倉吏黃諱☐ 四〇三一

☐月廿三日坪丘張將關壆閣李嵩付倉吏黃諱番☐ 四〇三二

姦詐據科彈治罪法皆以上止連及如詔書科令…… 四〇三三

備入官米謹表上臣咨誠惶誠恐頓首死罪死罪 四〇三四

事出付瑛等迪先割用飲食不見後直事廖咨到倉料物校米不見今月

七日爲郡所召者 四〇三五

十一月十三日許迪後辭以黃龍三年正月廿日受曹遣於淕口受官鹽

一千七百 四〇三六

諸樓船都尉監運倉曹司馬運鹽米穀褋物當明檢迪船師作子敢有草

竊別估者 四〇三七

☐四斛九斗賣得米九千七百八十二斛七斗八升已出九千六百七十
斛一斗付倉吏　四〇三八
科令　十一月十一日發　四〇三九
別函言勿失限會日如督軍都尉蔣書科令　四〇四〇
備入米一百一十二斛六斗八升付閣邸郭嵩倉吏黃瑛交悉畢前怖猥　四〇四一
百廿六斛一斗九升八合四勺其四斛五斗七升爲七量四百廿　四〇四二
死爲都尉所見問怖□對都尉怒以先備□府□□□□□死□□□　四〇四三
☐〼嘉禾□年十一月九日東溪丘大男陳與關邸閣李嵩付倉吏黃諱番慮
受　四〇四四
法所應遣主者□□□解詣府……　四〇四五
嘉禾四年八月丁未朔十八日甲子從史位廖咨頓首死罪々　四〇四六
☐〼嘉禾二年十月六日桐唐丘男子李唐關邸閣李嵩付倉吏黃諱番慮
受　四〇四七
十一月八日癸未長沙大守兼中部督郵書掾晃督察移　月□日發
（？）　四〇四八

【注】據陳垣《魏蜀吳朔閏異同表》，嘉禾四年十一月朔爲丙子，八日爲癸未。

臨湘丞掾寫移書到亟促部吏考核迪務得事實據　四〇四九
移部督軍都尉蔡□功曹隱核所部……　四〇五〇
……科法……　四〇五一
月被却至今不言令用日料毆民云困考與前相錯書到亟重　四〇五二
七月一日辛丑長沙大守兼中部督郵書掾晃督察移　月四日發（？）　四〇五三
匿不列見後廖直事及吏朱訢到料校米不見勑迪備入□□　四〇五四
☐重（？）部吏陳曠實核吏許迪辭割食所領鹽　四〇五五
五升五合賣售得米二千五百六十一斛六斗九升舉簿　四〇五六
☐□年租米卅二斛〼嘉禾二年十一月廿一日郟丘男子衛隱關邸閣李
嵩付倉吏黃諱史潘慮受　四〇五七
☐〼嘉禾二年十月十五日栝丘縣吏□□關邸閣李嵩付倉吏黃諱史潘
慮受　四〇五八
☐嘉禾二年子弟限米一斛〼嘉禾二年十月廿六日盡丘巨訓關邸閣李
嵩付倉吏黃諱史潘慮受　四〇五九
☐□年十二月七日厭下丘魁鄭升關邸閣李嵩付倉吏黃諱番慮受　四〇六〇
尚書前言長沙郡所列嘉禾二年官鹽簿淕口典鹽掾　四〇六一
嘉禾四年八月丁未朔十八日甲子從史位臣廖咨頓首死罪十八……　四〇六二
四百廿六斛一斗九升八合四勺得米二千四百卌九斛一升不列鹽米
量□　四〇六三
□　□月□日兼中部督郵書掾晃淕口典鹽掾許迪　四〇六四

【注】第一□爲濃墨批字。

鄧隆穀榮黃瑛等受餘米一百一十二斛六斗八升應當出付瑛等迪本
受諸將　四〇六五
淕口典鹽掾許迪前依□促考問不堪搥杖招言割用實不割　四〇六六
不堪搥杖服言割食米咎在當死乞□罪□□以實□□　四〇六七
部忠良大吏平心部決正處不得枉縱言君叩頭々々死罪々々案文書　四〇六八
廖咨料淕口典鹽掾許迪所領鹽一千五百一十二斛七斗　四〇六九
☐嘉禾二年子弟限米四斛〼嘉禾二年九月廿七日函丘男子黃□關邸
閣李☐　四〇七〇
入平鄉嘉禾二年子弟限米二斛〼嘉禾二年九月廿六日盡丘番金關
邸閣李嵩付倉吏黃諱史潘慮受　四〇七一
右牛家口食二人　四〇七二
右㾕家口食五人　四〇七三
㾕姪子女思年七歲　㾕男姪得年六　四〇七四

【注】「六」下應脱「歲」字。

出給縣吏以吏次後不覺年中復給郡吏以黄龍三年正月廿日爲曹所
選爲涒　四〇七五

出郡吏許迪所領三年鹽賈吴平斛米一百一十二斛六斗八升擿量　四〇七六

嘉禾四年六月一日關坠郭嵩付倉吏黄瑛受　四〇七七

【注】按吴簡格式，「坠」下應脱「閣」字。

庚妻□年六十二　四〇七八

許迪賣鹽四百卅六斛一斗九升八合四勺得米二千四百卌九斛　四〇七九

巴妻陵年廿四　巴弟兒年八刑右足　四〇八〇

【注】按吴簡格式，「年八」下應脱「歲」字。

右巡家口食二人　四〇八一

嘉禾四年十一月丙子朔九日甲申核事掾趙譚這貴叩頭死罪敢言之　四〇八二

尚書前言長沙郡所領嘉禾二年官鹽簿涒口典鹽吏許迪賣鹽　四〇八三

☑斗八升迪散用飲食後廖直事及吏朱訢到料校米不見勑迪備入即
□□　四〇八四

割盜飲食爲咨所覺奸惡無狀斥□重迪罪應據科斬没入小讓鼕爲生
口　四〇八五

以考所市平賈直臧坐科一條諸犯臧應没者年八十以上八歲以下不
没諸生口如科迪見吏明知科行典受官寶卻敢　四〇八六

迪出……　四〇八七

入都鄉嘉禾二年租米二斛三斗≡嘉禾二年十月廿一日高沙丘州吏　四〇八八

范詢關坠閣李嵩付倉吏黄諱史番慮受　四〇八九

入都鄉嘉禾二年租米四斛≡嘉禾二年十月十九日峃丘州吏鄭脜關坠
閣李嵩付倉吏黄諱史潘慮受　四〇九〇

大男劉民年六十三　妻宜年五十四　子男從年九歲　四〇九一

其一千八十六斛五升六勺募賣得錢米褋物料核相應餘鹽四百廿六
已見　四〇九二

斛一斗
已見　四〇九三

斛六斗八升匿不列見姦情意狀不得稽留　四〇九四

口賣鹽吏典賣官鹽以嘉禾元年二年賣所領鹽一千七百廿四斛九斗
賣得絹九十　四〇九五

一升不列鹽米量設移部督軍蔡規功曹隱核别處　四〇九六

卌七斛一斗一升其年募賣合售一千三百九十□斛四斗一合溢□　四〇九七

正月廿日受曹遣於涒口典受官鹽到嘉禾二年領受鹽一千四百　四〇九八

入西鄉嘉禾二年租米五斛≡嘉禾二年十月十五日錫丘男子高祺關
坠閣李嵩付倉吏黄諱史番慮受　中　四〇九九

右小武陵鄉入租米八十一斛　四一〇〇

【注】「右」上原有墨筆點記。

百價所雇鹽米皆擿量付迪迪出米付隆等皆擿受米迪恐米有折減故
千四百卅七斛一斗一升收酒七十五斛六斗四升五合通合一千五百　四一〇一

一十二斛七斗五升五合　四一〇二

鹽一千四百卅七斛一斗一升收酒七十五斛六斗四升五合通合　四一〇三

□□□考所……☑

【注】第二□上半殘缺，下半從「辶」。

入模鄉嘉禾二年租米十斛≡嘉禾二年十月十九日禾州丘男子師富　四一〇四
關坠閣李嵩倉吏黄諱史番慮受

【注】按吴簡格式，「倉」上應脱「付」字。

入都鄉嘉禾二年税米卅六斛八斗≡嘉禾二年十月廿七日懷溲丘男
子番文關坠閣李嵩付倉吏黄諱□☑　四一〇五

足别妻營子男讓々男弟鼕俱居其縣南鄉稀丘佃作爲業迪以建安廿
二年　四一〇六

賈六量合得見米二千五百六十一斛六斗九升迪簿廿四斛七斗

七升　四一〇七

十一月十八戊午日關中部督郵　四一〇八

□畢……　四一〇九

勑中部督郵亟促考核吏許迪詭米有出郡簿一百一十二　四一一〇

丞缺　四一一一

備所空科擿米量實問如辭　四一一二

一千五百一十二斛七斗五升五合其一千八十六斛五升六勺募⧄　四一一三

一斗九升八合四勺合得米二千五百六十一斛六斗九升迪舉簿言郡　四一一四

門下功曹史烝若省　四一一五

督郵門下牒　四一一六

十二月七日大男許迪辭本下雋縣民少失父逐與母妾兄別々男弟冰
迪妻小冰妻　四一一七

十一月七日發（?）　四一一八

⧄□六勺募賣得錢米襍物料核相應餘鹽四百廿六斛　四一一九

司馬運鹽米穀襍物當明檢迪船師作子敢有草竊別佔　四一二〇

正罪法所應不得稽留　□　四一二一

【注】末□爲濃墨批字。

所載鹽滿一石米二斛襍物直五千皆斬没入妻子一條人年八十以　四一二二

勑臨湘録事主者亟促考實迪務得姦情據科彈　四一二三

與不詭責加臧務使速畢分別處言　四一二四

乞嚴下雋録小讓斆爲生口詭責八冰爲迪入加臧律令言　四一二五

□□□考問迪具服案辛丑科目今諸樓船都尉監運倉曹　四一二六

六十一斛六斗九升詭米有出郡前簿一百一十二斛六斗八升料
米不見　四一二七

爲倉吏典賣官鹽列量數當令據實公敢前郡簿□　四一二八

六十一斛六斗九升已出二千四百卌九斛一升付倉吏鄧隆穀榮　四一二九

居科文不載結正迪罪是其科正輒部吏陳机於都市行迪軍法　四一三〇

……付（?）黃（?）瑛（?）□□　四一三一

斛六斗九升詭米有出郡前簿一百一十二斛六斗八升料米不見　四一三二

等受米已出九千五百五十七斛四斗一升餘米一百一十二斛六斗八
升瑛等已出迪所□□　四一三三

七十斛一斗估錢廿四萬三千□百□六錢□□結錢悉已出付倉吏謝
靖張脩黃瑛　四一三四

匹二丈三尺絳十四匹二丈九尺緕八十一匹三丈七尺得行錢六十二
萬二千六百米九千六百　四一三五

年八十五於科不坐八冰榮足別門異居科文不及請於都市行迪軍法
本臧已入畢乞嚴下雋　四一三六

晃縣言迪倉吏典主官寶公敢斷割飲食奸惡無狀　四一三七

家中悉如辭與不詭責八冰爲迪入加臧錢十六萬九千廿案辭　四一三八

臨湘侯相管呰叩頭死罪白重部核事掾趙譚實核吏許迪　四一三九

餘米一百一十二斛六斗八升迪散用飲食後爲直事廖咨所覺姦惡無
狀迪罪　四一四〇

丞（?）缺（?）　四一四一

⧄嘉禾二年火佃租米十四斛≋×嘉禾二年十月廿三日新唐丘大男周脩
關邸閣李⧄　四一四二

罪無應坐者乞傅前解答言書　詣　⧄　四一四三

入都鄉嘉禾二年税米四斛≋×嘉禾二年十月⧄　四一四四

⧄廿六日新唐丘何青關邸閣李嵩付倉吏黃諱史番慮受　四一四五

⧄……迪罪部吏所辭據科正　四一四六

七量四百廿一斛六斗二升八合四勺爲六量通合爲米二千五百　四一四七

緡九十八匹二丈三尺絳十四匹二丈九尺緕八十一匹三丈七尺得行
錢六十二萬二千六百估佰錢□□萬三千　四一四八

百廿六錢悉已出付閤郭嵩倉吏謝靖張脩黄瑛鄧隆穀營等悉自相應
無有縣□　四一四九

見米九千七百八十二斛七斗八升已出九千六百七十斛一斗付隆瑛
營等受餘米一百一十二斛六斗八升應　四一五〇

量四百廿一斛六斗二升八合四勺爲六量通合爲米二千五百　四一五一

穀榮等受餘米一百一十二斛六斗八升迪散用飲食匿不復見　四一五二

料米不見案迪倉吏典賣官鹽當得九量……　四一五三

四百卌一斛六斗二升八合四勺爲六量通合爲米二千五百六十一　四一五四

新輒實問迪辭令更列簿其鹽四斛五斗七升爲米七量　四一五五

文書到復上臣咨頓首死罪死罪案文書規郡各□　四一五六

斛一斗九升二合通合一千四百六十五斛六斗九升二合其一千卌四
斛六升　四一五七

案如言迪倉吏典主官賣公敢斷割飲食姦惡無狀　四一五八

臨湘侯相管呰叩頭死罪白重部吏潘琬核校陸口賣鹽　四一五九

譚言謹列言乞傳前解君誠惶誠恐叩頭死罪々々敢言之　四一六〇

☐丞（？）缺（？）　四一六一

倉吏鄧隆穀榮等受餘米一百一十二斛六斗八升迪散用飲食匿不　四一六二

☐□吏李□□　四一六三

☐□□曹掾鄧□校　四一六四

死罪々々案文書規郡……輒實問迪辭令更列簿其鹽　四一六五

月十五日慎勿違限有　……　四一六六

四斛五斗七升爲七量四百卌一斛六斗二升八合四勺爲六量通合爲米　四一六七

簿言郡出米二千四百卌九斛一升付倉吏鄧隆谷榮張脩　四一六八

直事料覆既列米復不見公敢前郡簿一百一十二斛六斗八升……　四一六九

後廖直事及吏朱訢到倉料物米不見覺後迪早備米　四一七〇

十一月十五日庚寅長沙大守兼中部督郵書掾晃督察移　□　四一七一

【注】據陳垣《魏蜀吴朔閏異同表》，嘉禾四年十一月朔爲丙子，十五日爲庚寅。

君教　嘉禾四年十一月十四日己丑書　四一七二

毆者大男許迪素有頭疢病今月十七日病錢不□監倉掾　四一七三

府增異言君叩頭々々死罪々々案文書今獄具科□□迪□□□□　四一七四

二千五百六十一斛六斗九升訬米有出郡前簿一百一十二斛六斗八升　四一七五

臨湘丞掾寫移書到亟促考核迪務得姦情據科彈正罪　四一七六

卅一年中出給吏到過黄龍三年正月廿日受曹遣於淕口典受官鹽一
千七百廿四斛九斗皆得　四一七七

咨誠惶誠恐頓首死罪々々上　四一七八

八月十八日甲子從史位咨移　四一七九

【注】據陳垣《魏蜀吴朔閏異同表》，嘉禾四年八月朔爲丁未，十八日爲甲子。

□長沙督軍都尉郡大守丞掾寫移書到勑郡□迪□□　四一八〇

空胄米畢……　四一八一

……從（？）　四一八二

臨湘言重實核淕口典鹽吏許迪割用所領米一百一十二斛六斗八升前　四一八三

迪辭前後所賣官鹽合得米二千五百六十一斛六斗九升迪□　四一八四

□倉吏典賣官鹽得錢米當九量……　四一八五

百六十一斛六斗九升訬米有出郡簿一百一十二斛六斗八升料米不
見□　四一八六

□□募賣官鹽四百卅六斛一斗九升八合四勺有前郡列簿一百一十
二斛　四一八七

結罪應斬小讓⿰黑敢沒入爲生口妾於科不坐八冰別門異居得　四一八八

狀結罪應斬小讓⿰黑敢沒入爲生口妾於科不坐八冰等別居　四一八九

尚書　……　四一九〇
敢前縮簿書割盜爲姦□吏無狀別移規郡將　四一九一
録迪考實辭情據科彈治罪法所應攝録家屬　四一九二
　已列言乞傳前解　詣司鹽曹　四一九三
斗八升被直事及訢到料迪備入付倉吏黃瑛受入畢……　四一九四
十一月十一日領長沙大守行立節校尉望丞羲省兼中部督郵書掾李　四一九五
核事掾趙譚這貴言輒考實大男許迪坐割用所典鹽賈米一百一十二斛六斗八升……　四一九六
前米迪以過六月一日縣入米度付瑛受廖□迪罪命考問如辭　四一九七
轉以備擿米是故匿不復列見餘米一百一十二斛六斗八升實先割盜散用□　四一九八
臨湘言部核事掾趙譚考實吏許迪坐割盜所典鹽米二百　四一九九
七斛一斗一升收酒七十五斛六斗四升五合通合一千五百二十二斛七　四二〇〇
辭以黃龍三年正月廿日受曹遣於淕口受官鹽一千四百卅　四二〇一
情據科彈正罪法所應遣主者□□□解詣府□□□　四二〇二
辭情據科彈治罪法所應攝録家屬……　四二〇三
量付餘米一百一十二斛六斗八升簿不列見實自割取後直事廖咨料得米大數　四二〇四
迪割已度所匿米一百一十二斛六斗八升輸入以過六月一日付倉吏黃瑛受入畢　四二〇五
琬所列得以□□□一百押已列合四百五十迪不堪搥杖服言　四二〇六
□出（？）……　四二〇七
臧没入縣官謹據言譚貴誠惶誠恐叩頭死罪死罪敢言之　四二〇八
攝録小讓鼢没入爲生口并乞隱核妾年紀家中人悉如迪所列上與不詭責八冰爲迪入加　四二〇九
實是科正非記到據科行迪軍法言君叩頭々々死罪々々案文書　四二一〇

審實是科正非記到晃亟攝縣據科行迪軍法乞嚴下雋　四二一一
四斛五斗七升爲七量四百廿一斛六斗二升八合四勺爲六量通合爲米　四二一二
軍法本臧已入畢乞嚴下雋録小讓鼢爲生口并隱核迪　四二一三
吏許迪以嘉禾二年中賣餘鹽四百廿六斛一斗九升八合四勺其　四二一四
君叩頭死罪死罪案文書輒考實迪辭本下雋縣民少失父遜與母妾妻小子男姦讓男　四二一五
敢前縮簿書割匿爲姦□吏無狀輒別移規郡將……▨　四二一六
案迪倉吏典賣官鹽當九量詭□令……　四二一七
嘉禾六年四月丁卯朔廿七日癸巳□□臨湘侯相君丞叩頭死罪敢言之　四二一八
正月廿一日大男李珠辭前給縣金曹史□□□吏許迪□典賣官　四二一九
相應餘鹽四百廿六斛一斗九升八合四勺其四斛五斗七升爲七　四二二〇
□□平貨賣其四斛五斗七升當得七量四百廿一斛六斗二升八合四勺　四二二一
五升六勺賣得褋物料核相應其四百廿六斛一斗九升八合四勺……　四二二二
前部譚考實迪割盜鹽米一百一十二斛六斗八升飲食不列見具服　四二二三
五升五合其一千八十六斛五升六勺募賣得錢米褋物料核　四二二四
　金曹史李珠白草　四二二五
妻子爲生口已□□畢詭責加臧□迪……　四二二六
死罪々々　四二二七
兼中部督郵移□□□□□□右傳言部吏李珠番琬　四二二八
姦惡無狀已收迪付臨湘記到晃亟促……　四二二九
　録事掾潘琬校　▨　四二三〇
▨……二千五百六十一斛六斗九升已　四二三一
　一十二斛六斗八升具服依科結正罪法尚解書詣府□□　四二三二

二千五百六十一斛六斗九升已出米二千四百卌九斛一升付倉吏鄧隆 四二三三
舉辭陳誠行姦科刑宜使照（？）審書□其亟正□□□ 四二三四
已畢乞可哀省如冰辭處罪當據□科文正冰□□ 四二三五
嘉禾五年十一月己巳中部督郵行立節校尉望丞羲□兼中部督 四二三六
迪家中悉如迪辭與不詭責八冰爲迪入加臧錢十六萬九千廿 四二三七
□被曹勑考核大男許迪坐割□盜用所典鹽賈米一百一十二斛六斗
八升…… 四二三八
嘉禾四年十一月丙子朔□日臨湘侯相君丞叩頭死罪敢言之 四二三九
……□（？）日（？）…… 四二四〇
軍法本臧已入畢乞嚴下雋□□□没入爲生▨ 四二四一
一斛六斗二升八合四勺爲六量通合爲米二千五百六十一 四二四二
九千卅不與坐各出別門異居迪以建安廿一年中給吏到黄龍三年 四二四三
於都市行迪軍法本臧已入畢乞嚴下雋攝録小讓鱥没入爲生 四二四四
▨……一千五百迪凡臧十六萬九千廿案辛丑科罪 四二四五
出（？）…… 四二四六
應斬妾於科不坐小讓鱥没入爲生口八冰榮足四人別門異 四二四七
嘉禾四年十一月丙子朔廿一丙申日臨湘侯相君丞叩頭死罪敢言之 四二四八
部吏傳送小讓鱥詣府并隱核妾年紀八冰異居□□ 四二四九
相違書到亟促部忠良大吏平心部決正處咨言會月十五 四二五〇
丞（？）缺（？） 四二五一
卌一斛六斗九升二年中入□百五十四斛九斗五升三年中入已正賣
鹽日有售米▨ 四二五二
列上與不詭責八冰爲迪入加臧謹答言君誠惶誠恐叩頭死罪々々敢
言▨ 四二五三
長沙大守丞掾六月被却至今不言令用日料毄民云困考與前 四二五四

前已列言乞傳前解行迪軍法乞嚴下雋隱核迪家中人悉如▨ 四二五五
□吏朱誥…… 四二五六
數備入米付倉吏黄瑛受入畢前實怖死詣對都尉云以米備擿 四二五七
……復（？）…… 四二五八
□迪實散用飲食米實如今辭…… 四二五九
生口乞隱核家中人悉如迪辭列上與不詭責八冰爲迪入加臧案文 四二六〇
▨□舉備入米付倉吏黄瑛悉畢□□迪□□不□□□ 四二六一
▨一日已備償付倉吏黄瑛受考問具服依□平悉 四二六二
答所問君叩頭々々死罪々々案文書前部核事掾趙譚考實 四二六三
……年紀…… 四二六四
□訖咨□出□曹案々殊曲取辭迪手書下□□散用飲食……… 四二六五
□被督郵勑□□□□□□□□重考實迪□□□□□所考□所□ 四二六六
……嘉禾六年四月廿日金曹掾□□□□都鹽食□□
□鹽賈□米一百一十二斛六斗八升軍法草 四二六七
□□斛直錢一千五百迪凡臧十六萬九千廿案辛丑科罪□▨ 四二六八
入付倉吏黄瑛迪録見悉已畢入辭以米一百一十二斛六斗八升備米
出不列見 四二六九
▨……六斗八升迪散用飲食後爲廖直事到料校米所覺 四二七〇
録事掾潘琬校 四二七一
▨合爲米二千五百六十一斛六斗九升已出二千四百卌九斛二升□ 四二七二
今辭…… 四二七三
……八（？）人（？）…… 四二七四
……出（？） 四二七五
應遣主者考實不得稽留如詔書科令…… 四二七六
十一月□日關中部督郵 四二七七

如牒乞傅前解行迪軍法録事掾潘琬校……　四二七八
飲食廖直事到料校米不列見覺直事勑迪備入迪則□舉簿　四二七九
主簿　省　四二八〇
百六十二斛六斗九升已出……付倉吏……　四二八一　四二八二
【注】本簡爲四二八一、四二八二兩簡拼合而成。
……已……　四二八三
一斛六斗九升已出米二千四百卌九斛一升付倉吏鄧　四二八四
應斬妻小子男讓々弟黝三人爲生口迪母妾年八十五於科不　四二八五
☐……十八……　四二八六
加誣言答（？）須（？）加捶杖實不枉加捶杖獄吏□□□☐　四二八七
國（？）五六月國（？）二三月轉付大倉部（？）所賣出入二年
米無□□□折咸一百一十二斛六　四二八八
長沙府副督郵……☐　四二八九
録事掾番琬校　四二九〇
黝於科不坐迪兄八々男弟冰別門異居不知情科文不載請不與☐　四二九一
直錢十六萬九千廿考實具服案還鹽□迪應斬沒入　四二九二
重考實迪前辭……☐　四二九三
……□十（？）□……　四二九四
……十（？）□日（？）……　四二九五
□但列見米二千四百卌九斛一升迪割用一百一十二斛六斗八升　四二九六
食盡前見都尉實怖死……以米備擿□　四二九七
☐□□録事掾番琬……迪官鹽以嘉禾二年……所領鹽　四二九八
四百卌九斛一升付倉吏鄧隆……☐　四二九九
迪兄八男冰八妻榮冰妻足四人別門異☐　四三〇〇
【注】「男」下應脱「弟」字。
頭死罪々々　☐　四三〇一

☐勺其四斛五斗七升爲七量四百廿一斛六斗二升八合四勺爲（？）　四三〇二
☐　主簿　省　☐　四三〇三
☐己亥書到晃亟切縣諦更據科正處迪罪法所□☐　四三〇四
合三年別賣迪前列鹽賈米二千四百卌九斛一升……　四三〇五
張起等餘米一百一十二斛六斗九升迪先散用飲食不復列　四三〇六
……嘉禾四年十一月十七日兼金曹□李珠白言郡吏許迪割盜鹽米一百一十二斛六斗八升結正罪法　四三〇七
正月十七日戊寅長沙大守兼中部勸農督郵書掾晃督察移　四三〇八
【注】據陳垣《二十史朔閏表》，嘉禾二年正月壬戌朔，十七日爲戊寅。
君誠惶誠恐叩頭死罪々々敢言之　四三〇九
部易机將師張山消目遣……復言君誠惶誠恐叩頭死罪々々敢言之　四三一〇
□君教　嘉禾五（？）年……　四三一一
悉畢付倉吏黄瑛迪前見都尉怖死罪重詣對以米一百　四三一二
☐布一匹≋嘉禾元年七月十九日關丞墨紀付庫吏殷連受　四三一三
☐≋嘉禾元年八月廿四日兒丘廖健付庫吏殷連受　四三一四
☐布卌二匹一丈八尺　四三一五
☐吏帥客限米十斛　四三一六
☐　其……斛六斗新吏黄龍□年限米　☐　四三一七
☐録事掾番琬實核迪辭前後所賣官鹽合得米二千五　四三一八
☐賣鹽吏許迪辭以嘉禾□年中賣鹽☐　四三一九
☐校（？）　☐　四三二〇
☐□事録事掾潘琬叩頭死罪白☐　四三二一
☐吴平斛米二千一百卅八斛四斗　☐　四三二二
其廿斛三州倉運黄武六（？）年佃卒限米　四三二三
其十四斛三斗新吏黄龍二年限米　四三二四
其四百卅斛九斗佃卒嘉禾元年限米　四三二五
入吏謝韶黄龍元年子弟限米廿七斛　四三二六

其二百二斛一斗九升新吏嘉禾元年限米　四三二七
其卅五斛故吏番觀備黃武六年蒭錢准米　四三二八
其卌八斛四斗三升私學黃龍元年限米　四三二九
其十斛船師何春備建安廿七年折咸米　四三三〇
承十一月旦簿餘吳平斛米□□三萬五千六百一十五斛四斗　四三三一
☒張脩黃瑛鄧隆縠營餘米二百一十二斛六斗八升……　四三三二
其二斛郡掾利焉還所貸黃龍三年屯田限米　中　四三三三

【注】「其」上原有墨筆點記。

右嘉禾三年屯田司馬黃松限米二千八百□□斛□斗　中　四三三四

【注】「右」上原有墨筆點記。

☒　其一萬三千五（？）百八十一斛三斗三升運集中倉付吏□☒　四三三五
入新還民嘉禾二年限米九十斛七升　中　四三三六
入嘉禾三年火種租米廿□斛一斗三升　☒　四三三七
入嘉禾三年粢租米六百六十三斛七斗三升　☒　四三三八
入屯田司馬黃松限米六斛二斗　☒　四三三九
其四斛九斗州吏高賓黃龍元年租米　四三四〇
卌六人人二斛四斗二升六十七人人一斛九斗三升其年七月十日☒　四三四一
入十二月所受褋擿米二百卌三斛二斗七升　☒　四三四二
☒□米一百廿斛　四三四三
☒關丞睾紀付庫吏殷連受　四三四四
☒百七十九斛二升　中　四三四五
☒□斛六斗八升別領　□　四三四六
☒百廿八斛　六月　入　倉　四三四七
☒嘉禾元年七月十九日關丞睾紀付庫吏殷連受　四三四八
☒〼嘉禾元年七月廿日關丞睾紀付庫吏殷連☒　四三四九

【注】「關丞」與「睾紀」間有濃墨「二匹」二字。

其二斛八斗郡士及都☒　四三五〇
其九十一斛三斗司馬黃☒　四三五一
縣三年領州吏限米一千廿三斛一斗六☒　四三五二
☒□斛六斗八升……☒　四三五三
☒五升民先入付三州倉吏鄭黑受☒　四三五四
付邸閣李嵩倉吏李金□□☒　四三五五
大男番及年卌一龍病　妻汝年卌　☒　四三五六
☒年火種租卅一斛四斗付吏烝若栂綜給貸嘉禾四☒　四三五七

【注】「租」下應脱「米」字。

☒□日關丞睾紀付庫吏殷連受　四三五八
☒十月廿四日厭下丘縣吏趙□關邸閣李嵩付倉吏黃諱潘慮受　四三五九
☒……租米□斛〼嘉禾二年十一月十七日新唐丘□□□□關邸閣李嵩付倉吏黃諱潘慮受　四三六〇
入模鄉嘉禾二年租米廿一斛〼嘉禾二年十月廿一日界丘男子五陽關邸閣李嵩付倉吏黃諱史番慮受　四三六一
☒……付庫吏殷連受　四三六二
☒□日□田丘大男任恩關丞睾紀付庫吏殷連受　四三六三
☒關丞睾紀……　四三六四
☒關丞睾紀付庫吏殷連受　四三六五
☒關丞睾紀付庫吏殷連受　四三六六

【注】「殷連」二字間有濃墨「二匹」二字。

☒睾紀付庫吏殷連受　四三六七
☒　其十一斛五斗監池司馬鄧卲嘉禾元年臨湘米　四三六八

【注】「其」上原有墨筆點記。

☒睾紀付庫吏殷連受☒　四三六九
☒睾紀付庫吏殷連受　四三七〇
☒元年七月十九日關丞睾紀付庫吏殷連受　四三七一
☒嘉禾元年七月廿三日關丞睾紀付庫吏殷連受　四三七二

☒關丞墨紀付庫吏殷連受　四三七三

☒日關丞墨紀付庫吏殷連受　四三七四

☒墨紀付庫吏殷連受　中　四三七五

☒月十日關丞墨紀付庫吏殷連受　四三七六

☒罪應科斬没入迪妻小子男讓男弟斀☒　四三七七

☒匹田丘壬運付庫吏殷連受　四三七八

☒□大男程仲關丞墨紀付庫吏殷連受　四三七九

☒丞墨紀付庫吏殷連受　四三八〇

【注】「殷連」二字間有濃墨「一匹」二字。

☒吏烝若栂綜給貸嘉禾四年貧民☒　四三八一

☒□倉吏黄諱潘慮☒　四三八二

給稟詳等不習□☒　四三八三

☒新還民嘉禾元年限米　☒　四三八四

☒□餘米一百一十二斛六斗八升前爲主□☒　四三八五

☒還所貸黄龍元年税米　中　四三八六

☒三斛六斗　四三八七

☒黄升嘉禾元年限米　中　四三八八

入□鄉二年□□□□□……☒　四三八九

☒　關主記栂☒　四三九〇

入模鄉五年鋘賈錢□二萬☒　四三九一

☒郡縣佃吏限米　☒　四三九二

☒□不列姦情意狀不得☒　四三九三

☒居到不□□□　☒　四三九四

☒九月廿七日□□□□關　☒　四三九五

右禶米五百五十□☒　四三九六

入□鄉嘉禾二年租米□斛〼嘉禾二年☒　四三九七

☒付倉吏黄諱史潘慮受　四三九八

☒長沙大守丞掾□□□□□□☒　四三九九

☒……付庫吏殷連受　四四〇〇

☒吏孫儀付庫吏殷連受　四四〇一

☒嘉禾元年限米　四四〇二

入民還二年所貸黄龍元年吏帥客米冊☒　四四〇三

【注】按吴簡格式，「米」上應脱「限」字。

入平鄉五年鋘賈錢二萬四☒　四四〇四

☒……年□米　四四〇五

右妾家口食……☒　四四〇六

☒沙大守丞掾□□☒　四四〇七

☒諱潘慮受　四四〇八

入嘉禾三年佃吏□☒　四四〇九

☒□月廿日平樂丘廖☒　四四一〇

☒年十月三日唐中丘□妾關堅閣☒　四四一一

☒都尉區弈嘉禾元年租米☒　四四一二

其廿七斛六斗□☒　四四一三

☒米卌五斛□□　中　四四一四

☒□丘大男烝賈關丞墨紀付庫吏殷連☒　四四一五

都鄉謹列☒　四四一六

☒□斗〼嘉禾二年□月九日☒　四四一七

☒三百八十六斛☒　四四一八

☒　其廿八斛七☒　四四一九

☒　其□☒　四四二〇

税米九十一斛二☒　四四二一

☒　□□子女細年九歲☒　四四二二

☒番慮受
番慮受　四四二三

【注】本簡左右二行文字全同，應是剖「莂」爲「別」，錯位所致。

☒□□李金直☒　四四二四

【注】第二□右半殘缺，左半從「糸」。

☒十日關丞　☒　四四二五

☒〼嘉禾二年十月□日☒　四四二六

【注】按吳簡格式，「嘉」下應脱「禾」字。

☒五斛五斗〼嘉禾二年十□☒　四四二七

☒十五斛付吏烝若栂綜給貸☒　四四二八

☒縣三年領叛士限☒　四四二九

入都鄉嘉禾二年税米十二斛☒　四四三〇

☒力田李延付庫吏殷　☒　四四三一

☒倉吏黄諱番慮受　四四三二

☒　連受　四四三三

☒〼嘉禾二年十月十八日☒　四四三四

☒〼嘉禾元年□月□☒　四四三五

☒男子黄大關坚☒　四四三六

☒□韓利付庫吏殷　☒　四四三七

☒□易付庫吏殷　☒　四四三八

☒□調布□匹〼嘉禾☒　四四三九

市大男程兒□☒　四四四〇

☒□關坚閣李嵩☒　四四四一

☒月廿二日坪田丘大男□☒　四四四二

☒薦付倉吏☒　四四四三

其卅四斛☒　四四四四

☒□三年佃帥限米六百廿六斛三斗□☒　四四四五

☒租米五十六斛　☒　四四四六

☒　右襍米卌斛……☒　四四四七

右霸家口食五☒　四四四八

☒……合六十七匹三丈二尺九☒　四四四九

☒……付倉吏黄諱潘慮受　四四五〇

入中鄉嘉禾二年租米廿☒　四四五一

☒嘉二年税米卅六斛　☒　四四五二

☒　連受　四四五三

☒鄉入布二匹三☒　四四五四

☒月□日桐山丘郡吏□□☒　四四五五

【注】「郡吏」下第一□左半殘缺，右半從「邑」。

☒男王須關坚閣李
男王須關坚閣李☒　四四五六

【注】本簡左右二行文字全同，應是剖「莂」爲「別」，錯位所致。

☒　〼嘉☒　四四五七

☒黑關坚閣馬☒　四四五八

☒□品布三匹〼☒　四四五九

☒小武陵鄉嘉禾二年☒　四四六〇

☒□吏民□□☒　四四六一

☒……□關坚閣李□☒　四四六二

【注】第一□右半殘缺，左半從「言」。

☒□馬　☒　四四六三

【注】□似爲一倒寫「馬」字。

入中鄉嘉禾二年租米□□☒　四四六四

☒□年限米　☒　四四六五

☒□〼嘉☒　四四六六

☒禾二年州吏□□□☒　四四六七

☒……關☒　四四六八

☒付倉吏黄諱☒　四四六九

☒倉吏李☒　四四七〇

☒日遇（？）丘文凱□☒　四四七一

☒□斛〼嘉禾二年□月廿一日☒　四四七二

☒　正　月　入☒　四四七三

☒吏黄龍元☒　四四七四

☒六日渚山丘力田朱☒　四四七五

☒〓嘉禾□年☒　四四七六
☒吏董基黃龍☒　四四七七
☒記梅綜付☒　四四七八
入西鄉嘉禾二年稅米十七斛☒　四四七九
☒佃□嘉禾二年……☒　四四八〇
☒□□〓嘉禾☒　四四八一
右諸鄉入二☒　四四八二
【注】「右」上原有墨筆點記。
☒□□□領（？）　☒　四四八三
入小武陵鄉二年稅吳☒　四四八四
☒吏李□☒　四四八五
☒慮☒　四四八六
☒男子朱□☒　四四八七
☒倉吏黃□☒　四四八八
入模鄉☒　四四八九
☒嘉禾二年十月☒　四四九〇
☒□斛三斗司馬☒　四四九一
☒□唐丘民□☒　四四九二
☒番芮□☒　四四九三
☒嘉禾二年☒　四四九四
☒□匹〓嘉☒　四四九五
☒嘉禾二年□米☒　四四九六
【注】「米」上□右半殘缺，左半從「禾」。
☒彈溲丘唐□☒　四四九七
☒□丘張曹鬮☒　四四九八
☒六匹〓嘉禾☒　四四九九
☒斛〓嘉禾☒　四五〇〇
☒五年七月五日□☒　四五〇一
☒□火種租□☒　四五〇二
☒連受☒　四五〇三
☒番慮受☒　四五〇四
☒□模鄉☒　四五〇五
☒年十月五日☒　四五〇六
☒月廿日□☒　四五〇七
☒□元年☒　四五〇八
☒丈四尺□☒　四五〇九
入模鄉嘉禾二☒　四五一〇
☒嘉禾元年八月十五日付庫吏☒　四五一一
☒　其四斛九斗二升黃龍□☒　四五一二
☒司馬鄧邵嘉禾元年限米　四五一三
……　……李……　……監……　四五一四
☒稅米廿六斛〓嘉禾二年十月廿九日羅西鄉石下丘大男黃汝鬮堅閣李嵩付倉吏黃諱史番慮受　四五一五
入叛士嘉禾二年限米廿一斛　中　四五一六
其五斛二斗黃龍二年稅米　四五一七
其卅五斛八斗民還二年所貸……吏帥客限米　四五一八
其十斛州佃吏鄭脩黃龍元年限米　四五一九
其廿三斛民還二年所貸黃武□年吏帥客限米　四五二〇
新茨鄉光麻入嘉禾二年子弟米九斛冑畢〓嘉禾二年十一月十五日付倉吏劉達受副曹　四五二一
【注】本簡爲木簡，上有朱筆塗痕。「劉達受」三字爲花書。
新茨鄉新吏沅和入二年子弟米十三斛冑畢〓嘉禾二年十一月十九日付郭浦倉吏劉達受副曹　四五二二
【注】本簡爲木簡，上有朱筆塗痕。「劉達受」三字爲花書。
新茨鄉黃赤入嘉禾二年子弟米卅六斛八升冑畢〓嘉禾二年十一月十五日付倉吏劉達受副曹　四五二三

【注】本簡爲木簡，上有朱筆塗痕。「劉達受」三字爲花書。

新茨鄉區近入嘉禾二年吏客米十斛胄畢〓嘉禾二年十一月六日付 郭浦倉吏劉達受副曹　四五二四

【注】本簡爲木簡，上有朱筆塗痕。「劉達受」三字爲花書。

其四百五十八斛三斗嘉禾二年粢租米　四五二五

□□□言大男蔣□被病物故事　……　四五二六

右十一月入吴平斛米□萬三千五百六十斛六斗六升　四五二七

⧄□□布五匹〓嘉禾元年八月十日關丞　付庫吏殷連受　四五二八

其廿二斛五斗吏烝若等備黃武五年租米　四五二九

【注】「其」上原有墨筆點記。

其二千八十□斛一斗七升嘉禾二年租米　中　四五三〇

【注】「其」上原有墨筆點記。

入佃卒嘉禾二年限米七十一斛□斗　中　四五三一

入吏周唐備船師張蓋建安廿六年折咸米四斛　四五三二

其四斛九斗州吏高賓黃龍元年租米　四五三三

⧄□〓嘉禾二年十月廿七日横溲丘大男黃□關邸閣李嵩付倉吏黃諱 史番慮受⧄　四五三四

⧄……丘大男區彭關邸閣李嵩付倉吏黃諱史番慮受　四五三五

⧄月廿三日關丞　付庫吏殷連受　四五三六

⧄□船師何春備建安廿七年折咸米　四五三七

⧄□升價人李綏黃龍二年米　四五三八

⧄……關邸閣李嵩付倉吏⧄　四五三九

⧄□年税米三斛五斗〓嘉禾二年十一月十四日上□⧄　四五四〇

⧄□賣官鹽得米二千五百卌斛⧄　四五四一

⧄□斗　⧄　四五四二

⧄□〓嘉禾二年十月廿二日殊溲丘嚴遭關邸閣李嵩⧄　四五四三

⧄……黃龍二年限米　四五四四

入嘉禾三年火種租米一百五十六斛九斗九升　⧄　四五四五

入西鄉嘉禾二年租米廿斛　⧄　四五四六

⧄付倉吏黃諱史番慮受
付倉吏黃諱史番慮受　四五四七

【注】本簡左右二行文字全同，應是剖「莂」爲「別」，錯位所致。

⧄……月六日關丞　付⧄　四五四八

⧄大男□□年卅⧄　四五四九

⧄妻大女裕年□□⧄　四五五〇

⧄□□關邸閣⧄　四五五一

⧄日松田丘張湖⧄　四五五二

⧄嘉禾元年布二百卌四匹三丈⧄　四五五三

⧄□斛□斗九升已出二千□百⧄　四五五四

⧄□□□黃龍元年吏帥客限米⧄　四五五五

⧄□斗五升□百二 一百七十斛□□……⧄　四五五六

⧄四斛七斗　四五五七

⧄庫掾殷連受⧄　四五五八

⧄嘉禾□年□□□□⧄　四五五九

⧄居科文不載請行迪⧄　四五六〇

隆穀榮等受□⧄　四五六一

其十斛⧄　四五六二

入廣成鄉嘉禾二年租米……〓嘉禾⧄　四五六三

⧄嘉禾二年租米二斛〓嘉禾二年十月廿六日⧄　四五六四

⧄　十　二　月　入　倉　四五六五

⧄趙野關邸閣付倉吏黃諱潘慮受　四五六六

⧄□米二斛〓嘉禾⧄　四五六七

【注】「米」上□右半殘缺，左半從「禾」。

入小武陵鄉嘉禾二年私學限米五斛〓嘉禾⧄　四五六八

右客家口食十二人　⧄　四五六九

【注】「右」上原有墨筆點記。

☒通合六□□四二丈一尺　中　四五七〇
☒□口☒七□□人□☒　四五七一
☒叛士黃龍二年限米　四五七二
入小武陵鄉五年鋘賈錢□萬五千☒　四五七三
其一百九十九斛九斗付州中☒　四五七四
其十三斛八升民先入付□☒　四五七五
【注】簡中有朱筆塗痕。
☒□鹽賈米二千一百五十□斛☒　四五七六
【注】簡中有朱筆塗痕。
☒六斗八升迪自割□　四五七七
臨湘廣成鄉二年稅米卅七斛　𫝀☒　四五七八
☒　右厚（？）家口食□人☒　四五七九
☒稅米　四五八〇
☒斛六斗九升己出二千四百卌☒　四五八一
☒羲告（？）兼中部督郵書☒　四五八二
☒鄉入稅米五百廿一斛五☒　四五八三
☒□□年新還民限米☒　四五八四
☒李嵩付倉吏黃諱潘慮受　四五八五
☒付倉吏黃諱史潘慮受　四五八六
☒□年十月廿六日逢唐丘大男毌平關邸☒　四五八七
其廿斛七斗☒　四五八八
☒李嵩付倉吏黃諱史潘慮受☒　四五八九
☒吏黃諱番慮☒　四五九〇
六月廿九日　……☒　四五九一
☒嘉禾元年限米　四五九二
☒　田張　四五九三
☒庫吏殷連受　四五九四
入（？）西（？）鄉（？）……☒　四五九五
☒□月伍劉有所　☒　四五九六
☒□米三千七十六斛□☒　四五九七
☒□九斛𫝀嘉禾二年☒　四五九八
☒斛二斗五升𫝀嘉禾二年☒　四五九九
☒□丘力田□□關邸閣李☒　四六〇〇
☒□□年卅三　聾耳　四六〇一
☒……付庫吏殷連受☒　四六〇二
☒其（？）……步星敗☒　四六〇三
☒□□關邸閣李嵩☒　四六〇四
☒倉吏黃諱潘慮受　四六〇五
☒男弟倚年七歲　☒　四六〇六
☒及都尉區窐☒　四六〇七
☒□嘉禾元年……☒　四六〇八
☒三丈八尺𫝀嘉禾元☒　四六〇九
☒□一頭直直☒　四六一〇
☒　元年☒　四六一一
☒男呂谷關邸閣☒　四六一二
☒□丘大男鄧□☒　四六一三
☒限米□□斛□□☒　四六一四
☒斗二升嘉禾☒　四六一五
☒諱番慮受　四六一六
☒嘉禾二年☒　四六一七
☒黃諱潘慮受　四六一八
右嘉☒　四六一九
☒付倉吏黃諱潘慮受　四六二〇
☒丘男子黃命關邸閣李☒　四六二一
☒嵩付倉吏……☒　四六二二
☒諱番慮受　四六二三

☐晃謂　☐　四六二四
☐受　四六二五
入小武陵鄉☐　四六二六
☐倉吏黄☐　四六二七
入都鄉嘉禾二年☐　四六二八
入中鄉嘉禾二年☐　四六二九
☐月　入　倉　四六三〇
☐米七斛五斗〼嘉禾☐　四六三一
☐黄諱潘慮受　四六三二
☐斛一斗九升八合四勺☐　四六三三
☐税米一斛〼嘉禾☐　四六三四
入中鄉嘉禾二年□☐　四六三五
所雇鹽賈米擿量付迪迪出米付□□□□□迪恐出米有折咸□□　四六三六
☐殷連受　四六三七
☐連受　四六三八
入廣成鄉嘉禾二☐　四六三九
☐□□吏烝承　☐　四六四〇
☐嘉禾二年税米二斛☐　四六四一
☐閣李嵩付☐　四六四二
關坠閣李嵩付倉吏黄諱☐　四六四三
☐……租米十斛〼嘉禾二年十月廿四日□□丘大男雷□關坠閣李嵩　四六四四
……☐
入西鄉嘉禾二年税米十七斛〼嘉禾二年十月廿一日沙渚丘民陳逪
閣李嵩付倉吏黄諱番慮受　四六四五
入都鄉嘉禾二年税米九斛〼嘉禾二年十月廿三日新唐丘謝稠關坠
兵曹言部……　四六四六
……校事

……二☐　四六四七
嘉禾六年四月九日書佐吕承封
☐……□年□月廿五日付庫吏殷連受　四六四八
入模鄉嘉禾二年税米七斛一斗〼嘉禾二年□月十七日厭下丘力田　四六四九
鄭□彭賢關坠閣李嵩付倉吏黄諱番慮受　四六五〇
☐丞（?）缺（?）☐　四六五一
☐……〼嘉禾二年十月廿三日郵下丘郡吏區邯關坠閣李嵩付掾黄諱
史潘慮受　四六五二
☐沛布三匹〼嘉禾元年八月廿日付庫吏殷連受　四六五三
☐……鄉嘉禾□年……☐　四六五四
船曹言部……家屬□□木船一柂事　嘉禾六年☐　四六五五
☐大男……付庫吏殷連受　四六五六
……二百五十五斛□斗□升　四六五七
☐……嘉禾□年税米……運集中倉付吏李金□□□　四六五八
☐十月十九日羅西鄉終上丘大男鄧原關坠閣李嵩付倉吏黄諱潘慮受　四六五九
☐□□運集鹽倉轉還償縣所貸牛士□高區楊　四六六〇
☐嘉禾二年十月廿七日専下丘陳逐關坠閣李嵩付倉吏黄☐　四六六一
☐日關丞墨紀付庫吏殷連受　四六六二
☐男子廖象光賢付庫吏殷連受　四六六三
□男弟☐　四六六四
右□家口食十七人　四六六五
☐右□家口食□人　四六六六
☐米　四六六七
☐妻陵年六十二　四六六八
☐二日唐中丘力田□□關坠閣……☐　四六六九
☐　妻思年廿九筭一　四六七〇

⧄子女□年十歲　四六七一

⧄關丞　付庫吏殷連受　四六七二

⧄嘗　五　十　四六七三

⧄……子弟限米　⧄　四六七四

⧄妻（？）至年（？）五（？）⧄　四六七五

⧄□男弟□年□歲⧄　四六七六

⧄□百□萬□⧄　四六七七

⧄日下俗丘何逐付⧄　四六七八

⧄付庫吏殷連受⧄　四六七九

【注】「殷連」間有濃墨「一匹」二字。

⧄□□□限米　四六八〇

⧄□男弟年十一　四六八一

⧄……庫吏殷連⧄　四六八二

【注】「殷連」間有濃墨「二匹」二字。

⧄……付庫吏殷連□　四六八三

⧄　□子男指年十七筭一　⧄　四六八四

⧄……年二歲　四六八五

⧄其二人前⧄　四六八六

⧄□鄉布二匹一尺〓⧄　四六八七

⧄子男□年四歲　四六八八

⧄□米三斛〓嘉禾三年十月□⧄　四六八九

【注】「米」上□右半殘缺，左半從「禾」。

⧄……萬四千五百合二□⧄　四六九〇

⧄妻□年□□⧄　四六九一

⧄其□匹三丈民還品布　四六九二

⧄尉馬良所領皷米吴佐增直起嘉禾元年七月訖二⧄　四六九三

⧄二月七日訖正月卅日月旦簿　四六九四

⧄□市檠二雙　直錢九百□⧄　四六九五

⧄□年八月十九日緒中丘男區蔣關坠⧄　四六九六

【注】按吴簡格式，「男」上應脱「大」字。

入模鄉嘉禾二年税米二斛四斗〓⧄　四六九七

其一千一百□⧄　四六九八

⧄　五　十　四六九九

⧄庫吏殷連受　四七〇〇

⧄□被病物故　⧄　四七〇一

富貴里户人公乘廖（？）□年⧄　四七〇二

⧄殷連受⧄　四七〇三

⧄……〓嘉⧄　四七〇四

⧄王署付庫吏殷⧄　四七〇五

⧄□錢四千五百⧄　四七〇六

⧄〓嘉禾二年十月⧄　四七〇七

⧄……布三匹一□⧄　四七〇八

⧄得男⧄　四七〇九

⧄殷連受　四七一〇

⧄年五歲　四七一一

⧄布一匹〓⧄　四七一二

⧄□米一百卌八斛⧄　四七一三

⧄□□嘉禾二年□□⧄　四七一四

⧄曹言……事　四七一五

□曹言行大男杜員已罰……事　五月四日門下小史吴衡封　四七一六

入西鄉五年鋘賈錢一萬三千三百五十　四七一七

⧄……千一百……　四七一八

⧄　其一百八十二斛六斗九升新吏嘉禾元年限米　四七一九

【注】「其」上原有墨筆點記。

⧄□□男子潘張布二匹〓嘉禾元年八月三日關丞　付主庫吏殷⧄　四七二〇

☒　其一斛州佃吏鄭脩黄龍□年限米　☒　四七二一

入□鄉嘉禾二年税米卅四斛五升〼嘉禾□年☒　四七二二

☒賣官鹽得錢米二千☒　四七二三

☒三年市租錢卅八萬六千□百□十一錢☒　四七二四

☒……斛六斗四升嘉禾二年吏帥客限米　四七二五

☒　其十一斛五斗監池司馬鄧邵嘉禾元年臨湘米　☒　四七二六

☒　其五斛司馬黄升黄龍二年限米　四七二七

右嵩家口食五人　☒　四七二八

☒□丈〼嘉禾元年……☒　四七二九

☒庫吏殷連受　四七三〇

入運三州倉嘉禾元年□☒　四七三一

☒庫吏殷連受　四七三二

☒□　妻思年□八☒　四七三三

☒□米　四七三四

☒大男毛苔付庫吏殷☒　四七三五

歸（？）男弟踐（？）年三歲腹心病☒　四七三六

☒其……斛□升嘉禾元年税米　四七三七

☒……付庫吏殷□□　四七三八

【注】「殷」下似有濃墨「四匹」二字。

☒……租米七十一斛五斗　☒　四七三九

☒富布三匹〼嘉禾□年□□☒　四七四〇

☒買錢三萬二百　☒　四七四一

☒　嘗　五　☒　四七四二

☒十三日揚渡丘比伍李表付庫吏殷連受　四七四三

☒……付庫吏殷連受　四七四四

【注】「殷」下似有濃墨「二匹」二字。

☒　□　月　入　倉　四七四五

☒……付主庫吏殷連受　四七四六

☒□斛船師張蓋建安廿六年折咸☒　四七四七

☒□嘉禾元年限米　四七四八

☒□諸運簿本事到後　四七四九

☒……關丞䢘紀付庫吏……　四七五〇

☒□草白豫章上蔡縣言□過年六月遣吏李脩□□諸葛☒　四七五一

☒嘉禾元年七月廿九日關丞　付主庫掾殷連受　四七五二

☒嘉禾元年二月七日淖關丞　付庫吏殷連受　四七五三

【注】「淖」上或下應有脱字。

☒嘉禾五年六月廿二日中賊曹史張惕白言成縣民求捕賊掾攝録以□□□□處言☒　四七五四

☒三丈四尺　四七五五

☒……大男文土付主庫掾殷連☒　四七五六

☒□喬年六十四　☒　四七五七

入西鄉五年鋘賈錢三千八百☒　四七五八

☒□十斛其六百一十斛二斗九升嘉禾元年☒　四七五九

☒掾利焉嘉禾元年限米　四七六〇

☒禾元年八月十三日付庫吏殷　☒　四七六一

☒布十二匹三丈五尺　中　四七六二

☒其卅斛衛士嘉禾二年限☒　四七六三

☒禾二年十月十四日下略丘鄧……☒　四七六四

☒　付主庫吏殷　☒　四七六五

☒食五人　☒　四七六六

☒□庫吏殷　☒　四七六七

☒吏番章布一匹〼嘉禾元年四月十日……付庫吏殷連受　四七六八

☒税米十斛〼嘉禾二年十月廿二日真坪丘潘躍關堅閣李嵩付倉吏黄諱……☒　四七六九

☒□布六匹〼嘉禾元年九月□日付庫吏殷連受　四七七〇

☒……三年税米　四七七一

☒禾二年十月廿一日陵枯丘民由末關堅閣李☒　四七七二

☒食八人　訾　五　十　四七七三

☒……□年十三　子女鼠年五歲　四七七四

……闕……☒　四七七五

其一百九十一斛六斗二升民還二年所貸嘉禾元年稅米　四七七六

其□户下品　……☒　四七七七

龍元年限米……吏……廿四斛合……　四七七八

☒……嘉禾元年正月九日書佐呂承封　四七七九

☒二斗佃卒黃龍二年限米　四七八〇

☒□年十一月廿三日龍丘何鍛付庫吏殷連受　四七八一

其卅九斛五斗嘉禾元年火種租米　四七八二

☒□□布一匹※嘉禾元年八月十八日關丞　付庫吏殷連受☒　四七八三

☒□□布□匹※嘉禾元年八月十□日關丞　付庫吏殷連受　四七八四

☒元年九月廿六日東夫丘閭長唐若付主庫吏殷連受　四七八五

集凡嘉禾三年限米二萬三千七百□六斛七斗□☒　四七八六

☒□王署付庫吏殷　☒　四七八七

☒米五百□廿四斛運集中倉付吏李☒　四七八八

☒□七斗五升郡掾利焉嘉禾元年限米　四七八九

☒□□監運掾□□運詣集所其年八月廿一日……☒　四七九〇

☒付主庫吏殷連受　四七九一

☒訾　五　十　四七九二

☒……入毛□布三匹一丈九☒　四七九三

☒訾　五　十　四七九四

☒付庫吏殷連受　四七九五

☒子男山年卅一筭一　四七九六

☒□百……　四七九七

☒　五　十　四七九八

米二百一十二斛五☒　四七九九

☒……嘉禾六年十一月廿日……☒　四八〇〇

其五□☒　四八〇一

☒元年四月十四日五唐里司吏　☒　四八〇二

☒碓丘番胡付庫吏殷連受　四八〇三

右長家口食三人　☒　四八〇四

入中鄉嘉禾二年稅米廿七斛※☒　四八〇五

百卅二斛……☒　四八〇六

勸農掾潘琬付庫吏殷連受　四八〇七

☒督軍糧都尉嘉禾二年五月☒　四八〇八

入中鄉嘉禾二年限米十二斛※☒　四八〇九

☒嘉禾元年□月六日關☒　四八一〇

☒□黑受　四八一一

☒□還所貸……☒　四八一二

☒年四月十四日付庫吏殷☒　四八一三

出倉吏黃諱番慮所領☒　四八一四

☒嘉禾二年稅米四斛五斗※嘉禾☒　四八一五

☒　其五斛民還二年所貸……☒　四八一六

☒……限米三百一十三斛九斗六升嘉禾☒　四八一七

☒　中　四八一八

☒出黃龍二年限米　四八一九

其四千四百卌☒　四八二〇

領嘉禾元年稅米……□萬□千□百一十六斛六斗五升☒　四八二一

☒□斛□斗監池司馬鄧邵黃龍三年池賈米　四八二二

☒□斛三斗六升吏帥客黃龍三年限米　四八二三

今餘米廿五斛四斗四升見在□☒　四八二四

【注】「今」上原有墨筆點記。

☒　二年擿米　四八二五

☒帥客黃龍三年限米　四八二六

☒　中　四八二七

☑　其廿一斛監池司馬　☑　四八二八

☑□□□□吏區光□☑　四八二九

【注】「區光」下□右半殘缺，左半從「言」。

出倉吏黃諱潘慮所領襍☑　四八三〇

☑　付庫吏殷連受　四八三一

☑布一匹　≡嘉禾元年八月三日關☑　四八三二

☑……限米　四八三三

☑三丈六尺≡嘉禾元年八月廿六日□☑　四八三四

☑庫吏殷連受　四八三五

☑殷連受　四八三六

☑……月十七日盡丘烝□關邸閣李☑　四八三七

☑妻林年廿八筭一　☑　四八三八

☑≡嘉禾元年八月□□日☑　四八三九

右諸鄉入□米五百九十五斛☑　四八四〇

【注】「右」上原有墨筆點記。「米」上□右半殘缺，左半從「禾」。

☑□殷連受　四八四一

【注】「殷連」二字間有濃墨「一匹」二字。

☑□□□斛付倉吏鄭黑……☑　四八四二

☑斛五斗五升新還民嘉禾元年限米　四八四三

☑……運詣集所其年四月卅日付書史馮湙　四八四四

☑租米一百八十六斛……☑　四八四五

☑十三日壬申書給監運掾☑　四八四六

☑九十斛冑畢≡嘉禾二年五月☑　四八四七

☑　十　一　月　入☑　四八四八

☑……庫吏殷連受　四八四九

入都鄉嘉禾三年稅米十一斛≡嘉禾□年☑　四八五〇

☑關邸閣李嵩付倉吏黃諱潘慮受　四八五一

☑付庫吏殷連受☑　四八五二

☑□鄉五年鋘賈錢一萬□千一百七☑　四八五三

☑月□日舉　四八五四

☑　吳平斛米一千一百五☑　四八五五

☑□匹≡嘉禾☑　四八五六

☑米三斛九☑　四八五七

☑入吏帥☑　四八五八

☑米　中　四八五九

☑租米　☑　四八六〇

☑丈九尺　☑　四八六一

☑筭三　訾　五　☑　四八六二

☑□　訾　五　十　四八六三

☑月十日桃奇丘大男李力付庫吏殷連受　四八六四

☑□□≡嘉禾元年十月五日大男壬署付庫吏殷☑　四八六五

☑□付庫吏殷連受　四八六六

【注】「殷連」二字間有濃墨「一匹」二字。

☑□付庫吏殷連受　四八六七

【注】「殷連」二字間有濃墨「一匹」二字。

☑□米卅七斛□斗□升□☑　四八六八

☑……□月☑　四八六九

☑≡嘉禾☑　四八七〇

☑≡嘉禾元年☑　四八七一

☑嵩付倉吏李☑　四八七二

入都鄉嘉禾☑　四八七三

☑李嵩☑　四八七四

☑倉吏☑　四八七五

右民家☑　四八七六

【注】「右」上原有墨筆點記。

☑二斗六升　☑　四八七七

☑　其☑　四八七八

集凡進渚里魁朱省領吏民☑　四八七九

☑六年□☑　四八八〇

☑☒嘉☑　四八八一

☑□一千☑　四八八二

入都鄉二年☑　四八八三

☑所市布（？）☑　四八八四

☑食四人　☑　四八八五

☑□☒嘉☑　四八八六

☑□□丘張皮關邸☑　四八八七

☑……☒嘉禾□年☑　四八八八

入模鄉☑　四八八九

☑文□☑　四八九〇

☑税米十六斛☒嘉☑　四八九一

☑年八歲☑　四八九二

☑□田龍丘☑　四八九三

☑年……☑　四八九四

☑大男☑　四八九五

☑□吏□☑　四八九六

☑　妻姑年卅九☑　四八九七

☑女弟思年廿一筭一　四八九八

☑男主年四歲　四八九九

☑卅斛三斗六升吏帥客黃龍□☑　四九〇〇

春平里户人公乘□☑　四九〇一

☑子男思年□☑　四九〇二

☑年税米廿四斛☒嘉禾☑　四九〇三

☑其四户□☑　四九〇四

☑　連受　四九〇五

☑□人筭一　☑　四九〇六

☑其□□☑　四九〇七

☑楝受　四九〇八

☑人□□□☑　四九〇九

☑斛□斗☑　四九一〇

變中里户人公☑　四九一一

☑監池司☑　四九一二

入都鄉嘉禾☑　四九一三

☑□布一匹☒嘉禾☑　四九一四

☑□民（？）□☑　四九一五

☑千三百□☑　四九一六

☑百□□□☑　四九一七

☑……番（？）……☑　四九一八

☑□關丞☑　四九一九

☑關邸閣李嵩
關邸閣李嵩　四九二〇

【注】本簡左右二行文字全同，應是剖「莂」爲「别」，錯位所致。

☑鄉嘉禾二年□☑　四九二一

☑四尺☒嘉禾□☑　四九二二

☑付庫吏☑　四九二三

☑關邸閣李嵩☑　四九二四

入□□鄉嘉☑　四九二五

☑田所（？）☑　四九二六

☑卅九□□☑　四九二七

出倉吏黃☑　四九二八

☑　五　十　四九二九

☑□□□□貸悉☑　四九三〇

☑□妻汝年廿三☑　四九三一

☑斛四斗☒☑　四九三二

四九三三 ▨□稅米十六斛▨
四九三四 ▨主庫掾殷▨
四九三五 ▨□番慮受▨
四九三六 ▨ □妻畺年卅一筭一 嘉禾六年正月八日被病死
四九三七 ▨ □女弟末年廿二筭一
四九三八 右護家口食五人 訾 五 十
四九三九 □□里戶人公乘劉金年卅□
四九四〇 ▨□□□□斛
四九四一 ▨……公稅粿米……▨
四九四二 ▨□米一百一十二斛六斗八升審實縣不見（？）▨
四九四三 右入稅▨
【注】「右」上原有墨筆點記。
四九四四 ▨關丞睾紀付庫吏殷連受
【注】「殷連」二字下有濃墨「二四」二字。
四九四五 ▨睾紀付庫吏殷連受
【注】「殷連」二字間有濃墨「三四」二字。
四九四六 ▨□以爲黃龍二年粢租米□□□
四九四七 ▨□甚關坣閣李嵩付倉吏黃諱潘慮受
四九四八 迪實散用飲食米▨
四九四九 ▨……卌二斛五斗五升六合▨
四九五〇甲 ▨□□□正非□□□□四月二日□□□□▨
四九五〇乙 ▨正月廿一日金曹掾李珠等白言所□▨
四九五一 ▨李嵩付倉吏黃諱潘慮受
四九五二 入中鄉嘉禾二年稅米八斛〓嘉禾▨
四九五三 ▨……付庫吏殷連受
四九五四 ▨嵩付監倉吏黃諱史潘慮受
四九五五 ▨諱史潘慮受
四九五六 ▨十 二 月 ▨
四九五七 入故吏鄧慎黃□三年錢□▨
四九五八 ▨九升迪舉簿言郡
四九五九 入都鄉嘉禾……〓▨
四九六〇 ▨□阿關坣閣李嵩付倉吏▨
四九六一 ▨ 其六十三斛五斗五升□▨
四九六二 右十二月出吳平▨
【注】「右」上原有墨筆點記。
四九六三 ▨ 嘉禾 ▨
四九六四 ▨ 連受
四九六五 ▨□二年十月□▨
四九六六 入三州倉運□□▨
四九六七 ▨〓嘉禾二▨
四九六八 ▨……其廿六錢▨
四九六九 ▨□□五□貸□▨
四九七〇 ▨□□□□□□□殷連□
四九七一 ▨□月一日□▨
四九七二 ▨嘉禾二年稅▨
四九七三 ▨丘烝賤關坣▨
四九七四 入中鄉嘉禾二年▨
四九七五 ▨殷連受
四九七六 入都鄉嘉禾二▨
四九七七 ▨□年稅米九十三斛〓嘉禾▨
四九七八 ▨主庫掾潘慎史潘宗（？）白
四九七九 ▨ 右都鄉▨
四九八〇 ▨閤馬統付倉吏▨
四九八一 ▨李蔥關▨
四九八二 ▨□倉吏李 ▨
四九八三 ▨□斛九斗▨

☒□迪過黃龍☒　四九八四
☒日厭下丘縣吏□☒　四九八五
入所運三州倉☒　四九八六
☒月廿七日唐□☒　四九八七
☒連受　四九八八
☒佃吏蔡□☒　四九八九
☒□年稅米六☒　四九九〇
☒潘慮受　四九九一
入都鄉嘉☒　四九九二
☒連受　四九九三
☒嵩付倉吏李☒　四九九四
入都鄉嘉禾二☒　四九九五
入平鄉嘉☒　四九九六
☒倉吏☒　四九九七
☒元年四月八日□☒　四九九八
入□鄉所市布☒　四九九九
☒匹〼嘉禾☒　五〇〇〇
☒史潘慮受☒　五〇〇一
☒嘉禾五年十月☒　五〇〇二
☒尾文從（？）☒　五〇〇三
☒調布二匹〼☒　五〇〇四
☒元年十二月十六日□☒　五〇〇五
☒連受　五〇〇六
☒嘉禾二☒　五〇〇七
☒〼嘉禾☒　五〇〇八
☒□佃吏鄭☒　五〇〇九
☒□鄉布七☒　五〇一〇
☒　丞□☒　五〇一一
☒□唐丘男子□☒　五〇一二
☒斛（？）☒　五〇一三
☒嘉禾二年☒　五〇一四
☒殷連受　五〇一五
☒關邸閣☒　五〇一六
☒馬統付☒　五〇一七
☒潘慮受☒　五〇一八
☒□租（？）□☒　五〇一九
☒關邸☒　五〇二〇
☒渚山丘□□☒　五〇二一
☒匹三丈八尺☒　五〇二二
☒客限☒　五〇二三
☒關邸閣☒　五〇二四
☒月一日大男☒　五〇二五
☒馬統付倉吏□ 馬統付倉吏□☒　五〇二六

【注】本簡左右二行文字全同，應是剖「莂」爲「別」，錯位所致。

☒禾二年新吏☒　五〇二七
☒邸閣李嵩☒　五〇二八
☒嘉禾元年☒　五〇二九
☒府鄧□□□☒　五〇三〇
☒建（？）關邸閣馬統☒　五〇三一
☒諱史番慮受☒　五〇三二
☒二匹〼嘉禾二年☒　五〇三三
☒　右模鄉☒　五〇三四

【注】「右」上原有墨筆點記。

☒其□二斛三升黃龍☒　五〇三五
☒　曾子公□☒　五〇三六
☒慮受 慮受　五〇三七

【注】本簡左右二行文字全同，應是剖「莂」爲「别」，錯位所致。

⧄連受　五〇三八

⧄吏殷⧄　五〇三九

⧄□□侯相君⧄　五〇四〇

⧄五升　五〇四一

⧄右桑鄉入□⧄　五〇四二

⧄倉吏黄諱潘⧄　五〇四三

⧄馬（？）統（？）⧄　五〇四四

⧄關丞⧄　五〇四五

⧄一日關⧄　五〇四六

⧄□□斗九升合□□　五〇四七

大男□□年五十一　妻□年卅二筭一⧄　五〇四八

其卅一斛監池司馬鄧邵⧄　五〇四九

入模鄉嘉禾二年租米三斛≡嘉禾⧄　五〇五〇

其……　五〇五一

【注】「其」上原有墨筆點記。

⧄□丘鄧□各⧄　五〇五二

【注】按吳簡格式，「各」應爲「關」之誤。

⧄□□≡嘉禾元⧄　五〇五三

⧄　右□⧄　五〇五四

【注】「右」上原有墨筆點記。

⧄□月□⧄　五〇五五

⧄連受　五〇五六

⧄……屯田掾蔡忠白⧄　五〇五七

⧄黄龍二年限米　五〇五八

⧄嘉禾四年貧民爲發種　五〇五九

⧄爲發種　五〇六〇

其二百七十九斛二升付州中邸⧄　五〇六一

⧄……付倉吏黄諱史潘慮受⧄　五〇六二

⧄……吏區光謝邵監運掾……⧄　五〇六三

入……嘉禾二年租米五斛≡嘉禾二年九月十日□⧄　五〇六四

入都鄉嘉禾二年税米九斛≡嘉禾二年十月廿四日杆梁丘□⧄　五〇六五

其……⧄　五〇六六

其一斗出給貸嘉禾四年貧民□⧄　五〇六七

【注】「其」上原有墨筆點記。

⧄≡嘉禾二年十月十七日錫丘男子高□關邸閣李嵩付倉吏黄諱　五〇六八

……⧄　五〇六九

⧄　付庫吏殷連受　五〇七〇

⧄吏監賢備黄龍六年藏錢米　五〇七一

【注】「黄龍」年號無「六年」，疑「六」爲「三」之誤。

⧄閣李嵩付倉吏黄⧄　五〇七二

右□⧄　五〇七三

⧄十一月廿日東溪丘男⧄　五〇七四

⧄吏殷　⧄　五〇七五

⧄連（？）受（？）⧄　五〇七六

⧄吏帥客黄龍三年限米　五〇七七

⧄　其士斛三斗佃□　⧄　五〇七八

⧄黄龍元年限米　五〇七九

……二年禖米六斛……⧄　五〇八〇

□曹言部……事　嘉禾六年⧄　五〇八一

⧄□叛士黄龍二年限米　五〇八二

其五百九十八斛二斗六升嘉⧄　五〇八三

⧄大男鄭（？）锺付庫吏殷連受　五〇八四

右中鄉入私學□⧄　五〇八五

右模鄉入租……⧄

【注】「右」上原有墨筆點記。

【注】「右」上原有墨筆點記。

☑……二年租米　五〇八六

☑……付倉吏黄諱史潘慮受　五〇八七

☑□□年四六佃吏限米　五〇八八

大男黄□年□十七□☑　五〇八九

☑閣李嵩☑　五〇九〇

☑□辛丑四月□☑　五〇九一

☑□直錢□☑　五〇九二

☑李金☑　五〇九三

☑〼嘉禾元年八月□☑　五〇九四

☑所領嘉禾元年□☑　五〇九五

【注】□右半殘缺，左半從「禾」。

□口……☑　五〇九六

☑大男徐高關邸閣□☑　五〇九七

☑連受　五〇九八

☑連受　五〇九九

☑布三丈□□☑　五一〇〇

☑庫吏殷☑　五一〇一

☑……錢☑　五一〇二

☑付倉吏黄☑　五一〇三

入□□☑　五一〇四

☑税米十五斛〼嘉禾☑　五一〇五

☑□□□佃帥黄☑　五一〇六

☑□年子弟限米□☑　五一〇七

☑日上坪丘□□關邸閣☑　五一〇八

☑日□丘男子廖甚關☑　五一〇九

☑〼嘉禾二年十月☑　五一一〇

入臨湘西鄉嘉☑　五一一一

☑□付庫吏☑　五一一二

☑……丞☑　五一一三

☑付庫吏殷☑　五一一四

☑卅璽耳☑　五一一五

☑禾元年□月五日關丞　☑　五一一六

☑月廿九日廉丘大殷陽關邸閣☑　五一一七

【注】「大」下應脱「男」字。

入□鄉嘉禾二年租米□☑　五一一八

☑匹三丈八尺〼嘉禾元年□☑　五一一九

☑關邸閣馬統☑　五一二〇

☑□嘉禾三年郵卒限米☑　五一二一

☑……米七斛一斗二升〼嘉禾二☑　五一二二

☑殷連受　五一二三

☑邸閣李嵩☑　五一二四

☑□九十三匹三丈☑　五一二五

☑……鄧陵關邸閣☑　五一二六

入□□鄉……☑　五一二七

☑□□□〼嘉禾☑　五一二八

☑年限米　五一二九

☑　中　五一三〇

☑庫吏殷連受　五一三一

☑……〼嘉禾二年十月十六日民□☑　五一三二

☑大男倉□□□☑　五一三三

入廣成鄉嘉禾二年税米廿三斛☑　五一三四

☑　正　月☑　五一三五

☑鄧□☑　五一三六

☑年十月十日大男☑　五一三七

入桑鄉嘉禾二年☑　五一三八

⧄五年鋘賈錢……⧄　五一三九
入臨湘西鄉嘉禾二年……⧄　五一四〇
⧄妻如年卌一嘉⧄　五一四一
入臨湘西鄉嘉禾……⧄　五一四二
⧄禾二年十月九日合丘吳軍關⧄　五一四三
⧄□□租米□⧄　五一四四
⧄年八月五日關丞　⧄　五一四五
⧄〓嘉禾二年十月十二日新⧄　五一四六
⧄禾四年十一月四日里中丘男子⧄　五一四七
⧄　連⧄　五一四八
⧄□付主庫吏⧄　五一四九
⧄連（？）受　五一五〇
⧄慮受　中　五一五一
⧄……六十三斛六斗⧄　五一五二
⧄□□□□付庫吏⧄　五一五三
⧄……斛□斗五升私學黃龍三年限⧄　五一五四
入運三州倉嘉禾元年稅米六百⧄　五一五五
⧄　中　五一五六
入西鄉嘉禾二年稅米六斛〓嘉禾……⧄　五一五七
⧄　中　五一五八
入西鄉嘉禾二年……〓嘉禾二年⧄　五一五九
⧄□一斛　⧄　五一六〇
郪閣李嵩吏李金⧄　五一六一
⧄　從男弟鄧雪年廿二筭⧄　五一六二
其廿八斛二⧄　五一六三
⧄合五百廿五匹一丈八尺　五十七匹三丈六尺……　□□……　五一六四
⧄付庫吏殷連受　五一六五
⧄……嘉禾元年士租限米　五一六六
入□鄉嘉禾□年稅米十斛〓嘉禾⧄　五一六七
十二月一日承十一月餘米⧄　五一六八
⧄年十月十八日石下丘校尉舒□⧄　五一六九
⧄〓嘉禾元年八月六日⧄　五一七〇
⧄□年十四筭一　生男弟⧄　五一七一
⧄庫吏殷連受　五一七二
⧄□實當□三千□⧄　五一七三
⧄司馬鄧邵嘉禾元年臨居米　五一七四
⧄年三月廿四日……關郪閣李嵩付倉⧄　五一七五
⧄□運新吏黃龍元年限米　五一七六
⧄嘉禾元年租米　⧄　五一七七
⧄嘉禾二年私學限米　五一七八
⧄二年限米　中　五一七九
⧄斗　⧄　五一八〇
⧄　倉姪小女曲年三歲　⧄　五一八一
右□家口食三人　⧄　五一八二
草言……不……等送（？）□⧄　五一八三
⧄年五歲　妻弟小男羣年三歲　五一八四
領二年佃卒限米三百□十四斛七斗□⧄　五一八五
草言府遣吏潘……二人……事⧄　五一八六
⧄□斛□斗　中　五一八七
入三州倉運嘉禾三年⧄　五一八八
⧄　其一百九十斛二斗□⧄　五一八九

【注】「其」上原有墨筆點記。

⧄其三壬七百……受□⧄　五一九〇
入嘉禾二年四六佃吏限米二□⧄　五一九一
⧄□年稅米四斛〓嘉禾二年二月□□日廖丘⧄　五一九二

⧄禾二年十一月四日上俗丘□□□□□關坠閣馬⧄　五一九三
⧄年卌八　碩子仕伍阿年七歲　五一九四
⧄年十一月二日陵枯丘男子⧄　五一九五
⧄□男弟⧄　五一九六
⧄……税米一十六斛⧄　五一九七
右嘉禾二年⧄　五一九八
今餘米二斛□⧄　五一九九
【注】「今」上原有墨筆點記。
⧄□年九十⧄　五二〇〇
⧄嘉禾二年租米⧄　五二〇一
⧄備建安廿七年折咸米　⧄　五二〇二
⧄……受（？）……⧄　五二〇三
⧄□十四……⧄　五二〇四
⧄□運嘉禾□年……⧄　五二〇五
⧄嘉禾五年十一月四日□⧄　五二〇六
⧄户人公乘□……⧄　五二〇七
⧄……番⧄　五二〇八
⧄渚丘張□⧄　五二〇九
⧄□關□⧄　五二一〇
⧄□弟邵□年十八　⧄　五二一一
⧄襍税米三斛□⧄　五二一二
⧄……所送□⧄　五二一三
入臨湘都⧄　五二一四
⧄男□年五歲⧄　五二一五
⧄□□男⧄　五二一六
⧄……都（？）⧄　五二一七
⧄關坠⧄　五二一八
⧄□年七歲⧄　五二一九
⧄□受　五二二〇
⧄八月八日牙（？）田丘⧄　五二二一
⧄丘大男唐縣（？）⧄　五二二二
⧄嘉禾□年吏□□⧄　五二二三
⧄嘉禾三年十月十九日□⧄　五二二四
⧄坠閣馬統付倉⧄　五二二五
⧄……屯田掾⧄　五二二六
⧄支丘黄□⧄　五二二七
⧄□勳（？）□□⧄　五二二八
⧄付倉⧄　五二二九
□□里户⧄　五二三〇
⧄一斗⧄　五二三一
⧄税米（？）⧄　五二三二
⧄□丘男子潘□⧄　五二三三
⧄運（？）受（？）　五二三四
入臨湘平鄉五□⧄　五二三五
⧄吏何……⧄　五二三六
⧄□〼嘉禾五年十一月四日下俗丘□⧄　五二三七
⧄□□年六十二喉病　⧄　五二三八
⧄　其三百九十⧄　五二三九
⧄□　其四人男 四人女　⧄　五二四〇
⧄□□斛　五二四一
⧄鄉五年税米十五斛〼嘉禾□年⧄　五二四二
其五十⧄　五二四三
⧄□□□□　嘉禾□⧄　五二四四
⧄　男弟□年四歲⧄　五二四五
入嘉禾三年税⧄　五二四六

☒箸（？）一（？） 妻（？）☒ 五二四七
☒斛 ☒ 五二四八
☒嵩付倉☒ 五二四九
☒□丈七尺☒ 五二五〇
☒十二月廿三日☒ 五二五一
☒□四百卌四斛□☒ 五二五二
☒九日進渚☒ 五二五三
大男□☒ 五二五四
☒□姦作☒ 五二五五
☒年十一月廿□☒ 五二五六
☒食三□☒ 五二五七
☒六斗≡⨯嘉禾☒ 五二五八
☒二日□☒ 五二五九
☒卅二日山☒ 五二六〇
☒月廿八日付庫吏殷 ☒ 五二六一
☒日唐下丘潘鄭關坠閣馬☒ 五二六二
☒ □女弟□年十□ 五二六三
☒□應☒ 五二六四
☒十一月一日□☒ 五二六五
☒關坠閣☒ 五二六六
其三☒ 五二六七
☒入□□□☒ 五二六八
☒□≡⨯嘉禾元年二月五日米丘謝船（？） 關坠閣☒ 五二六九
☒≡⨯嘉禾□年十月三日□□丘□詰關坠閣☒ 五二七〇
☒……通合七十二匹三丈四尺☒ 五二七一
☒倉吏李金縣 五二七二
☒其三户☒ 五二七三
☒……米三斛≡⨯嘉禾五年十月十四日上□丘□□關坠閣馬統付倉

……☒ 五二七四

【注】簡五二七四至五三〇一出土時原爲一坨，揭剥順序參見《揭剥位置示意圖》圖十五。

☒□税米十斛≡⨯嘉禾□年十月十七日横溪丘州卒周碩關坠閣馬統付
倉吏……☒ 五二七五
☒五年税米三斛≡⨯嘉禾五年十月十三日上俗丘朱□關坠閣馬統付倉
吏張曼周棟受 五二七六

【注】本簡左邊存有字跡，推測與本簡文字全同，應是剖「莂」爲「别」，錯位所致。

右嘉禾三年僮客限米廿三斛九☒ 五二七七
☒丘蔡囝關坠閣馬統付倉吏張曼周棟☒ 五二七八
右陶家口食三人 ☒ 五二七九
□□□典田掾蔡忠□□區光……子弟……事 ……☒ 五二八〇

【注】「右」上原有墨筆點記。

領三年租米三百七十斛三斗五升運集中倉☒ 五二八一
右嘉禾三年叛士限米八十斛 ☒ 五二八二
☒ 右中鄉入税米七十五斛三斗 五二八三
☒ 右箬家口食□人 訾 五 十 五二八四
☒□□□税米□□□☒ 五二八五
☒……≡⨯嘉禾五年十月十五日平樂丘逢（？） □關坠閣馬統付倉
吏□☒ 五二八六
如女弟糸年十四 糸男弟□年九歲 五二八七
☒嘉禾五年税米九十六斛≡⨯嘉禾五年十月十三日□桃奇丘男子五鄱
關坠閣馬統付倉吏郭勳馬欽受 五二八八
☒……≡⨯嘉禾五年……屯田□逢袁關坠閣馬統付倉吏☒ 五二八九
☒……丘吏逢□關坠閣馬統付倉吏張曼周棟☒ 五二九〇
☒……≡⨯嘉禾□年十一月一日關坠閣馬統付倉吏□☒ 五二九一甲
☒月四日下俗丘何□ ☒ 五二九一乙
☒……年十一月十□日□☒ 五二九二
☒……三……☒ 五二九三

⧄……承在……　六月十五日……　五二九四

⧄……私學……　嘉（？）禾（？）□年（？）⧄　五二九五

⧄〼嘉禾三年四月十一日茵丘謝勳關邸閣董基付倉吏鄭黑受　五二九六

入……　五二九七

還（？）襍米二斛計二百斛合□襍米卌斛部吏⧄　五二九八

⧄　其四百五十八斛三斗嘉禾二年粢租米　⧄　五二九九

⧄　其二千六百廿五斛二斗九升嘉禾二年租米　五三〇〇

⧄……　……月十六日□□□□　五三〇一

右黨家口食三人　訾　五　十　五三〇二

【注】「右」上原有墨筆點記。簡五三〇二至五三六四出土時原爲一坨，揭剥順序參見《揭剥位置示意圖》圖十六。

⧄□女弟□年□歲　□男弟□年□歲　五三〇三

宜陽里户人湛黨年卅一　妻汝年卅四　汝女廣（？）年九歲　五三〇四

帛姪子男褢年六歲　褢男弟賁（？）年四歲　五三〇五

右帛家口食五人　訾　五　十　五三〇六

【注】「右」上原有墨筆點記。

嘉禾五年緒中里户人公乘李□年卅□筭一　⧄　五三〇七

⧄　□□應□□　⧄　五三〇八

⧄蘭（？）年七十二　妻貞年六十四　子男略年八歲　五三〇九

略女弟丑年六歲　五三一〇

宜陽里户人區帛年卅六　妻□年卌（？）六　子男養年四歲　五三一一

宜陽里户人康護年廿五軍吏　妻孫年十九　男弟應年十　五三一二

中□里户人公乘朱樵年六十苦腹心病　⧄　五三一三

⧄十　石妻大女□年□十八　石子男□年十三　五三一四

⧄　妻大女□年⧄　五三一五

⧄　宜（？）女弟婢年三歲　⧄　五三一六

右蘭家口食四人　訾　五　十　五三一七

【注】「右」上原有墨筆點記。

宜陽里户人樊中年卅二　妻桊年廿九　五三一八

⧄饒年七十六　妻獲年六十八　子男晝年卅刑右足　五三一九

右□家口食合八人　⧄　五三二〇

⧄　稔男弟先年六歲　護叔父岑年六十六　五三二一

⧄　□米□四斛九斗　五三二二

入□□鄉嘉禾五年税米九斛〼嘉禾五年十一月二日坪下丘饒□關　五三二三

邸⧄　五三二四

其一百斛運集廬倉轉還償縣所貸牛士□⧄　五三二五

領嘉禾三年佃帥限米一千六十斛運集中倉⧄　五三二六

⧄其一户尩羸貧老……　五三二七

女弟阿年廿四　⧄　五三二八

右習家口食十人　訾　五　十　五三二九

⧄　訾　五　十　五三三〇

⧄　□弟朱年十一　五三三一

⧄嘉禾六年吏帥客限米運集中倉付□□⧄　五三三二

□子女絲年十一　⧄　五三三三

⧄　□男弟囷年十五　囷男弟⧄　五三三四

⧄　怒父萇年七十　萇妻大女比年□⧄　五三三五

□父□年五十五青盲　客妻大女□年⧄　五三三六

大男五胡年五十三　胡妻大女壓年卌二　胡男弟晥年□□⧄　五三三七

⧄　□□父（？）准年七十三　准子男□年⧄　五三三八

⧄　客從父回年六十二　回妻大女萬年六十一⧄　五三三九

陽貴里户人公乘利識年卅三　妻絮年廿八　男弟自年十一　五三四〇

⧄　男弟頭年十二　頭男弟□年九歲⧄　五三四一

□男弟當年五歲　⧄　五三四二

右六户中品　⧄　五三四三

妻大女練年卅三　蔣子女晥年⧄　五三四四

三州謹列所領嘉禾三年租税襍限米□□□⧄　五三四五

【注】「三州」下應脫「倉」字。第一□右半殘缺，左半從「禾」。

入臨湘平鄉五年子弟限米廿一斛𦎧嘉禾五年十月二日𢿱賢丘男子
陳□▨ 五三四五

堅女弟行年六歲 五三四六

陽貴里户人公乘鄧爵年五十一　妻鼠年卌一　子男狶年七歲 五三四七

陽貴里户人大女馬□年八十一　孫子男名年廿一　名妻婢年十五 五三四八

右八户羸老不任役 五三四九

▨妻姑（？）年卅□　子男才年三歲 五三五〇

僕妻大女努（？）年廿□　僕子男囊年十歲 五三五一

▨……年□八……▨ 五三五二

……里户人□□年廿一　……▨ 五三五三

▨□□年九歲 五三五四

右山家口食二人　訾　五　十 五三五五

▨□所備□□□稅鹽賈米付吏區□ 五三五六

大女黄□年五十　子男奇年十□　奇弟□年五歲 五三五七

▨□舟年十二　舟男弟得年□歲 五三五八

右福家口食合六人 五三五九

右山家食□人 五三六〇

【注】「家」下應脫「口」字。

右□家口食合八人　其□人男▨ 五三六一

右巴家口食三人　▨ 五三六二

岡妻□年卌一 五三六三

▨　客女弟□年……▨ 五三六四

▨萬六百一十斛三斗七升六合▨ 五三六五

【注】簡中有朱筆塗痕。簡五三六五至五五〇〇出土時原爲一坨，揭剥順序參見《揭剥位置示意圖》圖十七。

▨領二年貧民貸食黄龍元年吏帥客限米……▨ 五三六六

▨□□付吏區……▨ 五三六七

領二年貸食黄龍二年襍稅米六斛二斗運集中倉付吏李金 五三六八

其廿二斛四斗付州中邸閣李嵩吏李金 五三六九

其三百九十二斛七斗四升□□倉吏鄭黑言被督軍糧 五三七〇

▨運嘉禾二年所貸嘉禾元年租稅米四斛　四月入倉 五三七一

入民還二年所貸嘉禾元年稅米三千六百六十六斛八斗七升（其四百九十三斛□斗□升□斗□　其一千一百七十二斛□斗□升…▨） 五三七二

入民還二年所貸嘉禾元年私學限米一百一十九斛二斗　……▨ 五三七三

入三州倉運嘉禾三年所貸嘉禾元年租米二百卅斛八斗一升 五三七四

……餘末畢重絞促有書□租……▨ 五三七五

入民還二年所貸嘉禾元年新吏限米十四斛五斗　▨ 五三七六

▨貸新吏限米入付三州倉吏鄭黑運付州中倉□▨ 五三七七

入臨湘廣成鄉嘉禾五年租米六斛八斗𦎧嘉禾五年十一月八日上伻
丘大男鄧□關邸▨ 五三七八

▨十三日旱丘唐㑊關邸閣馬統付倉吏張曼受 五三七九

▨□所貸黄龍二年私學限米六斛九斗 五三八〇

▨□所貸黄龍二年稅米十二斛 五三八一

冒（？）弟仕伍主年一歲　新上 五三八二

義成里户人公乘張廉年卅六給郡卒　廉妻大女瞻年廿三　廉弟仕伍
易年十二踵兩足 五三八三

▨……嘉禾元年所貸黄龍二年……米廿四斛二斗　▨ 五三八四

▨……私學限米入 五三八五

義成里户人公乘烝靖年廿　靖母大女婢年五十五□　靖弟仕伍雀
年▨ 五三八六

右碩家口食三人　訾　五▨ 五三八七

【注】「右」上原有墨筆點記。

▨東溪丘男子陳幕關邸閣馬統付倉吏▨ 五三八八

▨……思丘鄧見關邸閣馬統……▨ 五三八九

陛男弟碩年六歲　陛小女但年三歲 五三九〇

□小女兒年七歲　盖妻□年十五……　五三九一
定領役民廿户　五三九二
▨□男弟票年六歲　五三九三
右豆家口食三人　訾　五　十　五三九四
【注】「右」上原有墨筆點記。
▨□二年領州吏租吴平斛米五千一百九十八斛八斗四升已入畢　五三九五
【注】簡中有朱筆塗痕。
領二年皮賈米四百五斛七斗一升　五三九六
領二年鋘賈米廿三斛六斗六升運集中倉付吏李金　五三九七
領二年稅米三萬二千九百九十三斛五斗四升　五三九八
其九百八斛六升民自入　五三九九
其□萬七千□百八十斛二升民自入　五四〇〇
其四百八十斛二斗三州倉運米　五四〇一
▨□稅米九斛三斗　五四〇二
其四千六百卅三斛二斗七升付州中倉邸閣李嵩吏黃諱潘慮　五四〇三
【注】「其」上原有墨筆點記。
都尉嘉禾三年正月十日乙未書給大常劉陽侯留屯吏□　五四〇四
丞未到官　五四〇五
府前言遣吏許佃到零陵□關丞受漬米賦與吏民貿易□　五四〇六
【注】第一□上半殘缺，下半從「貝」。
嘉禾二年五月庚申朔日臨湘侯相君丞叩頭死罪敢言之　五四〇七
討還書言受得漬米二千五百卅八斛六斗九升七合隨本所　五四〇八
合四萬六千□百廿四錢　五四〇九
丞缺　五四一〇
入三州倉運二年所貸黃龍二年租米□▨　五四一一
▨　訾　五　十　五四一二
從孫胄年八歲聾病　五四一三
▨□妻□年□土□　五四一四
▨卅斛〓嘉禾五年十一月四日上俗丘文若關邸閣馬統付倉吏張曼周棟　五四一五
▨嘉禾五年十一月二日上肉丘魯宜關邸閣馬統付倉吏張曼周棟　五四一六
▨……六月廿九日吏陳橡白　五四一七
右起嘉禾二年九月一日訖十一月卅日領受租稅褋限米合六萬三千卅九斛二斗　五四一八
▨十六斛〓嘉禾五年十一月二日平眺丘男子楊客關邸閣馬▨　五四一九
▨□限米四百廿斛……米一百……　五四二〇
▨禾五年十一月五日上俗丘利賣關邸閣馬統付倉吏▨　五四二一
其六萬五千五未畢……▨　五四二二
▨年稅米卅六斛〓嘉禾五年十一月三日坪丘壬文關邸閣馬統▨　五四二三
▨斛　五四二四
▨□三斛七斗〓嘉禾五年十一月八日濇丘大男黃符關邸閣馬統付倉吏郭□□　五四二五
右嘉禾二年吏帥客限米四百五十七斛四斗五升　……其□斛九斗五升三州米　五四二六
▨嘉禾五年十月六日文中丘茾旗關邸閣馬統付倉吏郭　▨　五四二七
▨斛五斗五升〓嘉禾五年十一月六日□丘潘儘關邸閣馬統付倉▨　五四二八
▨年稅米六斛五斗〓嘉禾五年二月四日上俗丘朱當關邸閣▨　五四二九
▨士五斛爲□□……　五四三〇
領二年新還民限米二斛運集中倉付吏黃諱潘慮　五四三一
其四百十斛七斗八升運集中倉付吏李金　五四三二
▨□年租稅米一千九百七十四斛二斗九升　二　月　入　倉　五四三三
▨□年租米□百五十二斛七斗三升　六　月　入　倉　五四三四

右嘉禾二年租税禨限米卌九斛八斗　其卌七斛二斗民自入　其十二斛六斗三州米　五四三五

入嘉禾五年吏帥客限米十五斛　十　一　月　入　倉　五四三六

入三州倉運嘉禾二年税米七百□十一斛三斗七升　十　一　月　入倉　五四三七

⧄≡嘉禾五年二月五日上俗丘林原關坠閣馬⧄　五四三八

⧄≡嘉禾五年十一月八日上依丘大男鄧若關坠閣馬統付倉吏張曼周棟受　五四三九

⧄□丘潘□關坠閣馬統付倉吏張曼周棟受　五四四〇

⧄十一月二日廉丘朱佃關坠閣馬統付倉吏張曼周棟受　五四四一

右文家口食二人　訾　五　十　五四四二

【注】「右」上原有墨筆點記。

右□家口食□人　訾　五　十　五四四三

右儫家口食二人　訾　五　十　五四四四

大男五見年卅一　見妻大女□年廿九　見子男昭年七歲　久　五四四五

大（？）男（？）……⧄　五四四六

陽貴里户人大女彭如年八十　子男公乘卒年廿四　卒妻思年廿一　五四四七

⧄……　子男□年□歲　五四四八

右□家口食六人　訾　五　十　五四四九

【注】「家」上□右半殘缺，左半從「言」。

樂安里户人張難年卌九　妻汝年卅一　子女峯年六歲　五四五〇

右妾家口食五人　訾　五　十　五四五一

【注】「右」上原有墨筆點記。

斗二升二合五勺與本領通合六百一十二斛六斗一升二合五勺　五四五二

九斛八斗與本領通合五十九斛四斗已入畢付郎中坠閣李嵩倉吏⧄　五四五三

⧄□□限米十二斛見在倉　五四五四

領二年增租米一百五十八斛一升　五四五五

入三州倉運嘉禾二年吏帥客限米九十三斛二斗一升　四　月　入　倉　五四五六

入三州倉運嘉禾二年佃帥限米九百廿斛八斗　十　月　入　倉　五四五七

⧄運集中倉付吏李金　五四五八

入嘉禾二年租米廿七斛九斗　十　二　月　入　倉　五四五九

入三州倉運嘉禾二年税米三千六百廿六斛五斗　四　月　入　倉　五四六〇

領二年貧民貸食元年郵卒限米一百一十六斛五斗收息米五十四斛　五四六一

三⧄　五四六二

已入二百九十八斛六斗八升　五四六三

【注】「已」上原有墨筆點記。簡中有朱筆塗痕。

右民還二年所貸禨米十五斛七斗黄龍元年新還民限米　五四六三

右急家口食五人　訾　五　十　五四六四

【注】「右」上原有墨筆點記。

覽男弟拴年六歲　囊男弟客年二歲　五四六五

大妻汝年卅□　言男弟指年四歲　五四六六

盖男弟步年七歲　妾男孫劉年十三　五四六七

入二年貧民貸食黄龍元年屯田限米十一斛　⧄　五四六八

右領米一千七百五十七斛四斗六升　⧄　五四六九

⧄□□米廿斛六斗　十　一　月　入　倉　五四七〇

⧄嘉禾二年税米四百廿二斛　十　月　入　倉　五四七一

⧄十二斛　⧄　五四七二甲

⧄□斗五升　十　月　入　倉　五四七二乙

其一百斛三州倉運米　五四七三

□妻汝年十六　恙弟明年十八　五四七四

【注】簡端原有墨筆點記。

□妻珠年廿　子男多年三歲　五四七五

【注】簡端原有墨筆點記。

昭子男叓年七歲　叓男弟子年四歲　五四七六

下菆里户人巨力年六十五刑左手　母妾年一百二　力子男言年五歲　五四七七

下菆里户人公乘周□年卅三踵兩足　五四七八

〼妻臭年十八　五四七九

……入新茨鄉嘉禾三年□□□〼　五四八〇

敦如紙此題錢米皆當在不主□主□□□□□當在□月歷　五四八一

臨湘□□□四卒租税稞米二百八十六斛八斗一升　五四八二

叓男弟生年六歲　生男弟彊年三歲　五四八三

匠兄柱年卌三縣吏　柱妻汝年卌一　五四八四

錢男弟監年五歲　監男弟白年三歲　五四八五

下菆里户人鄭急年卅四　妻□年卅二　急從弟平年十五　五四八六

妻男弟慁年七歲　□子女藺年十一　五四八七

入三州倉運嘉禾二年佃帥限米五十四斛九斗三升　〼　五四八八

五四八九

【注】本簡爲無字簡。

文妻□年十五筭一　〼　五四九〇

子男□年……　〼　五四九一

子女而年九歲　〼　五四九二

男姪□□年六歲　〼　五四九三

其□户尪贏貧老不任役〼　五四九四

定領役民二百六十一人　〼　五四九五

監子女□年……〼　五四九六

右溲家口食四人　〼　五四九七

當妻帶年廿九　〼　五四九八

萬歲里户人吕思年七十二　妻手年六十五　五四九九

其五千一百一十三斛五斗二升〼　五五〇〇

〼其□户給縣吏下品　五五〇一

【注】簡五五〇一至五五八三出土時原爲一坨，揭剥順序參見《揭剥位置示意圖》圖十八。

右妾家口食□人　〼　五五〇二

其十户下户之下　五五〇三

頎男弟得年七歲　〼　五五〇四

……十一　五五〇五

□妻思年廿一　□子軍年七歲　五五〇六

其一户下品　五五〇七

其七户下户之下　五五〇八

雖從兄舉年六十一踵足　妻調年卅六　五五〇九

妻□年□□　□子女□年……　五五一〇

〼訾　五　十　五五一一

萬歲里户人終妾年六十二　子男確年十九　妾姪子男誌年九歲　五五一二

右不家口食四人　訾　五　十　五五一三

【注】「右」上原有墨筆點記。

右壬家口食三人　訾　五　十　五五一四

【注】「右」上原有墨筆點記。

富貴里户人□□年廿七　□母汝年七十四　男弟□年十　五五一五

〼　兒妻青年卅一　奇母姑年五十七踵足　五五一六

〼女弟高年六歲　妻嬌年卅六　五五一七

〼……留事　十二月十五日户曹史張惕白　五五一八

〼訾　五　十　五五一九

〼訾　五　十　五五二〇

〼　□月五日户曹史張惕白　五五二一

右□家口食……　五五二二

領二年僮客限米四百卅六斛五斗八升〼　五五二三

□男弟□年十□……〼　五五二四

右金家口食五人　訾　五　十　五五二五

□□弟□年八歲　五五二六

右□家口食十人　訾　五　十　五五二七

右罔家口食四人　訾☒　五五二八

【注】「右」上原有墨筆點記。

告妻汝年廿　告從兄免年六十八踵足　五五二九

☒……斛五斗五升嘉禾二年火種租米　五五三〇

☒□事　正月廿八日户曹史……☒　五五三一

草言有入三年白米七十八斛一斗事　十一月廿八日倉□☒　五五三二

草言府部吏□□□諸鄉……☒　五五三三

☒……事　十月廿日……曹史□□白　五五三四

草言……事　四月□☒　五五三五

草言……關武昌□楊牧付殷連錢事　六月☒　五五三六

☒……事　十一月五日兵曹掾潘棟白　五五三七

草言……餘□白米一百……事　八月……白　五五三八

草言……蒴□七十五條事　☒　五五三九

□□卅二……　四月廿一日……　五五四〇

□曹……事　□月□日……☒　五五四一

……事　……☒　五五四二

☒□妻妾年廿九　子男□年七歲　五五四三

草（？）言（？）府（？）部（？）吏（？）……　……☒　五五四四

☒九百六十六斛八升嘉禾元年吏帥客限米　五五四五

☒□四斛一斗嘉禾二年盈米　五五四六

入嘉禾二年税米一萬三千八百九十二斛九斗六升□　五五四七

□曹（？）……☒　五五四八

其二百八十五斛三斗嘉禾二年私學限米　五五四九

【注】「其」上原有墨筆點記。

☒……　六月廿六日……　五五五〇

☒……事　十一月十一日兵曹掾謝韶白　五五五一

□□里户人公乘□□年……　訾　☒　五五五二

☒　右棠家口食七人　其……人男
……人女　五五五三

君……　妻□年□□☒　五五五四

民妻婢年六十　☒　五五五五

☒　妻……　甄子男□年七歲　五五五六

中□里户人□規年六十八盲目　妻訢年卅八　五五五七

右蒴家口食☒　五五五八甲

【注】「右」上原有墨筆點記。

妻汝年卅三　子男碩年十一　五五五八乙

右歲伍李急所領貧民卅户貸食嘉禾元年税禾□☒　五五五九

【注】「右」上原有墨筆點記。

……事　……☒　五五六〇

☒……□驗核依科准罪并没入小讓黝爲生☒　五五六一

……如曠言□□□☒　五五六二

其八百斛黄龍三年税米☒　五五六三

【注】本簡實有上下二殘片，因下殘片僅存一從「禾」殘字，故未分爲甲乙。

其……☒　五五六四

師文平戴壽黄密馬桑　五五六五

□妻仙年卅□☒　五五六六

……里户人公乘□脩年卅七州吏　□□　五五六七

黨寡嫂大女□年卅一　黨……　五五六八

☒　六月廿三日兵曹掾謝韶白　五五六九

浦里户人公乘吴□年六十三□病　五五七〇

右□家口食十二人　其七人男
五人女　五五七一

宜陽里户人公乘張大年卅三　妻覙年卅　大子男方年廿一　五五七二

別子男得年六歲　香男弟東年一歲　五五七三
大子男奉年五歲　奉男弟主年三歲　五五七四
岑妻買年卅一　五五七五
右脣家口食六人　訾　五　十　五五七六
【注】「右」上原有墨筆點記。
右成家口食七人　訾　五　十　五五七七
【注】「右」上原有墨筆點記。
右客家口食二人　訾　五　十　五五七八
【注】「右」上原有墨筆點記。
□女弟勉年八歲　五五七九
其六十一斛四斗□升黄龍三年限米　五五八〇
其一百卌九斛七斗八升白米▨　五五八一
入監池司馬鄧邵嘉禾元年限米十一斛　五五八二
入黄龍三年租米六百卌九斛五斗七升　五五八三
其卅四斛五斗嘉禾元▨　五五八四
▨□禶米二千九十三斛六斗别領　五五八五
其五十七斛私學黄龍▨　五五八六
▨　訾　五　十　五五八七
▨□□□客下□　五五八八
▨□□年卅二　□子女□舟年七歲　五五八九
▨　……　□□□年……　五五九〇
……蔣（?）……▨　五五九一
大男（?）……　五五九二
右頭家口食三人　▨　五五九三
【注】「右」上原有墨筆點記。
草言府……事　……曹史□□白　五五九四
▨……年□歲　□女弟□年四歲　五五九五
▨……　□　月　入　倉　五五九六
有領當促還償記到亟促錢討□▨　五五九七
▨□　十月□日……　五五九八
【注】本簡實有上下二殘片，因下殘片文字不清，故未分爲甲乙。
▨　□弟士伍□年……　□□□賓年九歲　五五九九
▨　□妻……　五六〇〇
▨　□年六十二　□□▨　五六〇一
▨五人男　五六〇二
入州中倉吏李金餘未畢□□盡及重須絞促□□▨　五六〇三
▨　右□家口食□人　五六〇四
▨　中　五六〇五
□妻大女數年卅三　姪子女□□年□歲　▨　五六〇六
▨……里户人公乘李□年卅二　□妻□……▨　五六〇七
▨□年五月卅日男子張□關堅閣李嵩付倉吏黄諱番慮受　五六〇八
▨……十月十二日兵曹掾番棟白　五六〇九
▨……被病物故事　……　五六一〇
▨□復言君誠惶誠恐叩頭死罪死罪敢言之　五六一一
▨……租布……事　五月□日……　五六一二
▨……年廿七　□子□□年六歲　五六一三
▨□七十五直行錢八千嘉禾四年二月一日關堅閣張▨　五六一四
▨卒限米十三斛三斗五升　五六一五
其□户下品……▨　五六一六
▨　□子男能年七歲　五六一七
草言府部吏……吏民……事　……　五六一八
草言府傳送叛士何青唐恩□□□二人詣叛士事　▨　五六一九
▨□□執之　五六二〇
▨□□□租米□免□□平心處決晃等案科出　五六二一
▨□致曉下條下如復覔□□□兇年不令覽　五六二二
其▨　五六二三

□妻□□年卅一　……☑ 五六二四
草言府出新吏……嘍丞□事　五☑ 五六二五
☑　呰　五　十 五六二六
上鄉里户人番蒴年六十六踵足　妻汝年五十八　男弟□年五十一 五六二七
☑□姪規年十一　規男弟□年□歲 五六二八
□妻思年廿一　□子男南年八歲 五六二九
其廿斛三州倉運佃卒黃武□☑ 五六三〇
其二斛民還所貸食嘉禾元年稅米☑ 五六三一
☑潘慮所領嘉禾二年稅吳平斛米廿二斛六斗四升爲稟斛米廿三斛 五六三二
☑　其七十一斛一斗私學黃龍元年限米　中 五六三三
☑　其卅斛叛士黃龍元年限米　中 五六三四
☑四萬三千一百廿一斛六斗九升 五六三五
☑其廿斛七斗六升價人李綬黃龍二年米 五六三六
☑……攸亳一年稟起嘉禾二年六月訖嘉禾三年 五六三七
☑右郎中李嵩被督軍糧都尉移右節度府嘉禾二年 五六三八
其廿九斛九斗九升黃龍□年稅米 五六三九
其五十一斛五升郵卒黃龍二年限米 五六四〇
【注】「其」上原有墨筆點記。
郭據被督軍糧都尉嘉禾二年二月十三日癸卯書給右選曹尚書郎貴 五六四一
其五斛黃龍元年叛士限米 五六四二
【注】「其」上原有墨筆點記。
入民還二年所貸嘉禾元年吏帥客限米卌斛五斗 五六四三
其十六斛七斗監池司馬鄧邵黃龍三年池賈米 五六四四
【注】「其」上原有墨筆點記。
入司馬黃升黃龍三年限米五十斛 五六四五
其七斛四斗東部烝口倉吏孫陵備黃龍元年稅米 五六四六
【注】「其」上原有墨筆點記。
其廿三斛六斗吏備…… 五六四七
其四斛九斗州吏高覓黃龍二年租米 五六四八
【注】「租」應爲「限」之誤。
其一萬三千五百七十八斛五斗七升嘉禾元年稅米 五六四九
其三百卌五斛五斗五升吏帥客黃龍三年限米 五六五〇
其六十一斛三斗新還民黃龍三年限米 五六五一
【注】「其」上原有墨筆點記。
其一百一十五斛七斗三升嘉禾二年所受襍擿米 五六五二
【注】「其」上原有墨筆點記。
其七斛五斗黃武七年麦種准米 五六五三
其三百八十七斛二斗三升黃龍三年租米 五六五四
其卅斛州佃吏蔡雅嘉禾二年限米 五六五五
【注】「其」上原有墨筆點記。
入嘉禾二年復民租米一百九十斛六斗七升 五六五六
其一千三百一十九斛六斗嘉禾二年吏帥客限米 五六五七
【注】「其」上原有墨筆點記。
其一百七十斛一斗三州倉運私學黃龍元年限米 五六五八
其六斛九斗故吏鄧慎……　☑ 五六五九
【注】「其」上原有墨筆點記。
米二百廿斛新吏嘉禾元年限米五百八十三斛五斗郡縣佃吏☑ 五六六〇
其卌四斛四斗四升嘉禾二年襍米 五六六一
【注】「其」上原有墨筆點記。
其十斛州佃吏鄭脩黃龍元年限米 五六六二
【注】「其」上原有墨筆點記。
……私學限米十八斛二斗…… 五六六三
惡無狀斬……☑ 五六六四

〼……財用……　五六六五
考使……〼　五六六六
〼……□……〼　五六六七
〼……說公龍……〼　五六六八
〼關坚閣張儁付主庫掾陳瑜史李位烝〼　五六六九
〼……付□吏……　五六七〇
九（？）斗（？）……　五六七一
〼□□所入合四斛餘未畢六斛事　三月廿一日書佐烝贇白　五六七二
入南陽杜鈞所買夷生口小男適……七十賈行錢一萬　〼　五六七三
〼　弟□坐取大常□□兒妻□妻□……　閏月廿……〼　五六七四
〼何踵子男同等三人劾事　閏月一日書佐烝〼　五六七五
入臨湘男子黃穀買夷生口大女何羊賈行錢〼　五六七六
〼主庫掾陳瑜史李位烝□　五六七七
〼□九斛三斗五升　十一月入倉　五六七八
〼□□關坚閣李嵩付倉吏監賢受　五六七九
〼等發遣□□子弟□梁程□等……事　閏月……〼　五六八〇
張儁……〼　五六八一
入南陽杜鈞所買夷生口小男武賈錢六□〼　五六八二
〼二百八十斛已入畢　五六八三
〼□□以二年　五六八四
〼□□陳龍〼　五六八五
〼年（？）十二□〼　五六八六
〼□已校〼　五六八七
〼□≡×嘉禾二年〼　五六八八
〼五　十　五六八九
〼□運（？）受（？）〼　五六九〇
〼吏（？）李（？）金（？）〼　五六九一

〼斛三斗≡×嘉禾五〼　五六九二
〼烝□〼　五六九三
〼□年二月二日□〼　五六九四
〼　力女智□〼　五六九五
〼丘大男□克關坚閣□□〼　五六九六
……出州吏趙靖所……〼　五六九七
〼……兩□〼　五六九八
〼斛≡×嘉禾五年十一月四〼　五六九九
〼□三州倉運□〼　五七〇〇
□□黃龍……〼　五七〇一
〼□限米　五七〇二
右名家〼　五七〇三
〼主庫掾陳〼　五七〇四
〼□斛六斗〼　五七〇五
〼□年□□〼　五七〇六
〼□嘉（？）〼　五七〇七
〼倉吏□〼　五七〇八
草言〼　五七〇九
〼□斛二斗〼　五七一〇
〼金曹□〼　五七一一
〼付倉吏〼　五七一二
〼□≡×嘉禾〼　五七一三
〼□坚閣□〼　五七一四
〼米三斛一斗□〼　五七一五
〼□家口食〼　五七一六
〼月七日下俗〼　五七一七
〼□□丘男子□〼　五七一八
〼□關坚閣□〼　五七一九

☑夭姪子士☑　五七二〇

☑九斛盈□☑　五七二一

☑□兵曹掾☑　五七二二

☑其八斛五斗二年□☑　五七二三

☑公乘□□年廿□☑　五七二四

☑訾　五　田☑　五七二五

入臨湘小武陵鄉五年佃帥限米十斛×嘉禾五年十一月二日監丘☑　五七二六

……録事掾潘☑　五七二七

☑一月廿日□兒　五七二八

入三州倉運嘉禾二年吏帥客限米十六斛☑　五七二九

米合十二□一斛稟奴□□□☑　五七三〇

☑日石下丘黃□關堅閣董基付倉吏鄭黑受　五七三一

☑□十□斛六斗九升已入畢付郎中程□佳　五七三二

☑年五月五日杝丘吏石乾關堅閣董基付三州倉☑　五七三三

三月二日兼賊曹史□□白　五七三四

☑……關堅閣張儁□□□☑　五七三五

☑函丘番咸關堅閣董基付三州倉吏☑　五七三六

出小武陵鄉元年增租米六斛五斗二升☑　五七三七

入□□□區□□□□☑　五七三八

☑□□□曹五十四　☑　五七三九

大男黃奴年……☑　五七四〇

☑倉吏鄭黑言被督軍糧都尉　五七四一

入三州倉運嘉禾二年税米一千□七斛□☑　五七四二

☑四月十一日上和丘縣吏謝□關堅閣董基付倉吏鄭黑受　五七四三

☑□月二日三州倉吏鄭黑白　五七四四

入三州倉運嘉禾二年貸食黃武六年☑　五七四五

☑□　□子男禾年十歲　五七四六

草部吏蔡……都尉李☑　五七四七

【注】「草」下應有脱字。

草言……☑　五七四八

☑閏月廿一日書佐烝贇封　五七四九

出小武陵鄉嘉禾元年增租米八斛☑　五七五〇

☑□□□復言☑　五七五一

入□□男子周規買□☑　五七五二

☑□×嘉禾二年十二月十七日舞☑　五七五三

右妾家口食四人　五七五四

【注】「右」上原有墨筆點記。

☑　閏月十三日書佐烝贇封　五七五五

☑　成姊妾年八十五　五七五六

宜陽里户人公乘張囧年五十　妻婸年☑　五七五七

嘉禾二年租米四千六百卌三斛二斗七升　☑　五七五八

☑□陵付一百□遺復民事　☑　五七五九

不如前辭不詣劉督郵……☑　五七六〇

☑□□遣吏劉惹廣□　五七六一

☑踵足　里弟仕伍秃年十三　五七六二

入三州倉運嘉禾二年吏帥客限米☑　五七六三

右妾家口食三人　☑　五七六四

【注】「右」上原有墨筆點記。

☑辭……☑　五七六五

☑□家口食四人　☑　五七六六

☑　男弟羅年五歲☑　五七六七

入三州倉運嘉禾二年四六佃吏限米八十斛☑　五七六八

☑……收息米十六斛五斗與本☑　五七六九

客男弟睢年十□☑　五七七〇

☑謝弟□德年三歲　五七七一

五七七二　☐　□月十九日兼田曹史□□白

五七七三　右成家口食□□　☐

五七七四　……吳平斛米☐

五七七五　……里户人大女□□年……☐

五七七六　☐　□月十九日□曹掾□☐

五七七七　☐嘉禾五年十一月十五日五唐丘☐

五七七八　☐□□年廿三給吏

五七七九　☐〼嘉禾五年十月□日……☐

五七八〇　集凡嘉禾五年□☐

【注】「集」上原有墨筆點記。

五七八一　☐……郡吏限米☐

五七八二　☐繒子仕伍純年九☐

五七八三　☐十二斛八斗四升☐

五七八四　□□里户人州吏貢武年□□……孫子男仁年五歲☐

五七八五　☐□□年十

五七八六　☐付州中倉掔閣李嵩吏黄諱潘慮

五七八七　☐……白

五七八八　☐〼嘉禾三年四月十八日湛丘男子黄□關☐

五七八九　☐張僑付主庫掾陳瑜史李位☐

五七九〇　子女偶年九歲☐

五七九一　☐□録事掾……☐

五七九二　☐嘗　五　十

五七九三　☐限米

五七九四　☐吏張曼受

五七九五　崇男弟☐

五七九六　☐年十月三日緒下丘男子朱□關☐

五七九七　☐〼嘉禾五年十二月六日□☐

五七九八　☐馬統付倉吏張曼周棟

五七九九　☐□簿

五八〇〇　☐□男姪湘年十六踵左足

五八〇一　☐□□□□録事☐

【注】第一□右半殘缺，左半從「氵」。

五八〇二　☐　其六斛五年□☐

五八〇三　☐二人女

五八〇四　☐升六合凡直四百廿□

五八〇五　入三州倉運嘉禾二年僮客☐

五八〇六　☐年税米七斛溢畢〼嘉禾五年☐

五八〇七　☐□□斛胄畢〼嘉禾三年四月廿五日□□☐

五八〇八　☐統付倉吏郭勳馬欽受

五八〇九　☐溢畢〼嘉禾五☐

五八一〇　草言府□□☐

五八一一　☐□月六日上湲丘大☐

五八一二　☐佃吏限米三斛八斗胄畢〼嘉禾五☐

五八一三　☐□岑年十一□☐

五八一四　☐掾謝慎白

五八一五　☐統付倉吏張　☐

五八一六　入臨湘中鄉五年☐

五八一七　☐……〼嘉禾五年十二月☐

五八一八　☐男弟仕伍□☐

五八一九　☐　五　十

五八二〇　入臨湘中鄉五年税米☐

五八二一　☐吏郭勳馬欽☐

五八二二　☐唐王關掔閣☐

五八二三　☐關掔閣馬統☐

五八二四　☐□□〼嘉禾五年☐

五八二五　☐閣馬統☐

☑稅米卅斛≡×☑　五八二六

入臨湘中鄉五年稅米☑　五八二七

☑吏郭勳馬統☑　五八二八

☑米七十五斛□☑　五八二九

☑□　繒弟□☑　五八三〇

【注】「弟」下□上半殘缺，下半從「女」。

……丘男子□□斶☑　五八三一

入臨湘西鄉五年稅米六☑　五八三二

☑　右懷家口食三☑　五八三三

【注】「右」上原有墨筆點記。

☑右文家口食六人☑　五八三四

☑右□家口☑　五八三五

【注】「右」上原有墨筆點記。

☑統付倉吏張曼周棟☑　五八三六

☑□宜斶壂閣馬統付倉☑　五八三七

☑𡟰子小女□☑　五八三八

☑統付倉吏郭勳馬　☑　五八三九

☑米四斛　☑　五八四〇

☑□司馬黃松□☑　五八四一

入屯田掾□□☑　五八四二

☑吏張曼周棟☑　五八四三

☑米卌一斛二斗≡×☑　五八四四

☑□□九千一百☑　五八四五

☑□□不取□□☑　五八四六

☑稅米一斛嘉禾五年二月……☑　五八四七

【注】「嘉禾」二字上似脱同字文。

☑□□十四斛五斗□☑　五八四八

☑　成子仕伍□☑　五八四九

入□□□嘉禾五年□☑　五八五〇

☑□年卌　呑子☑　五八五一

☑食七人☑　五八五二

☑□□稅米□☑　五八五三

☑禾五年四月廿日☑　五八五四

☑馬統付倉☑　五八五五

☑右奇家口食☑　五八五六

【注】「右」上原有墨筆點記。

草言府部□吏……☑　五八五七

☑妻鼠年廿四踵兩足☑　五八五八

☑□連年廿五　五八五九

☑草言府科下召吏民問……　五八六〇

☑統付倉吏郭勳馬欽　五八六一

☑　五　十　五八六二

☑□□年卌　男弟□年□☑　五八六三

右□家口食五☑　五八六四

【注】「右」上原有墨筆點記。

☑腹心病情妻大女□年廿☑　五八六五

日□☑　五八六六

草言府部……言所有客□☑　五八六七

☑□事　六月十日兼□☑　五八六八

☑閤張儁付主庫吏……　五八六九

□湘男子曹錢買生口大女☑　五八七〇

入三州倉黃龍二年□☑　五八七一

☑米十五斛☑　五八七二

☑嘉禾五年□☑　五八七三

☑□付倉吏☑　五八七四

☑□□州中倉壂閣李嵩☑　五八七五

☒□歲刑左手　男弟□年四歲　五八七六

其八百卅□☒　五八七七

☒張何關坚閣馬統付倉吏張☒　五八七八

☒訾　五　十　五八七九

☒……事　八月廿七日兼田曹史張惕白　五八八〇

☒□□二斛四斗三升　五八八一

☒□不復收僦襍米　五八八二

☒十二月三日晃白□☒　五八八三

☒斛　五八八四

☒十月十日乙未書☒　五八八五

☒□男弟□年☒　五八八六

☒□廬受☒　五八八七

☒□令□☒　五八八八

☒妻□年卅二☒　五八八九

右市家口食四人　☒　五八九〇

……白關坚閣□□付倉掾□□☒　五八九一

入臨湘陳汝買夷生口大女張□☒　五八九二

☒坚閣董基付三州倉吏鄭黑受☒　五八九三

☒□家口食七人　☒　五八九四

□□必爲對問☒　五八九五

☒□六十九斛三斗七升☒　五八九六

兵曹別言□□□☒　五八九七

☒斛私學嘉禾二年☒　五八九八

☒　中　五八九九

☒閣董基付三州倉吏鄭黑受　五九〇〇

部吏……☒　五九〇一

☒年稅米四斛溢畢〓嘉禾五年□□☒　五九〇二

☒土限米卅斛☒　五九〇三

☒　閏月十三日書佐烝贇白　五九〇四

☒□運米　五九〇五

☒　里子女奴年一歲　五九〇六

☒□□黃龍三年限米六十一斛☒　五九〇七

☒子男□年六十一　刑手　五九〇八

☒□斛五斗六升監池☒　五九〇九

☒斛二斗〓嘉禾五年十一月七日彈溲丘☒　五九一〇

☒其陰罷□☒　五九一一

☒□丘謝急☒　五九一二

其二千三百廿九斛☒　五九一三

☒□鼎詭課入吏所受不☒　五九一四

☒被病勿故六百四人□□☒　五九一五

【注】「勿」为「物」之通假。

☒〓嘉禾五年十一月三日□丘□□關坚☒　五九一六

【注】第一□右半殘缺，左半從「氵」；第三□右半殘缺，左半從「阝」。

右□家口食☒　五九一七

☒六斗五升　☒　五九一八

☒　右五年☒　五九一九

☒□廸斷割☒　五九二〇

☒　月一日☒　五九二一

☒料校不見覺☒　五九二二

☒□□無□□☒　五九二三

☒付三州倉吏鄭黑受☒　五九二四

☒大男毛□關坚☒　五九二五

☒　付倉吏鄭☒　五九二六

☒……陳……☒　五九二七

☒馬統付倉吏張曼　☒　五九二八

☒□□大男□□……☒　五九二九

⧄月十五日上渡丘男子樂春關堅閣⧄　五九三〇
⧄嘉禾五年十一月五日沿松陳丘⧄　五九三一
⧄□千□□□⧄　五九三二
入小武陵鄉歲伍朱……⧄　五九三三
⧄□□税米二斛〼嘉禾⧄　五九三四
入民還二年所貸嘉⧄　五九三五
⧄年十一月五日上□⧄　五九三六
⧄□　月　入　倉　五九三七
⧄新吏黄龍三年限米五斛⧄　五九三八
春平里户人公乘雷白年五十一　⧄　五九三九
⧄曹史烝堂白州中倉吏黄諱□⧄　五九四〇
草言府部吏□覆……　⧄　五九四一
……留……追逐⧄　五九四二
⧄年十一月六日石下丘士伍□□關⧄　五九四三
⧄十三人筭□⧄　五九四四
⧄……付□⧄　五九四五
兵曹……⧄　五九四六
右火家口食五人　⧄　五九四七
……〼嘉禾□年……⧄　五九四八
⧄□郡四六佃吏限米使各還郡充⧄　五九四九
……鄉□□丘民鄧米三年⧄　五九五〇
⧄關堅閣董基付三州倉吏鄭黑受　五九五一
入嘉禾三年⧄　五九五二
⧄斛（？）七斗六□□⧄　五九五三
⧄　先男弟□年⧄　五九五四
⧄□黄松限米⧄　五九五五
入平樂鄉（？）⧄　五九五六
……與（？）□⧄　五九五七

【注】「與」下□上半殘缺，下半從「辶」。

⧄出小武陵鄉嘉禾元年⧄　五九五八
入嘉禾二年⧄　五九五九
⧄□嘉禾□⧄　五九六〇
⧄鄉五年税米七斛⧄　五九六一
⧄米□□鄉吏⧄　五九六二
□□□喬丘⧄　五九六三
⧄□斛五斗新吏⧄　五九六四
⧄……日旱丘□有關⧄　五九六五
⧄□米五⧄　五九六六
⧄月二日□⧄　五九六七
⧄□米□□⧄　五九六八
⧄儁付主庫掾⧄　五九六九
⧄廿六⧄　五九七〇
⧄男弟則⧄　五九七一
⧄付倉吏⧄　五九七二
⧄斛五斗〼嘉禾五年三月一日梨⧄　五九七三
⧄統付倉吏⧄　五九七四
⧄草部詭課新□入畢⧄　五九七五
⧄□□三……⧄　五九七六
……付主庫掾殷連□⧄　五九七七
度里户人公乘□□年廿五給縣吏　⧄　五九七八
入大男南陽杜均買夷生口大女鄧租賈錢一萬□行⧄　五九七九
⧄□□……嘉禾元年限米　五九八〇
⧄□縣被府書□□⧄　五九八一
⧄　閏月十八日兵曹史監諱白　五九八二
⧄□女弟從年七歲　⧄　五九八三
右一家食五⧄　五九八四

【注】「家」下應脱「口」字。

入臨湘中鄉五年佃帥限米八☒　五九八五

入臨湘模鄉典田掾　☒　五九八六

☒　所入□□□　☒　五九八七

☒□□□年廿☒　五九八八

【注】第二□右半殘缺，左半從「金」。

☒□年十四　五九八九

☒二日廉丘謝窗☒　五九九〇

入臨湘都鄉郡吏☒　五九九一

☒爵年卅七☒　五九九二

入轉賣……☒　五九九三

☒鄭黑受　五九九四

☒　右小武陵鄉五☒　五九九五

☒嘉禾二年五☒　五九九六

☒□歲伍文從□☒　五九九七

☒□年十七　五九九八

☒湘西鄉五年田畝各□☒　五九九九

□里户人公乘☒　六〇〇〇

入臨湘廣成鄉五年☒　六〇〇一

入三州倉運☒　六〇〇二

☒□下丘吴☒　六〇〇三

☒歲　六〇〇四

☒　其☒　六〇〇五

入臨湘□☒　六〇〇六

☒□米嘉禾☒　六〇〇七

☒馬統付倉吏張曼受　六〇〇八

☒名斛數如牒　六〇〇九

☒□□米所付授吏□☒　六〇一〇

【注】「米」上□右半殘缺，左半從「禾」。

☒……苦踵左足　仕☒　六〇一一

入三州倉運嘉禾二年税米六百五十斛☒　六〇一二

領二年貧民貸食元年税☒　六〇一三

☒年五十七　護妻大女客年卅二　子☒　六〇一四

☒　其一千一百廿四斛一斗三州☒　六〇一五

☒　桐母思年七十二　六〇一六

☒　其二壬□☒　六〇一七

☒□妻大女汝年廿七☒　六〇一八

☒□主年廿　□□☒　六〇一九

其九十五……☒　六〇二〇

物故□□□□□□□☒　六〇二一

【注】第六□右半殘缺，左半爲「田」。

☒……運詣三州倉關邸☒　六〇二二

☒陳瑜史李☒　六〇二三

入平鄉嘉禾二年助佃吏限米二☒　六〇二四

☒□□關邸閣馬統☒　六〇二五

☒　妻□年廿　表姪子☒　六〇二六

☒　庫吏李□受☒　六〇二七

入□□典鹽掾……☒　六〇二八

☒□萬二千八十嘉禾……☒　六〇二九

入臨湘陳汝買夷生口大女張□☒　六〇三〇

☒□掾陳瑜史李從烝☒　六〇三一

☒□子女沯年十二　六〇三二

☒年十一月一日櫟下丘男子虞穆關☒　六〇三三

☒八月一日□□丘男子□□☒　六〇三四

【注】第一□左半殘缺，右半從「頁」。

☒六百九十黄龍三年得限米□百☒　六〇三五

▨□一日渚田丘大男朱端關邸閣董基付三州倉吏鄭黑受　六〇三六

入平鄉嘉禾二年税米一斛九斗僦畢▨嘉禾二年十一月廿日周陵丘□▨　六〇三七

【注】「周陵丘」下□下半殘缺，上半從「艹」。

郡吏張□▨　六〇三八

入平鄉嘉禾二年税米一斛九斗僦畢▨嘉禾二年十一月十日平樂丘

右入税米五十四斛四斗　六〇三九

【注】「右」上原有墨筆點記。

▨頃卌一畝□百七步　六〇四〇

▨　其十九畝二百廿二步旱敗死不收　六〇四一

▨卒吴恒限田收米卅斛　六〇四二

□□□□□建年卌七出限米卅斛▨　六〇四三

▨常略丘烝囷關邸閣董基付三州倉吏鄭黑受　六〇四四

出三月簿餘元年紵租錢二千七百　六〇四五

▨□鄉吏九人簿舉私學各一人合　六〇四六

▨斛三斗五升五合……　六〇四七

▨□畝一百步……限田收米十五斛　六〇四八

▨十月……關邸閣□▨　六〇四九

▨鄧佃絞詭襍職郎□▨　六〇五〇

附録一

簡牘總平面分佈圖

總立面示意圖

揭剥位置示意圖

説明

一、本卷發表的簡牘爲考古發掘清理所獲。前已出版的《竹簡·壹》、《竹簡·貳》、《竹簡·叁》，皆屬因施工擾亂，追蹤至異地搶救性清理所得。自《竹簡·肆》始以下各卷皆進入考古發掘清理的序列。本卷簡牘整理編號接續《竹簡·柒》之最末號，自五五三五二起，迄六一四〇一止。本卷編號自一始，迄六〇五〇止。

二、本卷公布J22簡牘總平面分佈圖，總立面示意圖各一幅。由於我們工作的疏忽《竹簡·柒》卷簡牘標識的位置存在着誤差，故在此圖中加以更正。用不同的色塊標識出兩卷簡牘各自在平、立面上正確的位置。兩卷所標識的簡牘位置應以此圖爲準。敬希讀者見諒，並深致謙意。

三、由於經考古發掘的簡牘一般保存較爲完整，故在清理中簡牘揭剥圖的數量大爲增加。爲使讀者對簡牘揭剥圖有一個總體的了解，以便於核對、檢查與比較，我們在《竹簡·肆》附録一的總説明中，對J22堆積層位，簡牘分區發掘的情况做了必要的介紹，兹不再贅述。請讀者分别參看《長沙走馬樓三國吴簡·嘉禾吏民田家莂·長沙走馬樓二十二號井發掘報告》和《長沙走馬樓三國吴簡·竹簡〔肆〕》附録一總説明。

四、簡牘册書編聯的微觀狀况是通過具體的揭剥示意圖表現出來。在簡牘清理揭剥的過程中，我們是本着科學、謹慎、認真的態度進行操作的。爲了彌補發掘現場揭取時因時間倉促而存在的不足，在簡牘的室内揭剥與記録層面上，我們又做了較爲細緻的安排，特别是針對繪製的簡牘揭剥圖、表。我們將現場發掘與室内揭剥至簡牘編號劃分爲五個層級，這是在田野考古清理記録的基礎上進一步地細化。一級編號用羅馬數字表示，代表的是發掘時的分區；二級編號用英文小寫表示，代表的是區内清理的各段簡牘；三級編號用阿拉伯數字表示，代表的是某段中的某一小段；四級編號用帶圈的阿拉伯數字表示，代表的是某段或某小段中的某坨，每坨的數量不等，少則十餘枚，多則數百枚，上千枚；五級編號則爲每枚簡自身編號，亦用阿拉伯數字表示。這樣做的目的，既是整理的要求，也是試圖爲册書的完整復原，提供有參考價值的依據。但上述操作方法與觀察記録，除去客觀因素的影響外，仍不可避免地存在着人爲的失誤。關於這一點，我們在《長沙三國吴簡的現場揭取與室内揭剥——兼談吴簡的盆號與揭剥圖》（《吴簡研究》第三輯，長沙簡牘博物館、北京大學、中國古代史研究中心、吴簡研討班編著，中華書局二〇一一年）一文中做了較爲詳細的説明，敬請讀者參看。至於簡牘揭剥圖表的作用，我們在已發表的各卷附録一的説明中均做了相同意義的表述，兹不贅。

五、本卷發表的簡牘系發掘清理Ⅱ區C段（坨）的主要部分。

六、本卷發表簡牘共計六〇六二枚，其中竹簡六〇五八枚，木牘三枚，楬牌一枚。涉及揭剥竹簡四五一七枚，木牘三枚，楬牌一枚，其餘一五三七枚竹簡因散亂雜錯，仍按所在的區位歸併整理。在揭剥過程中，如發現某坨竹簡中裏夾木牘、楬牌等物時，盡管當時無法清楚了解兩者之間的聯係，其採用的處理方式是在最貼近木牘或楬牌的竹簡的編號中綴加分號，借以表示它們之間的關聯。例如本卷揭剥圖六、二七八八（一）、二八二〇（一）；揭剥圖八、三三四二（一）；揭剥圖十二、三七九五（一）（楬牌）所見即是。

七、本卷公布簡牘揭剥圖十八幅，均採用平剖面相結合的方式。這種樣式在已發表《竹簡・柒》卷中公布了一部分。我們選用這樣的方式是想盡可能比較全面地報告揭剥整理的結果，體現揭剥工作的水準與要求。雖然平面在體現每坨簡牘整體數量方面存在不足，但與剖面結合，仍能反映簡牘揭剥時真實狀態，可爲觀察研究提供一些新的視角，例如木牘、楬牌的原來擺放位置等等。

八、個别殘簡因前後兩枚粘結緊實，在揭剥時未能發現；或揭剥時將兩枚殘簡誤以爲是一枚簡。在後期整理中凡見此類情况，我們採用的處理方式則是在不變動原編號的前提下，於原編號後分别綴加甲、乙，以示區别。本卷處理此類情况凡見八處，即六四六甲、乙（圖四）；三五八八甲、乙（圖十）；三八四八甲、乙（圖十三）；三九四六甲、乙（圖十三）；三九四八甲、乙（圖十三）；五二九一甲、乙（圖十五）；五五五八甲、乙（圖十八）；四九五〇甲、乙（散簡）。

九、本卷各揭剥示意圖均附有對應表。每表標題的内容包括簡牘發掘區位號、發掘分坨（段）號、揭剥坨號。表欄的内容包括揭剥示意圖號與本卷簡牘整理號。標題中簡牘發掘區位號用羅馬數字表示；發掘分段（坨）號用英文小寫表示；如同一長段（坨）中又分若干坨，則用帶圈的阿拉伯數字表示。例如本卷圖一、Ⅱ—C—㉖，即爲吴簡發掘Ⅱ區C段（坨）中的第㉖分坨。本卷圖五、Ⅱ—C—㉚，即爲吴簡發掘Ⅱ區C段（坨）中的第㉚分坨，本卷圖十五、Ⅱ—C—㊵，即爲吴簡發掘凡Ⅱ區C段（坨）中的第㊵分坨。凡對應表中標題縮寫均依次類推。表欄中的揭剥示意圖號爲本坨揭剥圖的流水號，整理號爲本卷簡牘釋文與圖版號，二種號皆可互相對應，便於研究時檢核。

十、本卷簡牘總平面分佈圖、總立面示意圖由宋少華繪製。總説明由宋少華撰寫。竹簡揭剥圖的草圖由蕭静華繪製，簡牘揭剥合成電腦圖由劉佩潔繪製，揭剥圖對應表由宋少華、雷長巍、胡冬成等校對編製，揭剥圖簡牘的編號、尺寸由蔣維、金平、畢燦、劉慶等核校。本附録一全部圖、表均由宋少華最終審定。

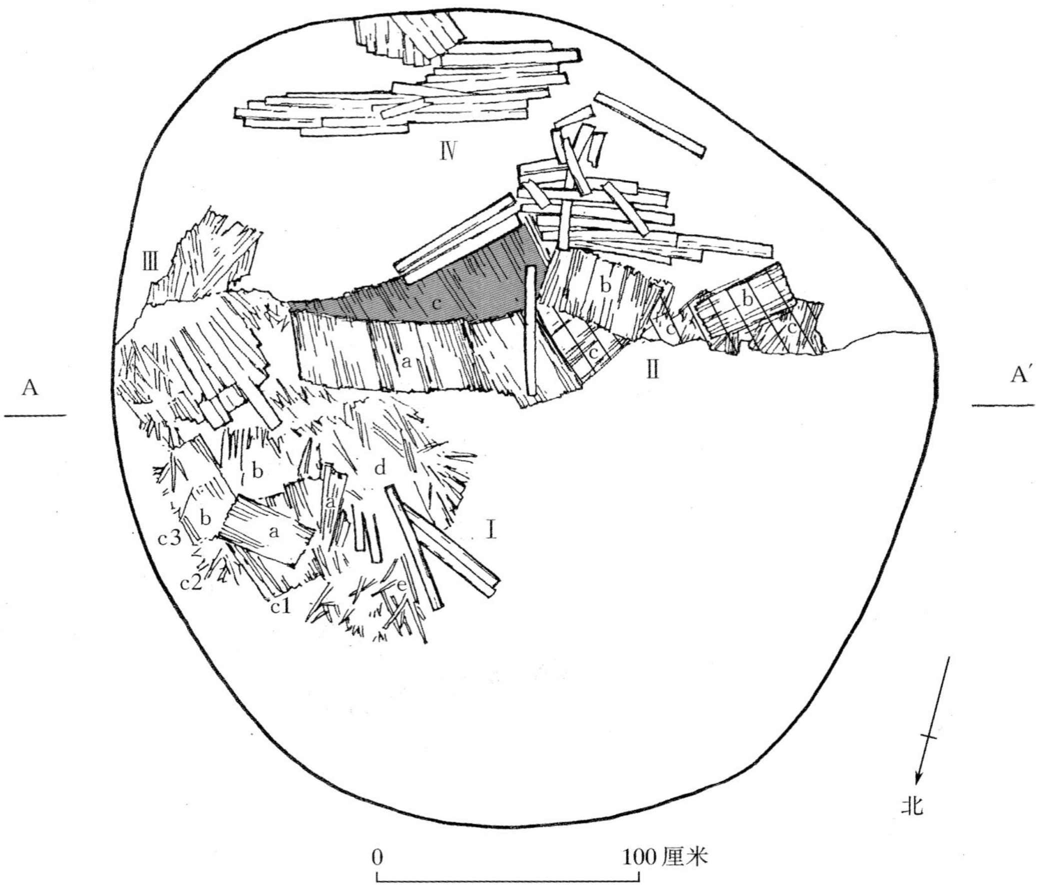

簡牘總平面分佈圖

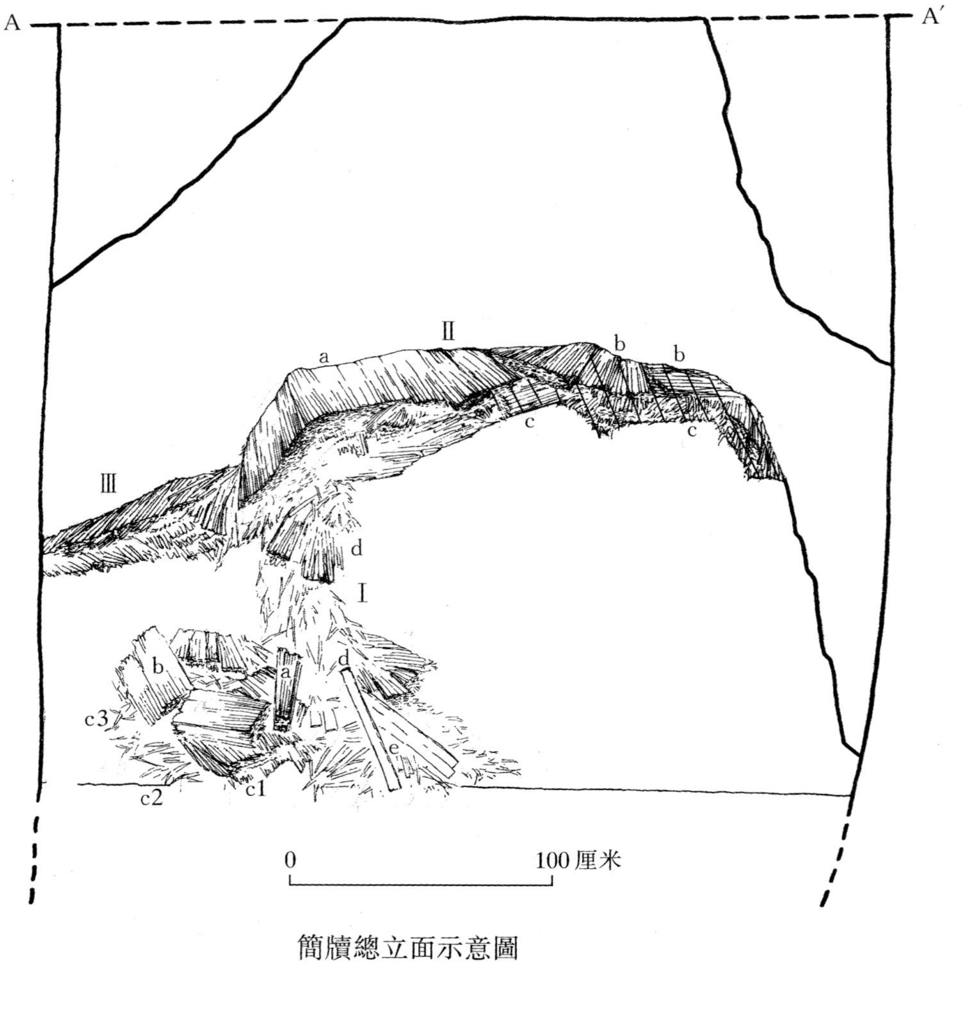

簡牘總立面示意圖

■本卷簡牘揭剥整理區位
▨《竹簡・柒》簡牘揭剥整理區位

注：《竹簡・柒》簡牘總平立面分佈示意圖存在誤差，今予更正。當以此圖爲准。

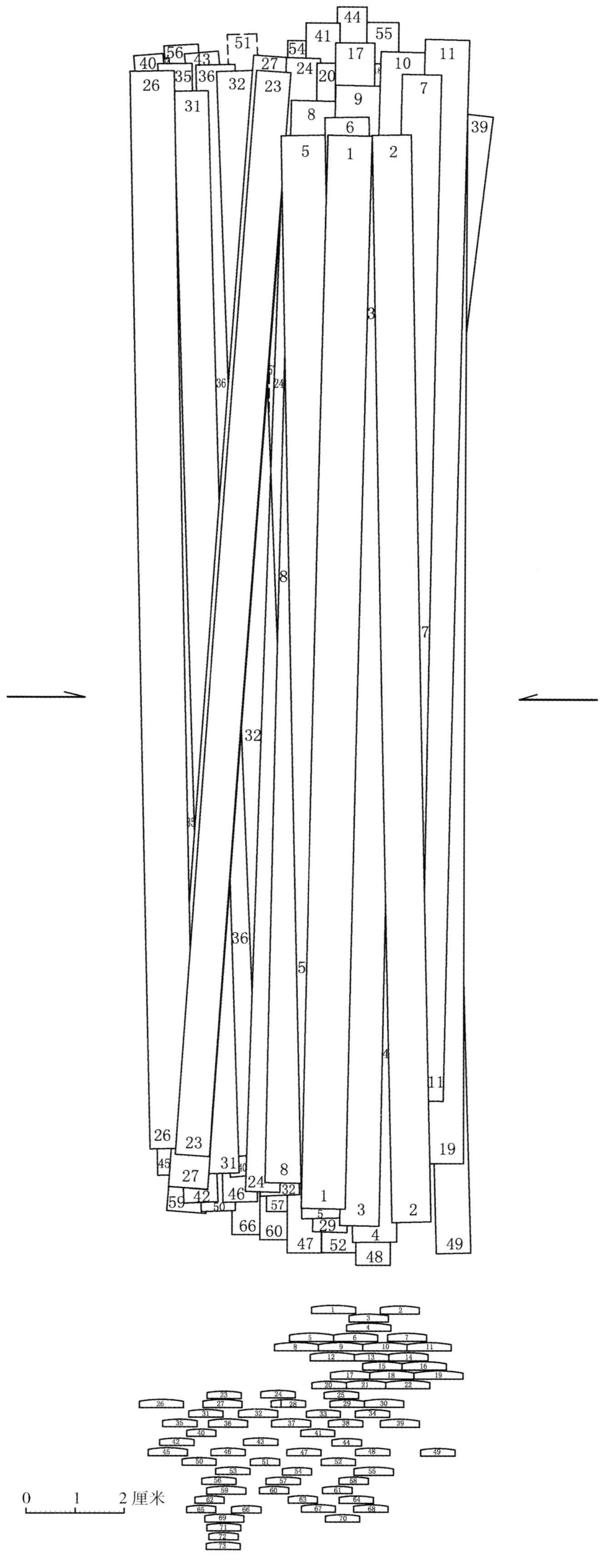

圖一　Ⅱ-C-㉖簡牘揭剥位置示意圖

圖一　竹簡整理編號與示意圖編號對應表

整理號	示意圖號	整理號	示意圖號	整理號	示意圖號	整理號	示意圖號
一	1	二五	25	四九	49	七三	73
二	2	二六	26	五〇	50		
三	3	二七	27	五一	51		
四	4	二八	28	五二	52		
五	5	二九	29	五三	53		
六	6	三〇	30	五四	54		
七	7	三一	31	五五	55		
八	8	三二	32	五六	56		
九	9	三三	33	五七	57		
一〇	10	三四	34	五八	58		
一一	11	三五	35	五九	59		
一二	12	三六	36	六〇	60		
一三	13	三七	37	六一	61		
一四	14	三八	38	六二	62		
一五	15	三九	39	六三	63		
一六	16	四〇	40	六四	64		
一七	17	四一	41	六五	65		
一八	18	四二	42	六六	66		
一九	19	四三	43	六七	67		
二〇	20	四四	44	六八	68		
二一	21	四五	45	六九	69		
二二	22	四六	46	七〇	70		
二三	23	四七	47	七一	71		
二四	24	四八	48	七二	72		

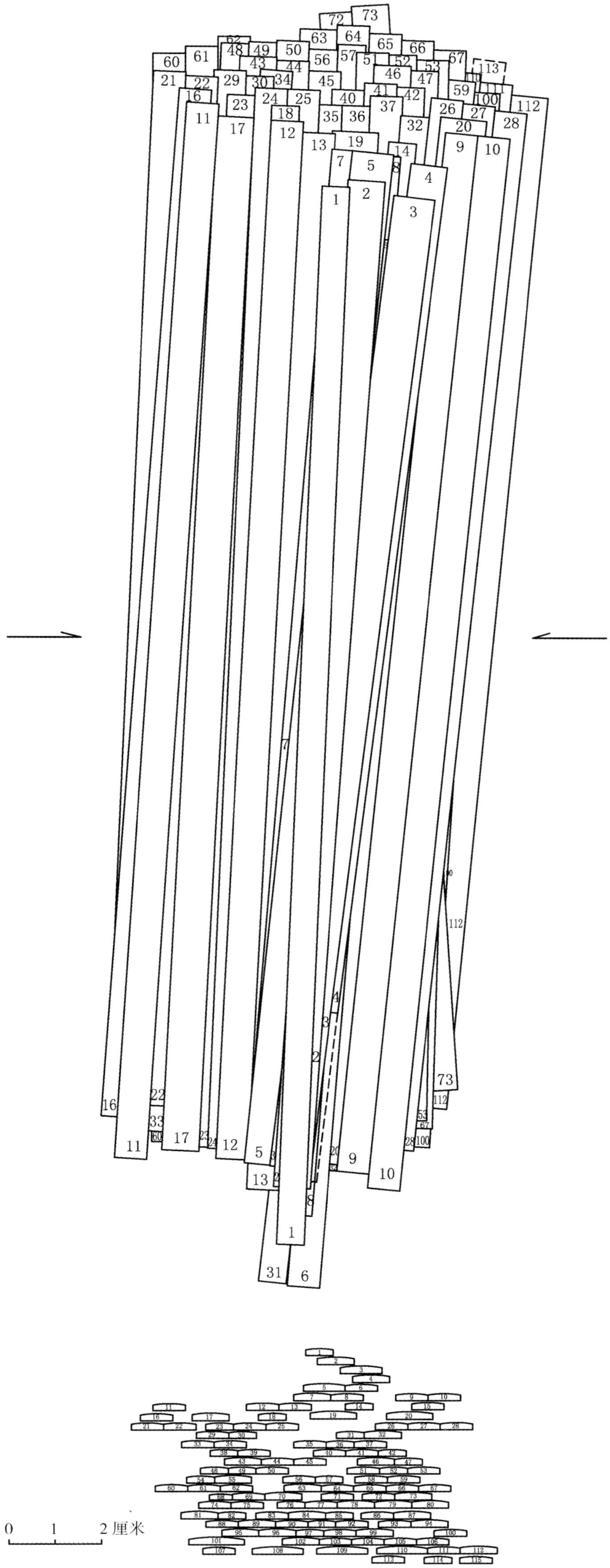

圖二　Ⅱ-C-㉗簡牘揭剥位置示意圖

圖二竹簡整理編號與示意圖編號對應表

整理號	示意圖號	整理號	示意圖號	整理號	示意圖號	整理號	示意圖號	整理號	示意圖號
七四	1	九八	25	一二二	49	一四六	73	一七〇	97
七五	2	九九	26	一二三	50	一四七	74	一七一	98
七六	3	一〇〇	27	一二四	51	一四八	75	一七二	99
七七	4	一〇一	28	一二五	52	一四九	76	一七三	100
七八	5	一〇二	29	一二六	53	一五〇	77	一七四	101
七九	6	一〇三	30	一二七	54	一五一	78	一七五	102
八〇	7	一〇四	31	一二八	55	一五二	79	一七六	103
八一	8	一〇五	32	一二九	56	一五三	80	一七七	104
八二	9	一〇六	33	一三〇	57	一五四	81	一七八	105
八三	10	一〇七	34	一三一	58	一五五	82	一七九	106
八四	11	一〇八	35	一三二	59	一五六	83	一八〇	107
八五	12	一〇九	36	一三三	60	一五七	84	一八一	108
八六	13	一一〇	37	一三四	61	一五八	85	一八二	109
八七	14	一一一	38	一三五	62	一五九	86	一八三	110
八八	15	一一二	39	一三六	63	一六〇	87	一八四	111
八九	16	一一三	40	一三七	64	一六一	88	一八五	112
九〇	17	一一四	41	一三八	65	一六二	89	一八六	113
九一	18	一一五	42	一三九	66	一六三	90	一八七	114
九二	19	一一六	43	一四〇	67	一六四	91	一八八	115
九三	20	一一七	44	一四一	68	一六五	92		
九四	21	一一八	45	一四二	69	一六六	93		
九五	22	一一九	46	一四三	70	一六七	94		
九六	23	一二〇	47	一四四	71	一六八	95		
九七	24	一二一	48	一四五	72	一六九	96		

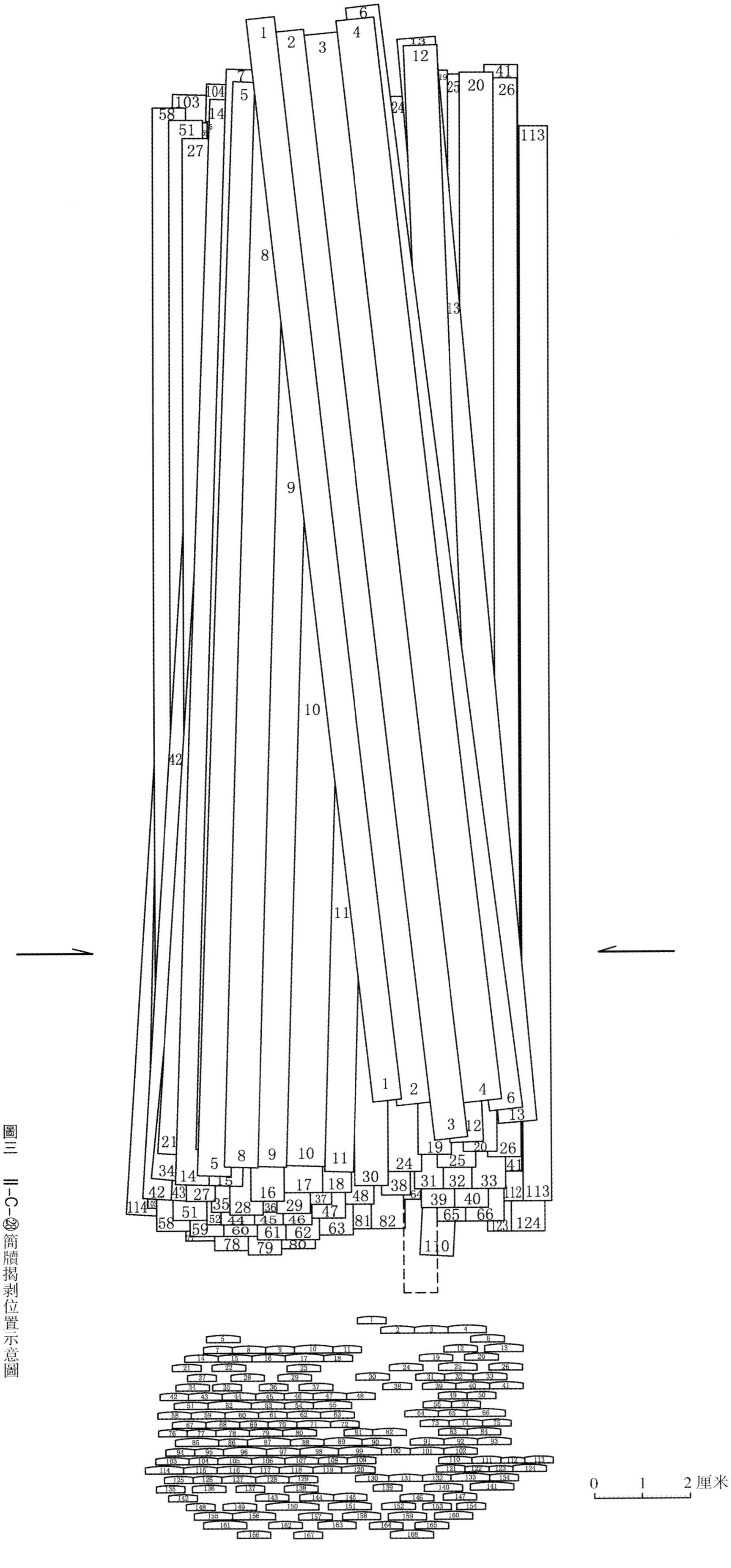

圖三 Ⅱ-C-㉘簡牘揭剥位置示意圖

圖三 竹簡整理編號與示意圖編號對應表

整理號	示意圖號	整理號	示意圖號	整理號	示意圖號	整理號	示意圖號	整理號	示意圖號
三一四	1	三三八	25	三六二	49	三八六	73	四一〇	97
三一五	2	三三九	26	三六三	50	三八七	74	四一一	98
三一六	3	三四〇	27	三六四	51	三八八	75	四一二	99
三一七	4	三四一	28	三六五	52	三八九	76	四一三	100
三一八	5	三四二	29	三六六	53	三九〇	77	四一四	101
三一九	6	三四三	30	三六七	54	三九一	78	四一五	102
三二〇	7	三四四	31	三六八	55	三九二	79	四一六	103
三二一	8	三四五	32	三六九	56	三九三	80	四一七	104
三二二	9	三四六	33	三七〇	57	三九四	81	四一八	105
三二三	10	三四七	34	三七一	58	三九五	82	四一九	106
三二四	11	三四八	35	三七二	59	三九六	83	四二〇	107
三二五	12	三四九	36	三七三	60	三九七	84	四二一	108
三二六	13	三五〇	37	三七四	61	三九八	85	四二二	109
三二七	14	三五一	38	三七五	62	三九九	86	四二三	110
三二八	15	三五二	39	三七六	63	四〇〇	87	四二四	111
三二九	16	三五三	40	三七七	64	四〇一	88	四二五	112
三三〇	17	三五四	41	三七八	65	四〇二	89	四二六	113
三三一	18	三五五	42	三七九	66	四〇三	90	四二七	114
三三二	19	三五六	43	三八〇	67	四〇四	91	四二八	115
三三三	20	三五七	44	三八一	68	四〇五	92	四二九	116
三三四	21	三五八	45	三八二	69	四〇六	93	四三〇	117
三三五	22	三五九	46	三八三	70	四〇七	94	四三一	118
三三六	23	三六〇	47	三八四	71	四〇八	95	四三二	119
三三七	24	三六一	48	三八五	72	四〇九	96	四三三	120

整理號	示意圖號	整理號	示意圖號
四三四	121	四五八	145
四三五	122	四五九	146
四三六	123	四六〇	147
四三七	124	四六一	148
四三八	125	四六二	149
四三九	126	四六三	150
四四〇	127	四六四	151
四四一	128	四六五	152
四四二	129	四六六	153
四四三	130	四六七	154
四四四	131	四六八	155
四四五	132	四六九	156
四四六	133	四七〇	157
四四七	134	四七一	158
四四八	135	四七二	159
四四九	136	四七三	160
四五〇	137	四七四	161
四五一	138	四七五	162
四五二	139	四七六	163
四五三	140	四七七	164
四五四	141	四七八	165
四五五	142	四七九	166
四五六	143	四八〇	167
四五七	144	四八一	168

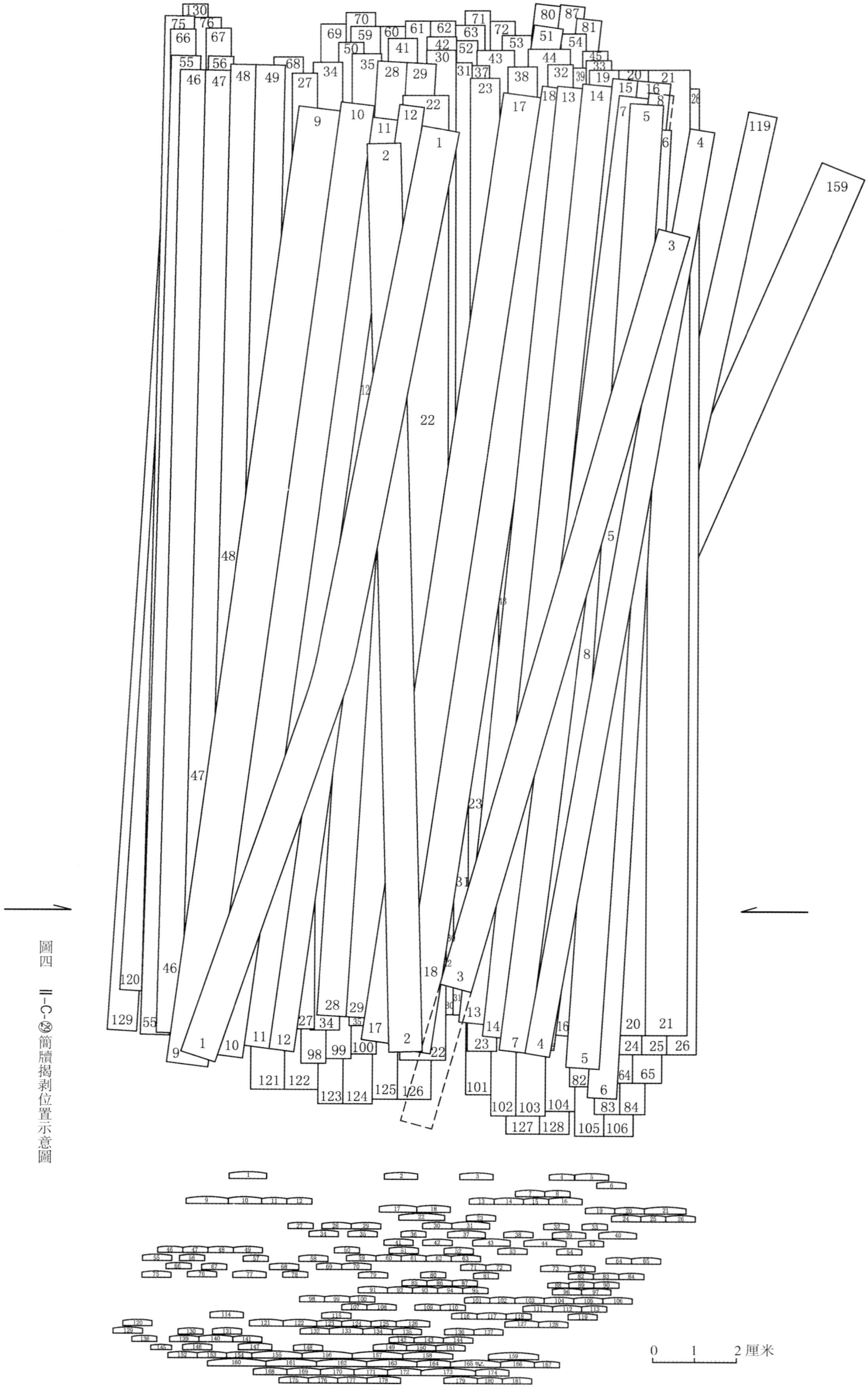

圖四 Ⅱ-C-⑳簡牘揭剥位置示意圖

圖四竹簡整理編號與示意圖編號對應表

整理號	示意圖號	整理號	示意圖號	整理號	示意圖號	整理號	示意圖號	整理號	示意圖號
四八二	1	五〇六	25	五三〇	49	五五四	73	五七八	97
四八三	2	五〇七	26	五三一	50	五五五	74	五七九	98
四八四	3	五〇八	27	五三二	51	五五六	75	五八〇	99
四八五	4	五〇九	28	五三三	52	五五七	76	五八一	100
四八六	5	五一〇	29	五三四	53	五五八	77	五八二	101
四八七	6	五一一	30	五三五	54	五五九	78	五八三	102
四八八	7	五一二	31	五三六	55	五六〇	79	五八四	103
四八九	8	五一三	32	五三七	56	五六一	80	五八五	104
四九〇	9	五一四	33	五三八	57	五六二	81	五八六	105
四九一	10	五一五	34	五三九	58	五六三	82	五八七	106
四九二	11	五一六	35	五四〇	59	五六四	83	五八八	107
四九三	12	五一七	36	五四一	60	五六五	84	五八九	108
四九四	13	五一八	37	五四二	61	五六六	85	五九〇	109
四九五	14	五一九	38	五四三	62	五六七	86	五九一	110
四九六	15	五二〇	39	五四四	63	五六八	87	五九二	111
四九七	16	五二一	40	五四五	64	五六九	88	五九三	112
四九八	17	五二二	41	五四六	65	五七〇	89	五九四	113
四九九	18	五二三	42	五四七	66	五七一	90	五九五	114
五〇〇	19	五二四	43	五四八	67	五七二	91	五九六	115
五〇一	20	五二五	44	五四九	68	五七三	92	五九七	116
五〇二	21	五二六	45	五五〇	69	五七四	93	五九八	117
五〇三	22	五二七	46	五五一	70	五七五	94	五九九	118
五〇四	23	五二八	47	五五二	71	五七六	95	六〇〇	119
五〇五	24	五二九	48	五五三	72	五七七	96	六〇一	120

整理號	示意圖號	整理號	示意圖號	整理號	示意圖號
六〇二	121	六二六	145	六五〇	169
六〇三	122	六二七	146	六五一	170
六〇四	123	六二八	147	六五二	171
六〇五	124	六二九	148	六五三	172
六〇六	125	六三〇	149	六五四	173
六〇七	126	六三一	150	六五五	174
六〇八	127	六三二	151	六五六	175
六〇九	128	六三三	152	六五七	176
六一〇	129	六三四	153	六五八	177
六一一	130	六三五	154	六五九	178
六一二	131	六三六	155	六六〇	179
六一三	132	六三七	156	六六一	180
六一四	133	六三八	157	六六二	181
六一五	134	六三九	158		
六一六	135	六四〇	159		
六一七	136	六四一	160		
六一八	137	六四二	161		
六一九	138	六四三	162		
六二〇	139	六四四	163		
六二一	140	六四五	164		
六二二	141	六四六甲乙	165甲乙		
六二三	142	六四七	166		
六二四	143	六四八	167		
六二五	144	六四九	168		

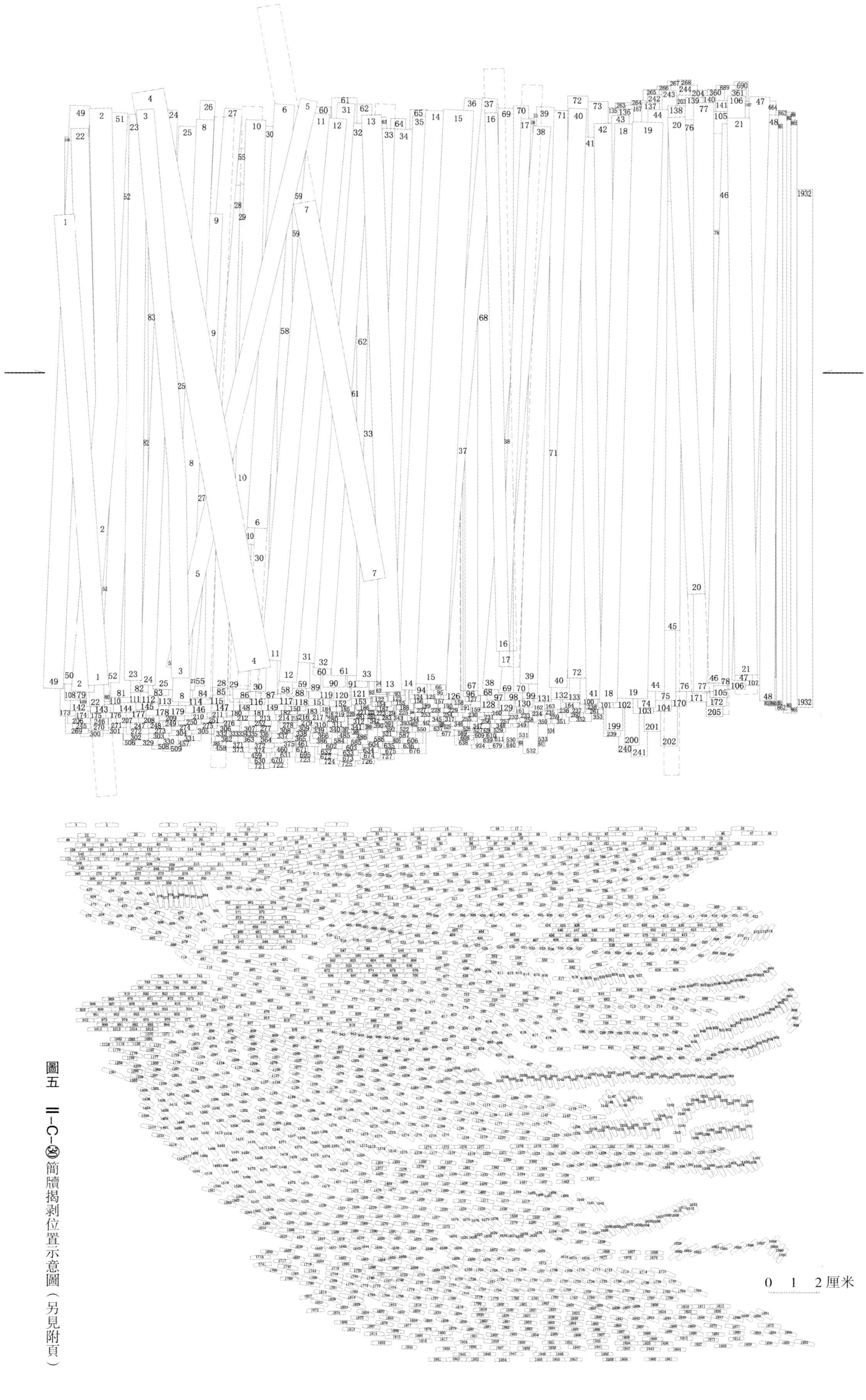

圖五　Ⅱ-C-㉚簡牘揭剥位置示意圖（另見附頁）

圖五竹簡整理編號與示意圖編號對應表

整理號	示意圖號	整理號	示意圖號	整理號	示意圖號	整理號	示意圖號	整理號	示意圖號
六六三	1	六八七	25	七一一	49	七三五	73	七五九	97
六六四	2	六八八	26	七一二	50	七三六	74	七六〇	98
六六五	3	六八九	27	七一三	51	七三七	75	七六一	99
六六六	4	六九〇	28	七一四	52	七三八	76	七六二	100
六六七	5	六九一	29	七一五	53	七三九	77	七六三	101
六六八	6	六九二	30	七一六	54	七四〇	78	七六四	102
六六九	7	六九三	31	七一七	55	七四一	79	七六五	103
六七〇	8	六九四	32	七一八	56	七四二	80	七六六	104
六七一	9	六九五	33	七一九	57	七四三	81	七六七	105
六七二	10	六九六	34	七二〇	58	七四四	82	七六八	106
六七三	11	六九七	35	七二一	59	七四五	83	七六九	107
六七四	12	六九八	36	七二二	60	七四六	84	七七〇	108
六七五	13	六九九	37	七二三	61	七四七	85	七七一	109
六七六	14	七〇〇	38	七二四	62	七四八	86	七七二	110
六七七	15	七〇一	39	七二五	63	七四九	87	七七三	111
六七八	16	七〇二	40	七二六	64	七五〇	88	七七四	112
六七九	17	七〇三	41	七二七	65	七五一	89	七七五	113
六八〇	18	七〇四	42	七二八	66	七五二	90	七七六	114
六八一	19	七〇五	43	七二九	67	七五三	91	七七七	115
六八二	20	七〇六	44	七三〇	68	七五四	92	七七八	116
六八三	21	七〇七	45	七三一	69	七五五	93	七七九	117
六八四	22	七〇八	46	七三二	70	七五六	94	七八〇	118
六八五	23	七〇九	47	七三三	71	七五七	95	七八一	119
六八六	24	七一〇	48	七三四	72	七五八	96	七八二	120

整理號	示意圖號	整理號	示意圖號	整理號	示意圖號	整理號	示意圖號	整理號	示意圖號
七八三	121	八〇七	145	八三一	169	八五五	193	八七九	217
七八四	122	八〇八	146	八三二	170	八五六	194	八八〇	218
七八五	123	八〇九	147	八三三	171	八五七	195	八八一	219
七八六	124	八一〇	148	八三四	172	八五八	196	八八二	220
七八七	125	八一一	149	八三五	173	八五九	197	八八三	221
七八八	126	八一二	150	八三六	174	八六〇	198	八八四	222
七八九	127	八一三	151	八三七	175	八六一	199	八八五	223
七九〇	128	八一四	152	八三八	176	八六二	200	八八六	224
七九一	129	八一五	153	八三九	177	八六三	201	八八七	225
七九二	130	八一六	154	八四〇	178	八六四	202	八八八	226
七九三	131	八一七	155	八四一	179	八六五	203	八八九	227
七九四	132	八一八	156	八四二	180	八六六	204	八九〇	228
七九五	133	八一九	157	八四三	181	八六七	205	八九一	229
七九六	134	八二〇	158	八四四	182	八六八	206	八九二	230
七九七	135	八二一	159	八四五	183	八六九	207	八九三	231
七九八	136	八二二	160	八四六	184	八七〇	208	八九四	232
七九九	137	八二三	161	八四七	185	八七一	209	八九五	233
八〇〇	138	八二四	162	八四八	186	八七二	210	八九六	234
八〇一	139	八二五	163	八四九	187	八七三	211	八九七	235
八〇二	140	八二六	164	八五〇	188	八七四	212	八九八	236
八〇三	141	八二七	165	八五一	189	八七五	213	八九九	237
八〇四	142	八二八	166	八五二	190	八七六	214	九〇〇	238
八〇五	143	八二九	167	八五三	191	八七七	215	九〇一	239
八〇六	144	八三〇	168	八五四	192	八七八	216	九〇二	240

整理號	示意圖號	整理號	示意圖號	整理號	示意圖號	整理號	示意圖號	整理號	示意圖號
九〇三	241	九二七	265	九五一	289	九七五	313	九九九	337
九〇四	242	九二八	266	九五二	290	九七六	314	一〇〇〇	338
九〇五	243	九二九	267	九五三	291	九七七	315	一〇〇一	339
九〇六	244	九三〇	268	九五四	292	九七八	316	一〇〇二	340
九〇七	245	九三一	269	九五五	293	九七九	317	一〇〇三	341
九〇八	246	九三二	270	九五六	294	九八〇	318	一〇〇四	342
九〇九	247	九三三	271	九五七	295	九八一	319	一〇〇五	343
九一〇	248	九三四	272	九五八	296	九八二	320	一〇〇六	344
九一一	249	九三五	273	九五九	297	九八三	321	一〇〇七	345
九一二	250	九三六	274	九六〇	298	九八四	322	一〇〇八	346
九一三	251	九三七	275	九六一	299	九八五	323	一〇〇九	347
九一四	252	九三八	276	九六二	300	九八六	324	一〇一〇	348
九一五	253	九三九	277	九六三	301	九八七	325	一〇一一	349
九一六	254	九四〇	278	九六四	302	九八八	326	一〇一二	350
九一七	255	九四一	279	九六五	303	九八九	327	一〇一三	351
九一八	256	九四二	280	九六六	304	九九〇	328	一〇一四	352
九一九	257	九四三	281	九六七	305	九九一	329	一〇一五	353
九二〇	258	九四四	282	九六八	306	九九二	330	一〇一六	354
九二一	259	九四五	283	九六九	307	九九三	331	一〇一七	355
九二二	260	九四六	284	九七〇	308	九九四	332	一〇一八	356
九二三	261	九四七	285	九七一	309	九九五	333	一〇一九	357
九二四	262	九四八	286	九七二	310	九九六	334	一〇二〇	358
九二五	263	九四九	287	九七三	311	九九七	335	一〇二一	359
九二六	264	九五〇	288	九七四	312	九九八	336	一〇二二	360

整理號	示意圖號	整理號	示意圖號	整理號	示意圖號	整理號	示意圖號	整理號	示意圖號
一〇二三	361	一〇四七	385	一〇七一	409	一〇九五	433	一一一九	457
一〇二四	362	一〇四八	386	一〇七二	410	一〇九六	434	一一二〇	458
一〇二五	363	一〇四九	387	一〇七三	411	一〇九七	435	一一二一	459
一〇二六	364	一〇五〇	388	一〇七四	412	一〇九八	436	一一二二	460
一〇二七	365	一〇五一	389	一〇七五	413	一〇九九	437	一一二三	461
一〇二八	366	一〇五二	390	一〇七六	414	一一〇〇	438	一一二四	462
一〇二九	367	一〇五三	391	一〇七七	415	一一〇一	439	一一二五	463
一〇三〇	368	一〇五四	392	一〇七八	416	一一〇二	440	一一二六	464
一〇三一	369	一〇五五	393	一〇七九	417	一一〇三	441	一一二七	465
一〇三二	370	一〇五六	394	一〇八〇	418	一一〇四	442	一一二八	466
一〇三三	371	一〇五七	395	一〇八一	419	一一〇五	443	一一二九	467
一〇三四	372	一〇五八	396	一〇八二	420	一一〇六	444	一一三〇	468
一〇三五	373	一〇五九	397	一〇八三	421	一一〇七	445	一一三一	469
一〇三六	374	一〇六〇	398	一〇八四	422	一一〇八	446	一一三二	470
一〇三七	375	一〇六一	399	一〇八五	423	一一〇九	447	一一三三	471
一〇三八	376	一〇六二	400	一〇八六	424	一一一〇	448	一一三四	472
一〇三九	377	一〇六三	401	一〇八七	425	一一一一	449	一一三五	473
一〇四〇	378	一〇六四	402	一〇八八	426	一一一二	450	一一三六	474
一〇四一	379	一〇六五	403	一〇八九	427	一一一三	451	一一三七	475
一〇四二	380	一〇六六	404	一〇九〇	428	一一一四	452	一一三八	476
一〇四三	381	一〇六七	405	一〇九一	429	一一一五	453	一一三九	477
一〇四四	382	一〇六八	406	一〇九二	430	一一一六	454	一一四〇	478
一〇四五	383	一〇六九	407	一〇九三	431	一一一七	455	一一四一	479
一〇四六	384	一〇七〇	408	一〇九四	432	一一一八	456	一一四二	480

整理號	示意圖號	整理號	示意圖號	整理號	示意圖號	整理號	示意圖號	整理號	示意圖號
一一四三	481	一一六七	505	一一九一	529	一二一五	553	一二三九	577
一一四四	482	一一六八	506	一一九二	530	一二一六	554	一二四〇	578
一一四五	483	一一六九	507	一一九三	531	一二一七	555	一二四一	579
一一四六	484	一一七〇	508	一一九四	532	一二一八	556	一二四二	580
一一四七	485	一一七一	509	一一九五	533	一二一九	557	一二四三	581
一一四八	486	一一七二	510	一一九六	534	一二二〇	558	一二四四	582
一一四九	487	一一七三	511	一一九七	535	一二二一	559	一二四五	583
一一五〇	488	一一七四	512	一一九八	536	一二二二	560	一二四六	584
一一五一	489	一一七五	513	一一九九	537	一二二三	561	一二四七	585
一一五二	490	一一七六	514	一二〇〇	538	一二二四	562	一二四八	586
一一五三	491	一一七七	515	一二〇一	539	一二二五	563	一二四九	587
一一五四	492	一一七八	516	一二〇二	540	一二二六	564	一二五〇	588
一一五五	493	一一七九	517	一二〇三	541	一二二七	565	一二五一	589
一一五六	494	一一八〇	518	一二〇四	542	一二二八	566	一二五二	590
一一五七	495	一一八一	519	一二〇五	543	一二二九	567	一二五三	591
一一五八	496	一一八二	520	一二〇六	544	一二三〇	568	一二五四	592
一一五九	497	一一八三	521	一二〇七	545	一二三一	569	一二五五	593
一一六〇	498	一一八四	522	一二〇八	546	一二三二	570	一二五六	594
一一六一	499	一一八五	523	一二〇九	547	一二三三	571	一二五七	595
一一六二	500	一一八六	524	一二一〇	548	一二三四	572	一二五八	596
一一六三	501	一一八七	525	一二一一	549	一二三五	573	一二五九	597
一一六四	502	一一八八	526	一二一二	550	一二三六	574	一二六〇	598
一一六五	503	一一八九	527	一二一三	551	一二三七	575	一二六一	599
一一六六	504	一一九〇	528	一二一四	552	一二三八	576	一二六二	600

整理號	示意圖號	整理號	示意圖號	整理號	示意圖號	整理號	示意圖號	整理號	示意圖號
一二六三	601	一二八七	625	一三一一	649	一三三五	673	一三五九	697
一二六四	602	一二八八	626	一三一二	650	一三三六	674	一三六〇	698
一二六五	603	一二八九	627	一三一三	651	一三三七	675	一三六一	699
一二六六	604	一二九〇	628	一三一四	652	一三三八	676	一三六二	700
一二六七	605	一二九一	629	一三一五	653	一三三九	677	一三六三	701
一二六八	606	一二九二	630	一三一六	654	一三四〇	678	一三六四	702
一二六九	607	一二九三	631	一三一七	655	一三四一	679	一三六五	703
一二七〇	608	一二九四	632	一三一八	656	一三四二	680	一三六六	704
一二七一	609	一二九五	633	一三一九	657	一三四三	681	一三六七	705
一二七二	610	一二九六	634	一三二〇	658	一三四四	682	一三六八	706
一二七三	611	一二九七	635	一三二一	659	一三四五	683	一三六九	707
一二七四	612	一二九八	636	一三二二	660	一三四六	684	一三七〇	708
一二七五	613	一二九九	637	一三二三	661	一三四七	685	一三七一	709
一二七六	614	一三〇〇	638	一三二四	662	一三四八	686	一三七二	710
一二七七	615	一三〇一	639	一三二五	663	一三四九	687	一三七三	711
一二七八	616	一三〇二	640	一三二六	664	一三五〇	688	一三七四	712
一二七九	617	一三〇三	641	一三二七	665	一三五一	689	一三七五	713
一二八〇	618	一三〇四	642	一三二八	666	一三五二	690	一三七六	714
一二八一	619	一三〇五	643	一三二九	667	一三五三	691	一三七七	715
一二八二	620	一三〇六	644	一三三〇	668	一三五四	692	一三七八	716
一二八三	621	一三〇七	645	一三三一	669	一三五五	693	一三七九	717
一二八四	622	一三〇八	646	一三三二	670	一三五六	694	一三八〇	718
一二八五	623	一三〇九	647	一三三三	671	一三五七	695	一三八一	719
一二八六	624	一三一〇	648	一三三四	672	一三五八	696	一三八二	720

整理號	示意圖號	整理號	示意圖號	整理號	示意圖號	整理號	示意圖號	整理號	示意圖號
一三八三	721	一四〇七	745	一四三一	769	一四五五	793	一四七九	817
一三八四	722	一四〇八	746	一四三二	770	一四五六	794	一四八〇	818
一三八五	723	一四〇九	747	一四三三	771	一四五七	795	一四八一	819
一三八六	724	一四一〇	748	一四三四	772	一四五八	796	一四八二	820
一三八七	725	一四一一	749	一四三五	773	一四五九	797	一四八三	821
一三八八	726	一四一二	750	一四三六	774	一四六〇	798	一四八四	822
一三八九	727	一四一三	751	一四三七	775	一四六一	799	一四八五	823
一三九〇	728	一四一四	752	一四三八	776	一四六二	800	一四八六	824
一三九一	729	一四一五	753	一四三九	777	一四六三	801	一四八七	825
一三九二	730	一四一六	754	一四四〇	778	一四六四	802	一四八八	826
一三九三	731	一四一七	755	一四四一	779	一四六五	803	一四八九	827
一三九四	732	一四一八	756	一四四二	780	一四六六	804	一四九〇	828
一三九五	733	一四一九	757	一四四三	781	一四六七	805	一四九一	829
一三九六	734	一四二〇	758	一四四四	782	一四六八	806	一四九二	830
一三九七	735	一四二一	759	一四四五	783	一四六九	807	一四九三	831
一三九八	736	一四二二	760	一四四六	784	一四七〇	808	一四九四	832
一三九九	737	一四二三	761	一四四七	785	一四七一	809	一四九五	833
一四〇〇	738	一四二四	762	一四四八	786	一四七二	810	一四九六	834
一四〇一	739	一四二五	763	一四四九	787	一四七三	811	一四九七	835
一四〇二	740	一四二六	764	一四五〇	788	一四七四	812	一四九八	836
一四〇三	741	一四二七	765	一四五一	789	一四七五	813	一四九九	837
一四〇四	742	一四二八	766	一四五二	790	一四七六	814	一五〇〇	838
一四〇五	743	一四二九	767	一四五三	791	一四七七	815	一五〇一	839
一四〇六	744	一四三〇	768	一四五四	792	一四七八	816	一五〇二	840

整理號	示意圖號	整理號	示意圖號	整理號	示意圖號	整理號	示意圖號	整理號	示意圖號
一五〇三	841	一五二七	865	一五五一	889	一五七五	913	一五九九	937
一五〇四	842	一五二八	866	一五五二	890	一五七六	914	一六〇〇	938
一五〇五	843	一五二九	867	一五五三	891	一五七七	915	一六〇一	939
一五〇六	844	一五三〇	868	一五五四	892	一五七八	916	一六〇二	940
一五〇七	845	一五三一	869	一五五五	893	一五七九	917	一六〇三	941
一五〇八	846	一五三二	870	一五五六	894	一五八〇	918	一六〇四	942
一五〇九	847	一五三三	871	一五五七	895	一五八一	919	一六〇五	943
一五一〇	848	一五三四	872	一五五八	896	一五八二	920	一六〇六	944
一五一一	849	一五三五	873	一五五九	897	一五八三	921	一六〇七	945
一五一二	850	一五三六	874	一五六〇	898	一五八四	922	一六〇八	946
一五一三	851	一五三七	875	一五六一	899	一五八五	923	一六〇九	947
一五一四	852	一五三八	876	一五六二	900	一五八六	924	一六一〇	948
一五一五	853	一五三九	877	一五六三	901	一五八七	925	一六一一	949
一五一六	854	一五四〇	878	一五六四	902	一五八八	926	一六一二	950
一五一七	855	一五四一	879	一五六五	903	一五八九	927	一六一三	951
一五一八	856	一五四二	880	一五六六	904	一五九〇	928	一六一四	952
一五一九	857	一五四三	881	一五六七	905	一五九一	929	一六一五	953
一五二〇	858	一五四四	882	一五六八	906	一五九二	930	一六一六	954
一五二一	859	一五四五	883	一五六九	907	一五九三	931	一六一七	955
一五二二	860	一五四六	884	一五七〇	908	一五九四	932	一六一八	956
一五二三	861	一五四七	885	一五七一	909	一五九五	933	一六一九	957
一五二四	862	一五四八	886	一五七二	910	一五九六	934	一六二〇	958
一五二五	863	一五四九	887	一五七三	911	一五九七	935	一六二一	959
一五二六	864	一五五〇	888	一五七四	912	一五九八	936	一六二二	960

整理號	示意圖號	整理號	示意圖號	整理號	示意圖號	整理號	示意圖號	整理號	示意圖號
一六二三	961	一六四七	985	一六七一	1009	一六九五	1033	一七一九	1057
一六二四	962	一六四八	986	一六七二	1010	一六九六	1034	一七二〇	1058
一六二五	963	一六四九	987	一六七三	1011	一六九七	1035	一七二一	1059
一六二六	964	一六五〇	988	一六七四	1012	一六九八	1036	一七二二	1060
一六二七	965	一六五一	989	一六七五	1013	一六九九	1037	一七二三	1061
一六二八	966	一六五二	990	一六七六	1014	一七〇〇	1038	一七二四	1062
一六二九	967	一六五三	991	一六七七	1015	一七〇一	1039	一七二五	1063
一六三〇	968	一六五四	992	一六七八	1016	一七〇二	1040	一七二六	1064
一六三一	969	一六五五	993	一六七九	1017	一七〇三	1041	一七二七	1065
一六三二	970	一六五六	994	一六八〇	1018	一七〇四	1042	一七二八	1066
一六三三	971	一六五七	995	一六八一	1019	一七〇五	1043	一七二九	1067
一六三四	972	一六五八	996	一六八二	1020	一七〇六	1044	一七三〇	1068
一六三五	973	一六五九	997	一六八三	1021	一七〇七	1045	一七三一	1069
一六三六	974	一六六〇	998	一六八四	1022	一七〇八	1046	一七三二	1070
一六三七	975	一六六一	999	一六八五	1023	一七〇九	1047	一七三三	1071
一六三八	976	一六六二	1000	一六八六	1024	一七一〇	1048	一七三四	1072
一六三九	977	一六六三	1001	一六八七	1025	一七一一	1049	一七三五	1073
一六四〇	978	一六六四	1002	一六八八	1026	一七一二	1050	一七三六	1074
一六四一	979	一六六五	1003	一六八九	1027	一七一三	1051	一七三七	1075
一六四二	980	一六六六	1004	一六九〇	1028	一七一四	1052	一七三八	1076
一六四三	981	一六六七	1005	一六九一	1029	一七一五	1053	一七三九	1077
一六四四	982	一六六八	1006	一六九二	1030	一七一六	1054	一七四〇	1078
一六四五	983	一六六九	1007	一六九三	1031	一七一七	1055	一七四一	1079
一六四六	984	一六七〇	1008	一六九四	1032	一七一八	1056	一七四二	1080

整理號	示意圖號	整理號	示意圖號	整理號	示意圖號	整理號	示意圖號	整理號	示意圖號
一七四三	1081	一七六七	1105	一七九一	1129	一八一五	1153	一八三九	1177
一七四四	1082	一七六八	1106	一七九二	1130	一八一六	1154	一八四〇	1178
一七四五	1083	一七六九	1107	一七九三	1131	一八一七	1155	一八四一	1179
一七四六	1084	一七七〇	1108	一七九四	1132	一八一八	1156	一八四二	1180
一七四七	1085	一七七一	1109	一七九五	1133	一八一九	1157	一八四三	1181
一七四八	1086	一七七二	1110	一七九六	1134	一八二〇	1158	一八四四	1182
一七四九	1087	一七七三	1111	一七九七	1135	一八二一	1159	一八四五	1183
一七五〇	1088	一七七四	1112	一七九八	1136	一八二二	1160	一八四六	1184
一七五一	1089	一七七五	1113	一七九九	1137	一八二三	1161	一八四七	1185
一七五二	1090	一七七六	1114	一八〇〇	1138	一八二四	1162	一八四八	1186
一七五三	1091	一七七七	1115	一八〇一	1139	一八二五	1163	一八四九	1187
一七五四	1092	一七七八	1116	一八〇二	1140	一八二六	1164	一八五〇	1188
一七五五	1093	一七七九	1117	一八〇三	1141	一八二七	1165	一八五一	1189
一七五六	1094	一七八〇	1118	一八〇四	1142	一八二八	1166	一八五二	1190
一七五七	1095	一七八一	1119	一八〇五	1143	一八二九	1167	一八五三	1191
一七五八	1096	一七八二	1120	一八〇六	1144	一八三〇	1168	一八五四	1192
一七五九	1097	一七八三	1121	一八〇七	1145	一八三一	1169	一八五五	1193
一七六〇	1098	一七八四	1122	一八〇八	1146	一八三二	1170	一八五六	1194
一七六一	1099	一七八五	1123	一八〇九	1147	一八三三	1171	一八五七	1195
一七六二	1100	一七八六	1124	一八一〇	1148	一八三四	1172	一八五八	1196
一七六三	1101	一七八七	1125	一八一一	1149	一八三五	1173	一八五九	1197
一七六四	1102	一七八八	1126	一八一二	1150	一八三六	1174	一八六〇	1198
一七六五	1103	一七八九	1127	一八一三	1151	一八三七	1175	一八六一	1199
一七六六	1104	一七九〇	1128	一八一四	1152	一八三八	1176	一八六二	1200

整理號	示意圖號	整理號	示意圖號	整理號	示意圖號	整理號	示意圖號	整理號	示意圖號
一八六三	1201	一八八七	1225	一九一一	1249	一九三五	1273	一九五九	1297
一八六四	1202	一八八八	1226	一九一二	1250	一九三六	1274	一九六〇	1298
一八六五	1203	一八八九	1227	一九一三	1251	一九三七	1275	一九六一	1299
一八六六	1204	一八九〇	1228	一九一四	1252	一九三八	1276	一九六二	1300
一八六七	1205	一八九一	1229	一九一五	1253	一九三九	1277	一九六三	1301
一八六八	1206	一八九二	1230	一九一六	1254	一九四〇	1278	一九六四	1302
一八六九	1207	一八九三	1231	一九一七	1255	一九四一	1279	一九六五	1303
一八七〇	1208	一八九四	1232	一九一八	1256	一九四二	1280	一九六六	1304
一八七一	1209	一八九五	1233	一九一九	1257	一九四三	1281	一九六七	1305
一八七二	1210	一八九六	1234	一九二〇	1258	一九四四	1282	一九六八	1306
一八七三	1211	一八九七	1235	一九二一	1259	一九四五	1283	一九六九	1307
一八七四	1212	一八九八	1236	一九二二	1260	一九四六	1284	一九七〇	1308
一八七五	1213	一八九九	1237	一九二三	1261	一九四七	1285	一九七一	1309
一八七六	1214	一九〇〇	1238	一九二四	1262	一九四八	1286	一九七二	1310
一八七七	1215	一九〇一	1239	一九二五	1263	一九四九	1287	一九七三	1311
一八七八	1216	一九〇二	1240	一九二六	1264	一九五〇	1288	一九七四	1312
一八七九	1217	一九〇三	1241	一九二七	1265	一九五一	1289	一九七五	1313
一八八〇	1218	一九〇四	1242	一九二八	1266	一九五二	1290	一九七六	1314
一八八一	1219	一九〇五	1243	一九二九	1267	一九五三	1291	一九七七	1315
一八八二	1220	一九〇六	1244	一九三〇	1268	一九五四	1292	一九七八	1316
一八八三	1221	一九〇七	1245	一九三一	1269	一九五五	1293	一九七九	1317
一八八四	1222	一九〇八	1246	一九三二	1270	一九五六	1294	一九八〇	1318
一八八五	1223	一九〇九	1247	一九三三	1271	一九五七	1295	一九八一	1319
一八八六	1224	一九一〇	1248	一九三四	1272	一九五八	1296	一九八二	1320

整理號	示意圖號	整理號	示意圖號	整理號	示意圖號	整理號	示意圖號	整理號	示意圖號
一九八三	1321	二○○七	1345	二○三一	1369	二○五五	1393	二○七九	1417
一九八四	1322	二○○八	1346	二○三二	1370	二○五六	1394	二○八○	1418
一九八五	1323	二○○九	1347	二○三三	1371	二○五七	1395	二○八一	1419
一九八六	1324	二○一○	1348	二○三四	1372	二○五八	1396	二○八二	1420
一九八七	1325	二○一一	1349	二○三五	1373	二○五九	1397	二○八三	1421
一九八八	1326	二○一二	1350	二○三六	1374	二○六○	1398	二○八四	1422
一九八九	1327	二○一三	1351	二○三七	1375	二○六一	1399	二○八五	1423
一九九○	1328	二○一四	1352	二○三八	1376	二○六二	1400	二○八六	1424
一九九一	1329	二○一五	1353	二○三九	1377	二○六三	1401	二○八七	1425
一九九二	1330	二○一六	1354	二○四○	1378	二○六四	1402	二○八八	1426
一九九三	1331	二○一七	1355	二○四一	1379	二○六五	1403	二○八九	1427
一九九四	1332	二○一八	1356	二○四二	1380	二○六六	1404	二○九○	1428
一九九五	1333	二○一九	1357	二○四三	1381	二○六七	1405	二○九一	1429
一九九六	1334	二○二○	1358	二○四四	1382	二○六八	1406	二○九二	1430
一九九七	1335	二○二一	1359	二○四五	1383	二○六九	1407	二○九三	1431
一九九八	1336	二○二二	1360	二○四六	1384	二○七○	1408	二○九四	1432
一九九九	1337	二○二三	1361	二○四七	1385	二○七一	1409	二○九五	1433
二○○○	1338	二○二四	1362	二○四八	1386	二○七二	1410	二○九六	1434
二○○一	1339	二○二五	1363	二○四九	1387	二○七三	1411	二○九七	1435
二○○二	1340	二○二六	1364	二○五○	1388	二○七四	1412	二○九八	1436
二○○三	1341	二○二七	1365	二○五一	1389	二○七五	1413	二○九九	1437
二○○四	1342	二○二八	1366	二○五二	1390	二○七六	1414	二一○○	1438
二○○五	1343	二○二九	1367	二○五三	1391	二○七七	1415	二一○一	1439
二○○六	1344	二○三○	1368	二○五四	1392	二○七八	1416	二一○二	1440

整理號	示意圖號	整理號	示意圖號	整理號	示意圖號	整理號	示意圖號	整理號	示意圖號
二二〇三	1441	二二二七	1465	二二五一	1489	二二七五	1513	二二九九	1537
二二〇四	1442	二二二八	1466	二二五二	1490	二二七六	1514	二三〇〇	1538
二二〇五	1443	二二二九	1467	二二五三	1491	二二七七	1515	二三〇一	1539
二二〇六	1444	二二三〇	1468	二二五四	1492	二二七八	1516	二三〇二	1540
二二〇七	1445	二二三一	1469	二二五五	1493	二二七九	1517	二三〇三	1541
二二〇八	1446	二二三二	1470	二二五六	1494	二二八〇	1518	二三〇四	1542
二二〇九	1447	二二三三	1471	二二五七	1495	二二八一	1519	二三〇五	1543
二二一〇	1448	二二三四	1472	二二五八	1496	二二八二	1520	二三〇六	1544
二二一一	1449	二二三五	1473	二二五九	1497	二二八三	1521	二三〇七	1545
二二一二	1450	二二三六	1474	二二六〇	1498	二二八四	1522	二三〇八	1546
二二一三	1451	二二三七	1475	二二六一	1499	二二八五	1523	二三〇九	1547
二二一四	1452	二二三八	1476	二二六二	1500	二二八六	1524	二三一〇	1548
二二一五	1453	二二三九	1477	二二六三	1501	二二八七	1525	二三一一	1549
二二一六	1454	二二四〇	1478	二二六四	1502	二二八八	1526	二三一二	1550
二二一七	1455	二二四一	1479	二二六五	1503	二二八九	1527	二三一三	1551
二二一八	1456	二二四二	1480	二二六六	1504	二二九〇	1528	二三一四	1552
二二一九	1457	二二四三	1481	二二六七	1505	二二九一	1529	二三一五	1553
二二二〇	1458	二二四四	1482	二二六八	1506	二二九二	1530	二三一六	1554
二二二一	1459	二二四五	1483	二二六九	1507	二二九三	1531	二三一七	1555
二二二二	1460	二二四六	1484	二二七〇	1508	二二九四	1532	二三一八	1556
二二二三	1461	二二四七	1485	二二七一	1509	二二九五	1533	二三一九	1557
二二二四	1462	二二四八	1486	二二七二	1510	二二九六	1534	二三二〇	1558
二二二五	1463	二二四九	1487	二二七三	1511	二二九七	1535	二三二一	1559
二二二六	1464	二二五〇	1488	二二七四	1512	二二九八	1536	二三二二	1560

整理號	示意圖號	整理號	示意圖號	整理號	示意圖號	整理號	示意圖號	整理號	示意圖號
二四六三	1801	二四八七	1825	二五一一	1849	二五三五	1873	二五五九	1897
二四六四	1802	二四八八	1826	二五一二	1850	二五三六	1874	二五六○	1898
二四六五	1803	二四八九	1827	二五一三	1851	二五三七	1875	二五六一	1899
二四六六	1804	二四九○	1828	二五一四	1852	二五三八	1876	二五六二	1900
二四六七	1805	二四九一	1829	二五一五	1853	二五三九	1877	二五六三	1901
二四六八	1806	二四九二	1830	二五一六	1854	二五四○	1878	二五六四	1902
二四六九	1807	二四九三	1831	二五一七	1855	二五四一	1879	二五六五	1903
二四七○	1808	二四九四	1832	二五一八	1856	二五四二	1880	二五六六	1904
二四七一	1809	二四九五	1833	二五一九	1857	二五四三	1881	二五六七	1905
二四七二	1810	二四九六	1834	二五二○	1858	二五四四	1882	二五六八	1906
二四七三	1811	二四九七	1835	二五二一	1859	二五四五	1883	二五六九	1907
二四七四	1812	二四九八	1836	二五二二	1860	二五四六	1884	二五七○	1908
二四七五	1813	二四九九	1837	二五二三	1861	二五四七	1885	二五七一	1909
二四七六	1814	二五○○	1838	二五二四	1862	二五四八	1886	二五七二	1910
二四七七	1815	二五○一	1839	二五二五	1863	二五四九	1887	二五七三	1911
二四七八	1816	二五○二	1840	二五二六	1864	二五五○	1888	二五七四	1912
二四七九	1817	二五○三	1841	二五二七	1865	二五五一	1889	二五七五	1913
二四八○	1818	二五○四	1842	二五二八	1866	二五五二	1890	二五七六	1914
二四八一	1819	二五○五	1843	二五二九	1867	二五五三	1891	二五七七	1915
二四八二	1820	二五○六	1844	二五三○	1868	二五五四	1892	二五七八	1916
二四八三	1821	二五○七	1845	二五三一	1869	二五五五	1893	二五七九	1917
二四八四	1822	二五○八	1846	二五三二	1870	二五五六	1894	二五八○	1918
二四八五	1823	二五○九	1847	二五三三	1871	二五五七	1895	二五八一	1919
二四八六	1824	二五一○	1848	二五三四	1872	二五五八	1896	二五八二	1920

整理號	示意圖號	整理號	示意圖號
二五八三	1921	二六〇七	1945
二五八四	1922	二六〇八	1946
二五八五	1923	二六〇九	1947
二五八六	1924	二六一〇	1948
二五八七	1925	二六一一	1949
二五八八	1926	二六一二	1950
二五八九	1927	二六一三	1951
二五九〇	1928	二六一四	1952
二五九一	1929	二六一五	1953
二五九二	1930	二六一六	1954
二五九三	1931	二六一七	1955
二五九四	1932	二六一八	1956
二五九五	1933	二六一九	1957
二五九六	1934	二六二〇	1958
二五九七	1935	二六二一	1959
二五九八	1936	二六二二	1960
二五九九	1937	二六二三	1961
二六〇〇	1938		
二六〇一	1939		
二六〇二	1940		
二六〇三	1941		
二六〇四	1942		
二六〇五	1943		
二六〇六	1944		

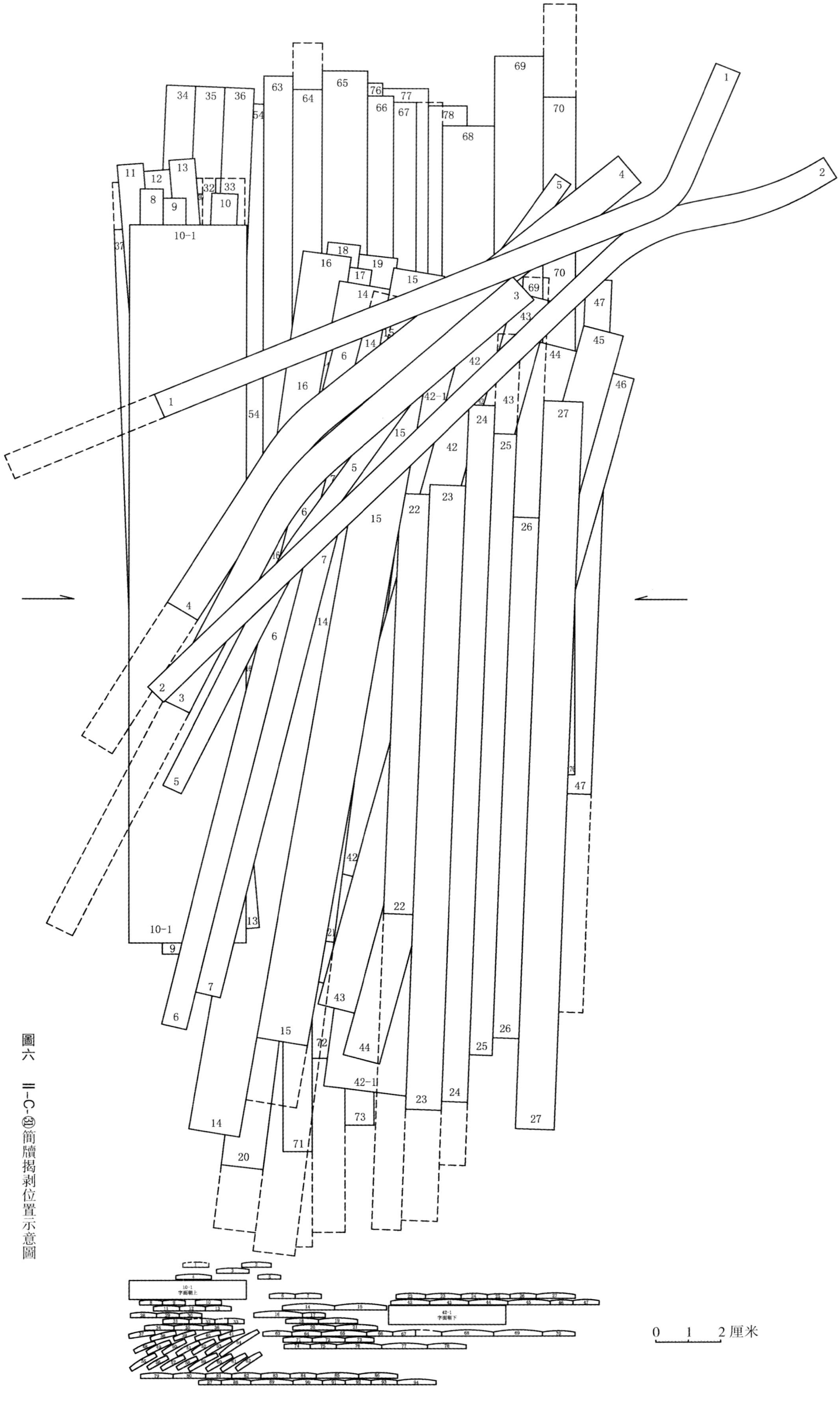

圖六　Ⅱ-C-㉛簡牘揭剥位置示意圖

圖六竹簡整理編號與示意圖編號對應表

整理號	示意圖號	整理號	示意圖號	整理號	示意圖號	整理號	示意圖號
二七七九	1	二八〇二	24	二八二五	47	二八四九	71
二七八〇	2	二八〇三	25	二八二六	48	二八五〇	72
二七八一	3	二八〇四	26	二八二七	49	二八五一	73
二七八二	4	二八〇五	27	二八二八	50	二八五二	74
二七八三	5	二八〇六	28	二八二九	51	二八五三	75
二七八四	6	二八〇七	29	二八三〇	52	二八五四	76
二七八五	7	二八〇八	30	二八三一	53	二八五五	77
二七八六	8	二八〇九	31	二八三二	54	二八五六	78
二七八七	9	二八一〇	32	二八三三	55	二八五七	79
二七八八	10	二八一一	33	二八三四	56	二八五八	80
二七八八（一）	10—1	二八一二	34	二八三五	57	二八五九	81
二七八九	11	二八一三	35	二八三六	58	二八六〇	82
二七九〇	12	二八一四	36	二八三七	59	二八六一	83
二七九一	13	二八一五	37	二八三八	60	二八六二	84
二七九二	14	二八一六	38	二八三九	61	二八六三	85
二七九三	15	二八一七	39	二八四〇	62	二八六四	86
二七九四	16	二八一八	40	二八四一	63	二八六五	87
二七九五	17	二八一九	41	二八四二	64	二八六六	88
二七九六	18	二八二〇	42	二八四三	65	二八六七	89
二七九七	19	二八二〇（一）	42—1	二八四四	66	二八六八	90
二七九八	20	二八二一	43	二八四五	67	二八六九	91
二七九九	21	二八二二	44	二八四六	68	二八七〇	92
二八〇〇	22	二八二三	45	二八四七	69	二八七一	93
二八〇一	23	二八二四	46	二八四八	70	二八七二	94

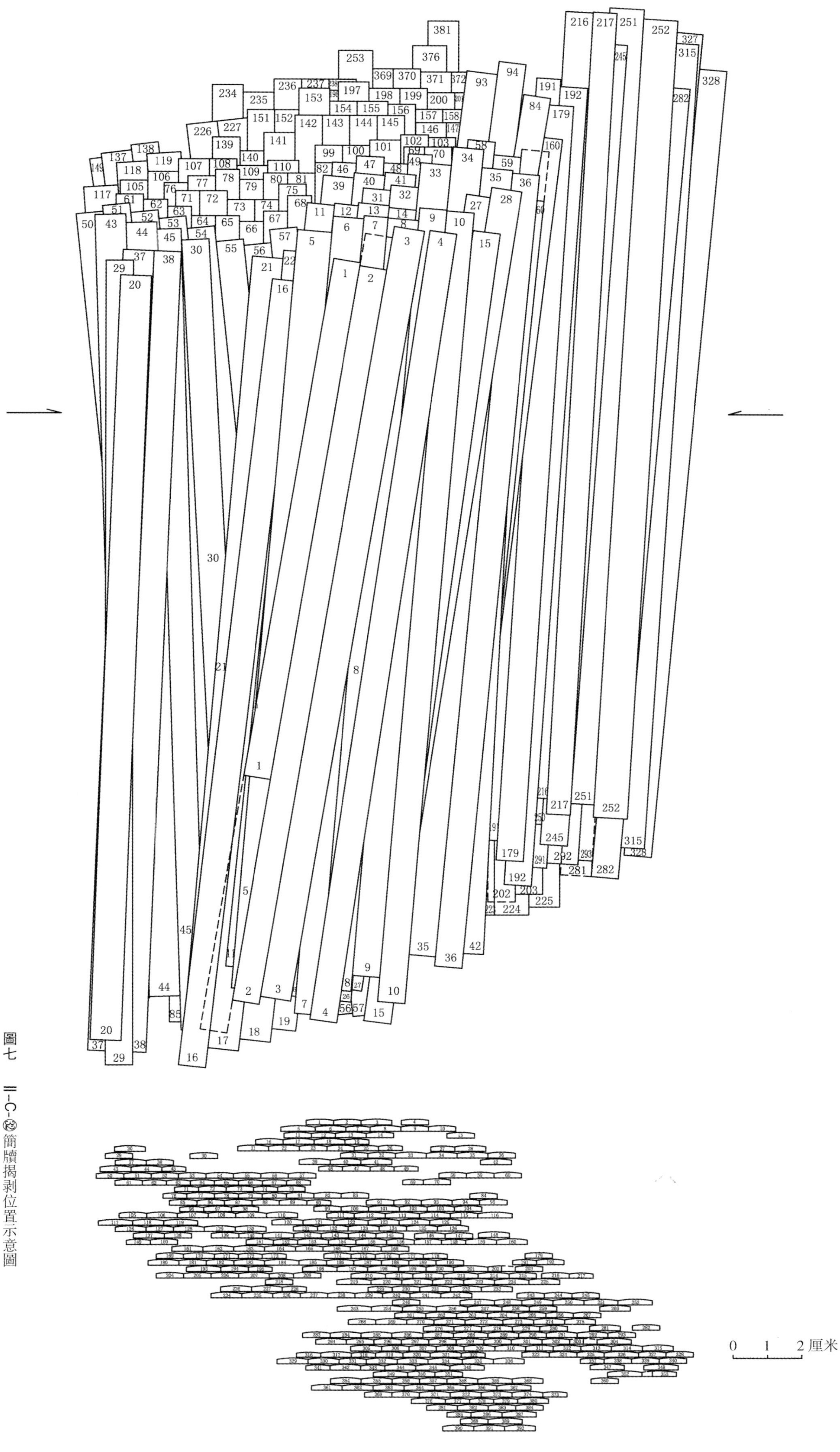

圖七 Ⅱ-C-㉜簡牘揭剥位置示意圖

圖七竹簡整理編號與示意圖編號對應表

整理號	示意圖號	整理號	示意圖號	整理號	示意圖號	整理號	示意圖號	整理號	示意圖號
二八七三	1	二八九七	25	二九二一	49	二九四五	73	二九六九	97
二八七四	2	二八九八	26	二九二二	50	二九四六	74	二九七〇	98
二八七五	3	二八九九	27	二九二三	51	二九四七	75	二九七一	99
二八七六	4	二九〇〇	28	二九二四	52	二九四八	76	二九七二	100
二八七七	5	二九〇一	29	二九二五	53	二九四九	77	二九七三	101
二八七八	6	二九〇二	30	二九二六	54	二九五〇	78	二九七四	102
二八七九	7	二九〇三	31	二九二七	55	二九五一	79	二九七五	103
二八八〇	8	二九〇四	32	二九二八	56	二九五二	80	二九七六	104
二八八一	9	二九〇五	33	二九二九	57	二九五三	81	二九七七	105
二八八二	10	二九〇六	34	二九三〇	58	二九五四	82	二九七八	106
二八八三	11	二九〇七	35	二九三一	59	二九五五	83	二九七九	107
二八八四	12	二九〇八	36	二九三二	60	二九五六	84	二九八〇	108
二八八五	13	二九〇九	37	二九三三	61	二九五七	85	二九八一	109
二八八六	14	二九一〇	38	二九三四	62	二九五八	86	二九八二	110
二八八七	15	二九一一	39	二九三五	63	二九五九	87	二九八三	111
二八八八	16	二九一二	40	二九三六	64	二九六〇	88	二九八四	112
二八八九	17	二九一三	41	二九三七	65	二九六一	89	二九八五	113
二八九〇	18	二九一四	42	二九三八	66	二九六二	90	二九八六	114
二八九一	19	二九一五	43	二九三九	67	二九六三	91	二九八七	115
二八九二	20	二九一六	44	二九四〇	68	二九六四	92	二九八八	116
二八九三	21	二九一七	45	二九四一	69	二九六五	93	二九八九	117
二八九四	22	二九一八	46	二九四二	70	二九六六	94	二九九〇	118
二八九五	23	二九一九	47	二九四三	71	二九六七	95	二九九一	119
二八九六	24	二九二〇	48	二九四四	72	二九六八	96	二九九二	120

整理號	示意圖號	整理號	示意圖號	整理號	示意圖號	整理號	示意圖號	整理號	示意圖號
二九九三	121	三〇一七	145	三〇四一	169	三〇六五	193	三〇八九	217
二九九四	122	三〇一八	146	三〇四二	170	三〇六六	194	三〇九〇	218
二九九五	123	三〇一九	147	三〇四三	171	三〇六七	195	三〇九一	219
二九九六	124	三〇二〇	148	三〇四四	172	三〇六八	196	三〇九二	220
二九九七	125	三〇二一	149	三〇四五	173	三〇六九	197	三〇九三	221
二九九八	126	三〇二二	150	三〇四六	174	三〇七〇	198	三〇九四	222
二九九九	127	三〇二三	151	三〇四七	175	三〇七一	199	三〇九五	223
三〇〇〇	128	三〇二四	152	三〇四八	176	三〇七二	200	三〇九六	224
三〇〇一	129	三〇二五	153	三〇四九	177	三〇七三	201	三〇九七	225
三〇〇二	130	三〇二六	154	三〇五〇	178	三〇七四	202	三〇九八	226
三〇〇三	131	三〇二七	155	三〇五一	179	三〇七五	203	三〇九九	227
三〇〇四	132	三〇二八	156	三〇五二	180	三〇七六	204	三一〇〇	228
三〇〇五	133	三〇二九	157	三〇五三	181	三〇七七	205	三一〇一	229
三〇〇六	134	三〇三〇	158	三〇五四	182	三〇七八	206	三一〇二	230
三〇〇七	135	三〇三一	159	三〇五五	183	三〇七九	207	三一〇三	231
三〇〇八	136	三〇三二	160	三〇五六	184	三〇八〇	208	三一〇四	232
三〇〇九	137	三〇三三	161	三〇五七	185	三〇八一	209	三一〇五	233
三〇一〇	138	三〇三四	162	三〇五八	186	三〇八二	210	三一〇六	234
三〇一一	139	三〇三五	163	三〇五九	187	三〇八三	211	三一〇七	235
三〇一二	140	三〇三六	164	三〇六〇	188	三〇八四	212	三一〇八	236
三〇一三	141	三〇三七	165	三〇六一	189	三〇八五	213	三一〇九	237
三〇一四	142	三〇三八	166	三〇六二	190	三〇八六	214	三一一〇	238
三〇一五	143	三〇三九	167	三〇六三	191	三〇八七	215	三一一一	239
三〇一六	144	三〇四〇	168	三〇六四	192	三〇八八	216	三一一二	240

整理號	示意圖號	整理號	示意圖號	整理號	示意圖號	整理號	示意圖號	整理號	示意圖號
三一一三	241	三一三七	265	三一六一	289	三一八五	313	三二〇九	337
三一一四	242	三一三八	266	三一六二	290	三一八六	314	三二一〇	338
三一一五	243	三一三九	267	三一六三	291	三一八七	315	三二一一	339
三一一六	244	三一四〇	268	三一六四	292	三一八八	316	三二一二	340
三一一七	245	三一四一	269	三一六五	293	三一八九	317	三二一三	341
三一一八	246	三一四二	270	三一六六	294	三一九〇	318	三二一四	342
三一一九	247	三一四三	271	三一六七	295	三一九一	319	三二一五	343
三一二〇	248	三一四四	272	三一六八	296	三一九二	320	三二一六	344
三一二一	249	三一四五	273	三一六九	297	三一九三	321	三二一七	345
三一二二	250	三一四六	274	三一七〇	298	三一九四	322	三二一八	346
三一二三	251	三一四七	275	三一七一	299	三一九五	323	三二一九	347
三一二四	252	三一四八	276	三一七二	300	三一九六	324	三二二〇	348
三一二五	253	三一四九	277	三一七三	301	三一九七	325	三二二一	349
三一二六	254	三一五〇	278	三一七四	302	三一九八	326	三二二二	350
三一二七	255	三一五一	279	三一七五	303	三一九九	327	三二二三	351
三一二八	256	三一五二	280	三一七六	304	三二〇〇	328	三二二四	352
三一二九	257	三一五三	281	三一七七	305	三二〇一	329	三二二五	353
三一三〇	258	三一五四	282	三一七八	306	三二〇二	330	三二二六	354
三一三一	259	三一五五	283	三一七九	307	三二〇三	331	三二二七	355
三一三二	260	三一五六	284	三一八〇	308	三二〇四	332	三二二八	356
三一三三	261	三一五七	285	三一八一	309	三二〇五	333	三二二九	357
三一三四	262	三一五八	286	三一八二	310	三二〇六	334	三二三〇	358
三一三五	263	三一五九	287	三一八三	311	三二〇七	335	三二三一	359
三一三六	264	三一六〇	288	三一八四	312	三二〇八	336	三二三二	360

整理號	示意圖號	整理號	示意圖號
三二三三	361	三二五七	385
三二三四	362	三二五八	386
三二三五	363	三二五九	387
三二三六	364	三二六〇	388
三二三七	365	三二六一	389
三二三八	366	三二六二	390
三二三九	367	三二六三	391
三二四〇	368	三二六四	392
三二四一	369		
三二四二	370		
三二四三	371		
三二四四	372		
三二四五	373		
三二四六	374		
三二四七	375		
三二四八	376		
三二四九	377		
三二五〇	378		
三二五一	379		
三二五二	380		
三二五三	381		
三二五四	382		
三二五五	383		
三二五六	384		

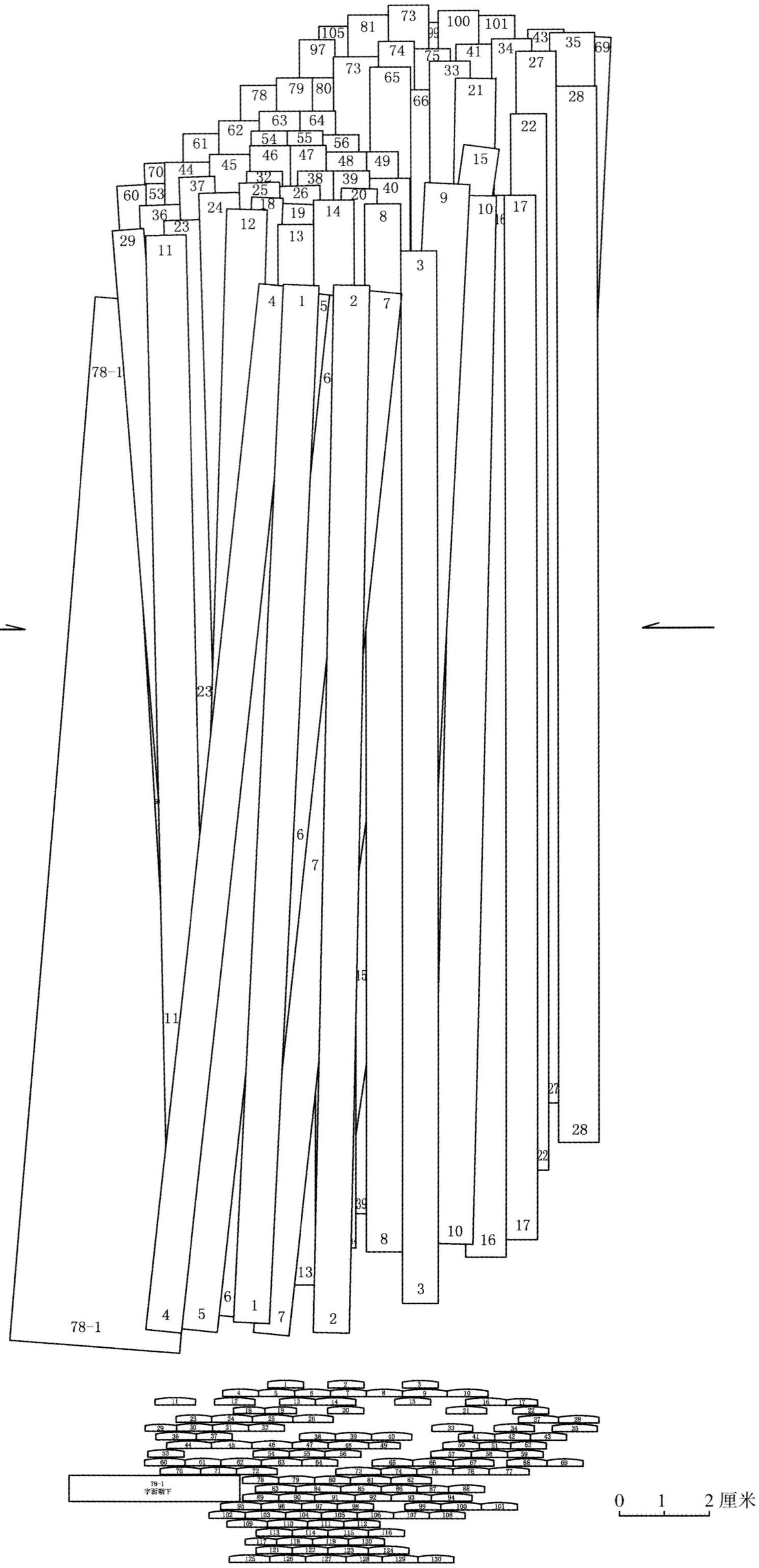

圖八 Ⅱ-C-㉝簡牘揭剥位置示意圖

圖八竹簡整理編號與示意圖編號對應表

整理號	示意圖號	整理號	示意圖號	整理號	示意圖號	整理號	示意圖號	整理號	示意圖號
三二六五	1	三二八九	25	三三一三	49	三三三七	73	三三六〇	96
三二六六	2	三二九〇	26	三三一四	50	三三三八	74	三三六一	97
三二六七	3	三二九一	27	三三一五	51	三三三九	75	三三六二	98
三二六八	4	三二九二	28	三三一六	52	三三四〇	76	三三六三	99
三二六九	5	三二九三	29	三三一七	53	三三四一	77	三三六四	100
三二七〇	6	三二九四	30	三三一八	54	三三四二	78	三三六五	101
三二七一	7	三二九五	31	三三一九	55	三三四二（一）	78—1	三三六六	102
三二七二	8	三二九六	32	三三二〇	56	三三四三	79	三三六七	103
三二七三	9	三二九七	33	三三二一	57	三三四四	80	三三六八	104
三二七四	10	三二九八	34	三三二二	58	三三四五	81	三三六九	105
三二七五	11	三二九九	35	三三二三	59	三三四六	82	三三七〇	106
三二七六	12	三三〇〇	36	三三二四	60	三三四七	83	三三七一	107
三二七七	13	三三〇一	37	三三二五	61	三三四八	84	三三七二	108
三二七八	14	三三〇二	38	三三二六	62	三三四九	85	三三七三	109
三二七九	15	三三〇三	39	三三二七	63	三三五〇	86	三三七四	110
三二八〇	16	三三〇四	40	三三二八	64	三三五一	87	三三七五	111
三二八一	17	三三〇五	41	三三二九	65	三三五二	88	三三七六	112
三二八二	18	三三〇六	42	三三三〇	66	三三五三	89	三三七七	113
三二八三	19	三三〇七	43	三三三一	67	三三五四	90	三三七八	114
三二八四	20	三三〇八	44	三三三二	68	三三五五	91	三三七九	115
三二八五	21	三三〇九	45	三三三三	69	三三五六	92	三三八〇	116
三二八六	22	三三一〇	46	三三三四	70	三三五七	93	三三八一	117
三二八七	23	三三一一	47	三三三五	71	三三五八	94	三三八二	118
三二八八	24	三三一二	48	三三三六	72	三三五九	95	三三八三	119

整理號	示意圖號
三三八四	120
三三八五	121
三三八六	122
三三八七	123
三三八八	124
三三八九	125
三三九〇	126
三三九一	127
三三九二	128
三三九三	129
三三九四	130

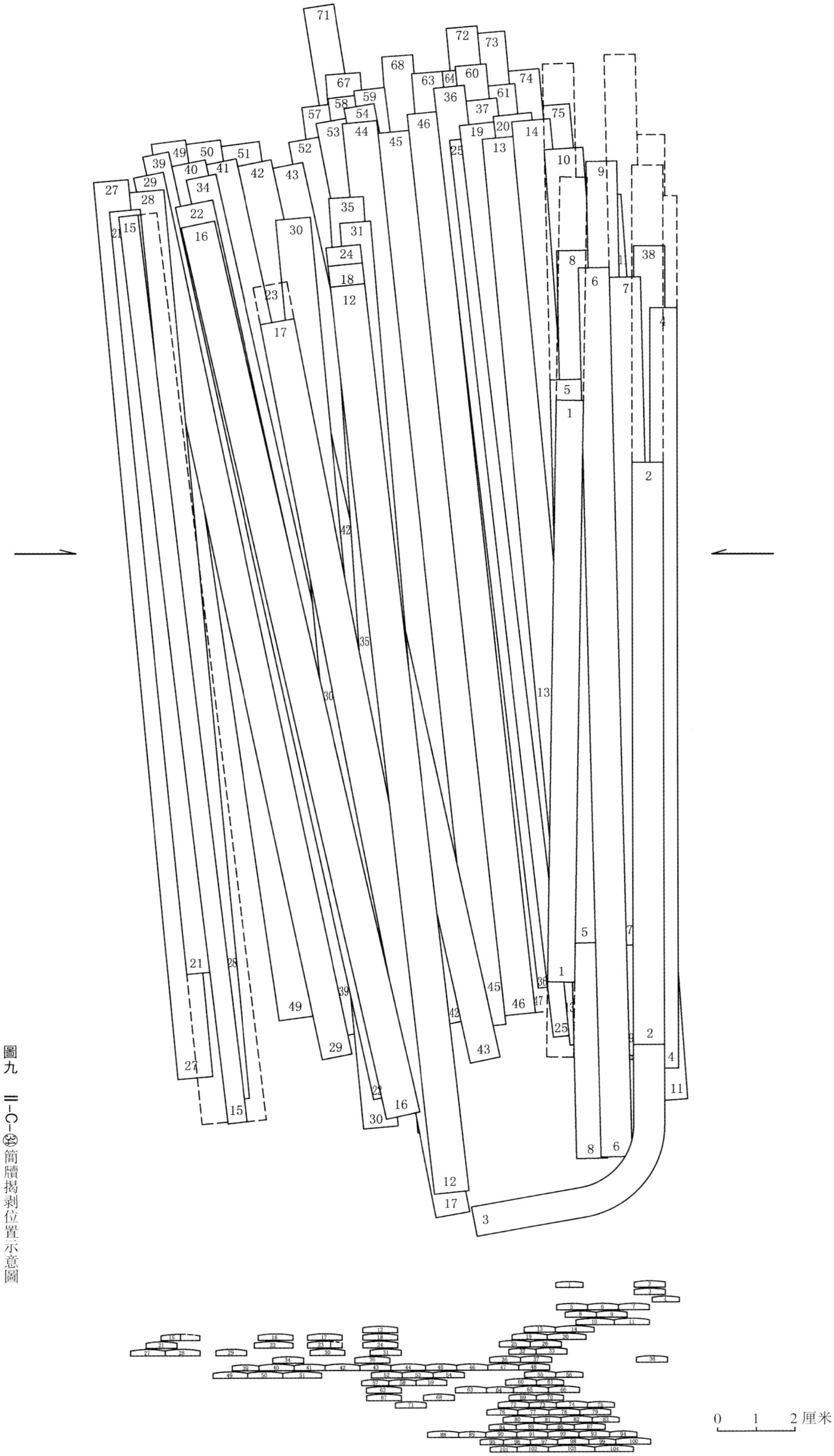

圖九　Ⅱ-C-㉞簡牘揭剥位置示意圖

圖九竹簡整理編號與示意圖編號對應表

整理號	示意圖號	整理號	示意圖號	整理號	示意圖號	整理號	示意圖號	整理號	示意圖號
三三九五	1	三四一九	25	三四四三	49	三四六七	73	三四九一	97
三三九六	2	三四二〇	26	三四四四	50	三四六八	74	三四九二	98
三三九七	3	三四二一	27	三四四五	51	三四六九	75	三四九三	99
三三九八	4	三四二二	28	三四四六	52	三四七〇	76	三四九四	100
三三九九	5	三四二三	29	三四四七	53	三四七一	77	三四九五	101
三四〇〇	6	三四二四	30	三四四八	54	三四七二	78	三四九六	102
三四〇一	7	三四二五	31	三四四九	55	三四七三	79	三四九七	103
三四〇二	8	三四二六	32	三四五〇	56	三四七四	80	三四九八	104
三四〇三	9	三四二七	33	三四五一	57	三四七五	81		
三四〇四	10	三四二八	34	三四五二	58	三四七六	82		
三四〇五	11	三四二九	35	三四五三	59	三四七七	83		
三四〇六	12	三四三〇	36	三四五四	60	三四七八	84		
三四〇七	13	三四三一	37	三四五五	61	三四七九	85		
三四〇八	14	三四三二	38	三四五六	62	三四八〇	86		
三四〇九	15	三四三三	39	三四五七	63	三四八一	87		
三四一〇	16	三四三四	40	三四五八	64	三四八二	88		
三四一一	17	三四三五	41	三四五九	65	三四八三	89		
三四一二	18	三四三六	42	三四六〇	66	三四八四	90		
三四一三	19	三四三七	43	三四六一	67	三四八五	91		
三四一四	20	三四三八	44	三四六二	68	三四八六	92		
三四一五	21	三四三九	45	三四六三	69	三四八七	93		
三四一六	22	三四四〇	46	三四六四	70	三四八八	94		
三四一七	23	三四四一	47	三四六五	71	三四八九	95		
三四一八	24	三四四二	48	三四六六	72	三四九〇	96		

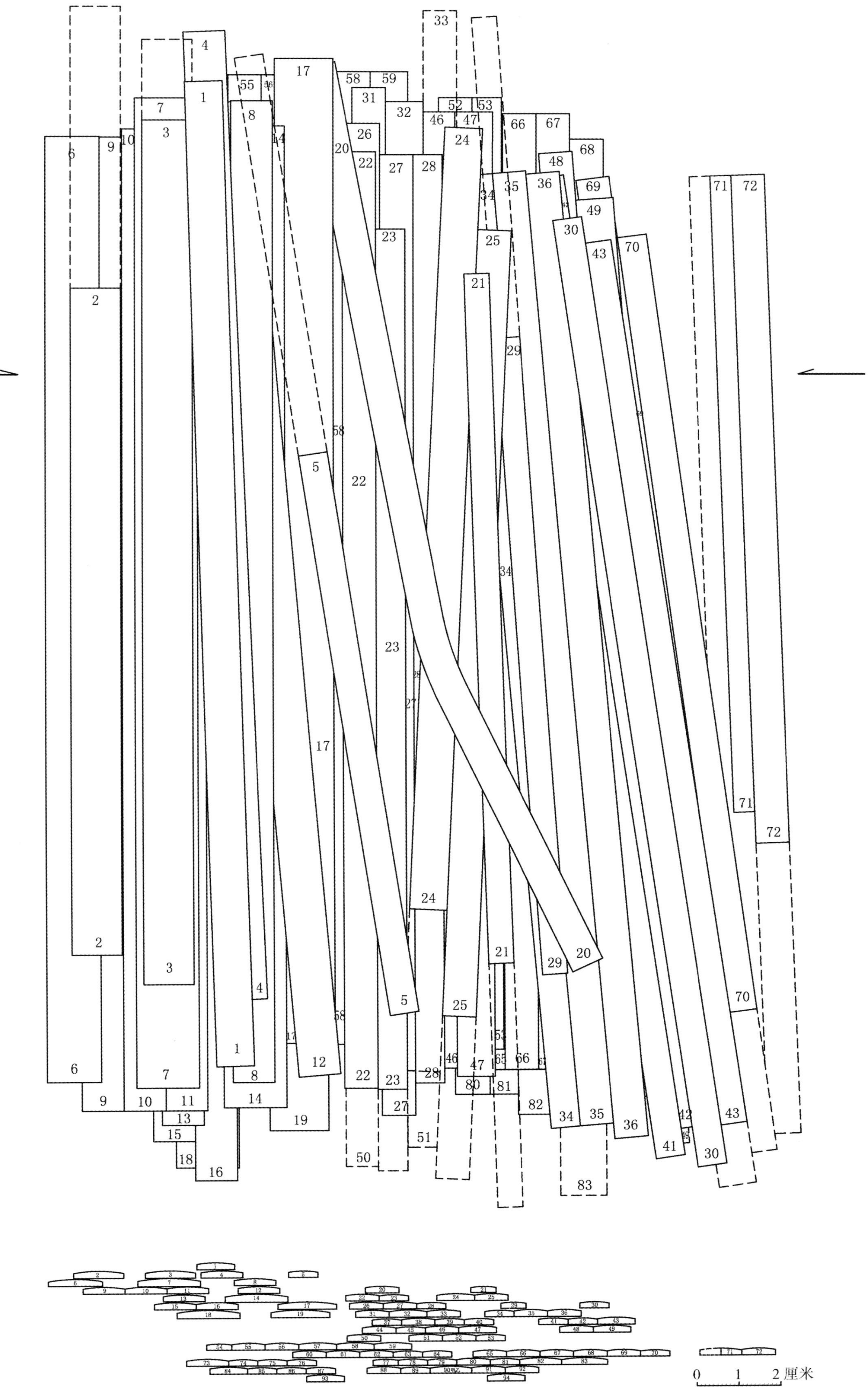

圖十　Ⅱ-C-㉟簡牘揭剥位置示意圖

圖十竹簡整理編號與示意圖編號對應表

整理號	示意圖號	整理號	示意圖號	整理號	示意圖號	整理號	示意圖號
三四九九	1	三五二三	25	三五四七	49	三五七一	73
三五〇〇	2	三五二四	26	三五四八	50	三五七二	74
三五〇一	3	三五二五	27	三五四九	51	三五七三	75
三五〇二	4	三五二六	28	三五五〇	52	三五七四	76
三五〇三	5	三五二七	29	三五五一	53	三五七五	77
三五〇四	6	三五二八	30	三五五二	54	三五七六	78
三五〇五	7	三五二九	31	三五五三	55	三五七七	79
三五〇六	8	三五三〇	32	三五五四	56	三五七八	80
三五〇七	9	三五三一	33	三五五五	57	三五七九	81
三五〇八	10	三五三二	34	三五五六	58	三五八〇	82
三五〇九	11	三五三三	35	三五五七	59	三五八一	83
三五一〇	12	三五三四	36	三五五八	60	三五八二	84
三五一一	13	三五三五	37	三五五九	61	三五八三	85
三五一二	14	三五三六	38	三五六〇	62	三五八四	86
三五一三	15	三五三七	39	三五六一	63	三五八五	87
三五一四	16	三五三八	40	三五六二	64	三五八六	88
三五一五	17	三五三九	41	三五六三	65	三五八七	89
三五一六	18	三五四〇	42	三五六四	66	三五八八甲乙	90甲乙
三五一七	19	三五四一	43	三五六五	67	三五八九	91
三五一八	20	三五四二	44	三五六六	68	三五九〇	92
三五一九	21	三五四三	45	三五六七	69	三五九一	93
三五二〇	22	三五四四	46	三五六八	70	三五九二	94
三五二一	23	三五四五	47	三五六九	71		
三五二二	24	三五四六	48	三五七〇	72		

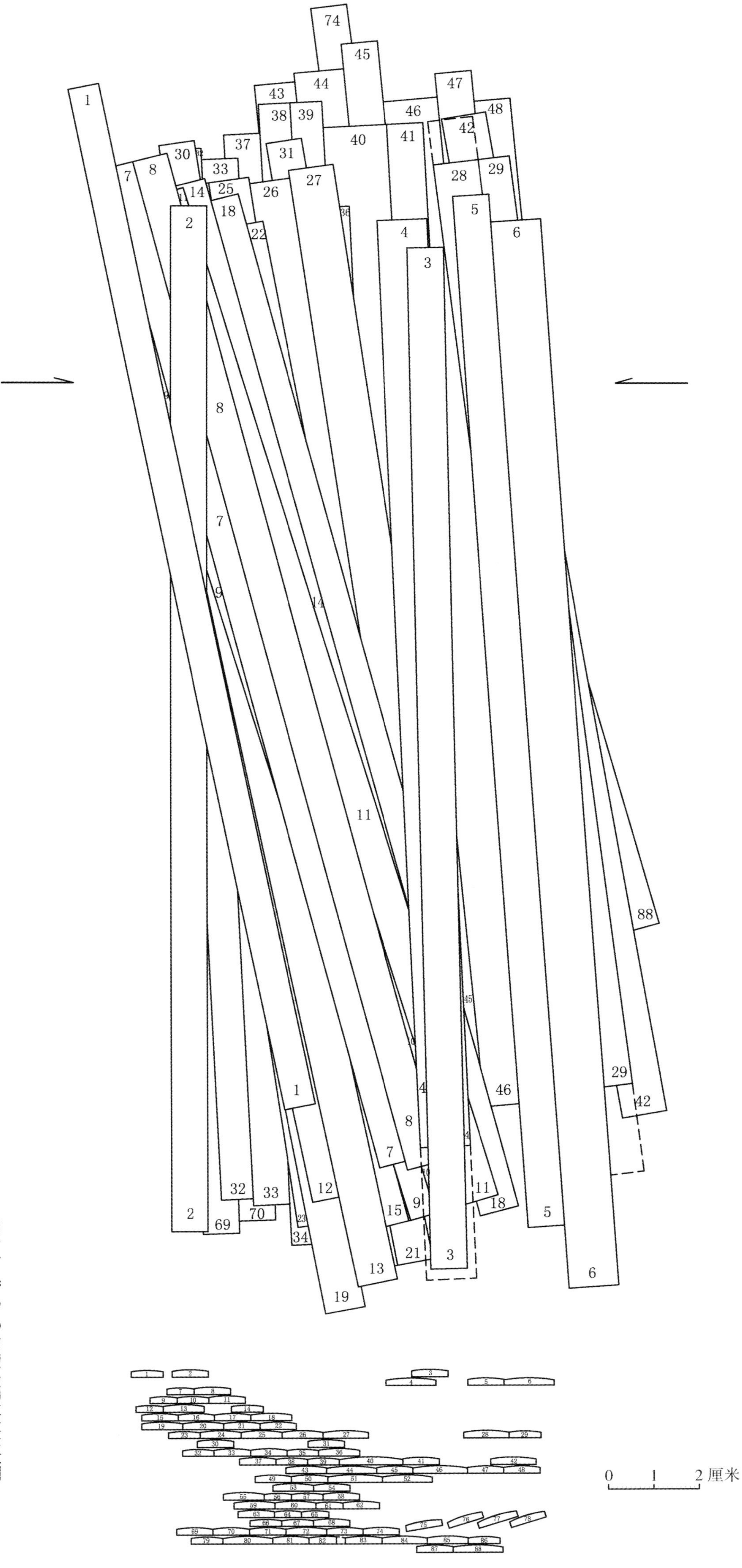

圖十一 Ⅱ-C-㊱簡牘揭剥位置示意圖

圖十一 竹簡整理編號與示意圖編號對應表

整理號	示意圖號	整理號	示意圖號	整理號	示意圖號	整理號	示意圖號
三五九三	1	三六一七	25	三六四一	49	三六六五	73
三五九四	2	三六一八	26	三六四二	50	三六六六	74
三五九五	3	三六一九	27	三六四三	51	三六六七	75
三五九六	4	三六二〇	28	三六四四	52	三六六八	76
三五九七	5	三六二一	29	三六四五	53	三六六九	77
三五九八	6	三六二二	30	三六四六	54	三六七〇	78
三五九九	7	三六二三	31	三六四七	55	三六七一	79
三六〇〇	8	三六二四	32	三六四八	56	三六七二	80
三六〇一	9	三六二五	33	三六四九	57	三六七三	81
三六〇二	10	三六二六	34	三六五〇	58	三六七四	82
三六〇三	11	三六二七	35	三六五一	59	三六七五	83
三六〇四	12	三六二八	36	三六五二	60	三六七六	84
三六〇五	13	三六二九	37	三六五三	61	三六七七	85
三六〇六	14	三六三〇	38	三六五四	62	三六七八	86
三六〇七	15	三六三一	39	三六五五	63	三六七九	87
三六〇八	16	三六三二	40	三六五六	64	三六八〇	88
三六〇九	17	三六三三	41	三六五七	65		
三六一〇	18	三六三四	42	三六五八	66		
三六一一	19	三六三五	43	三六五九	67		
三六一二	20	三六三六	44	三六六〇	68		
三六一三	21	三六三七	45	三六六一	69		
三六一四	22	三六三八	46	三六六二	70		
三六一五	23	三六三九	47	三六六三	71		
三六一六	24	三六四〇	48	三六六四	72		

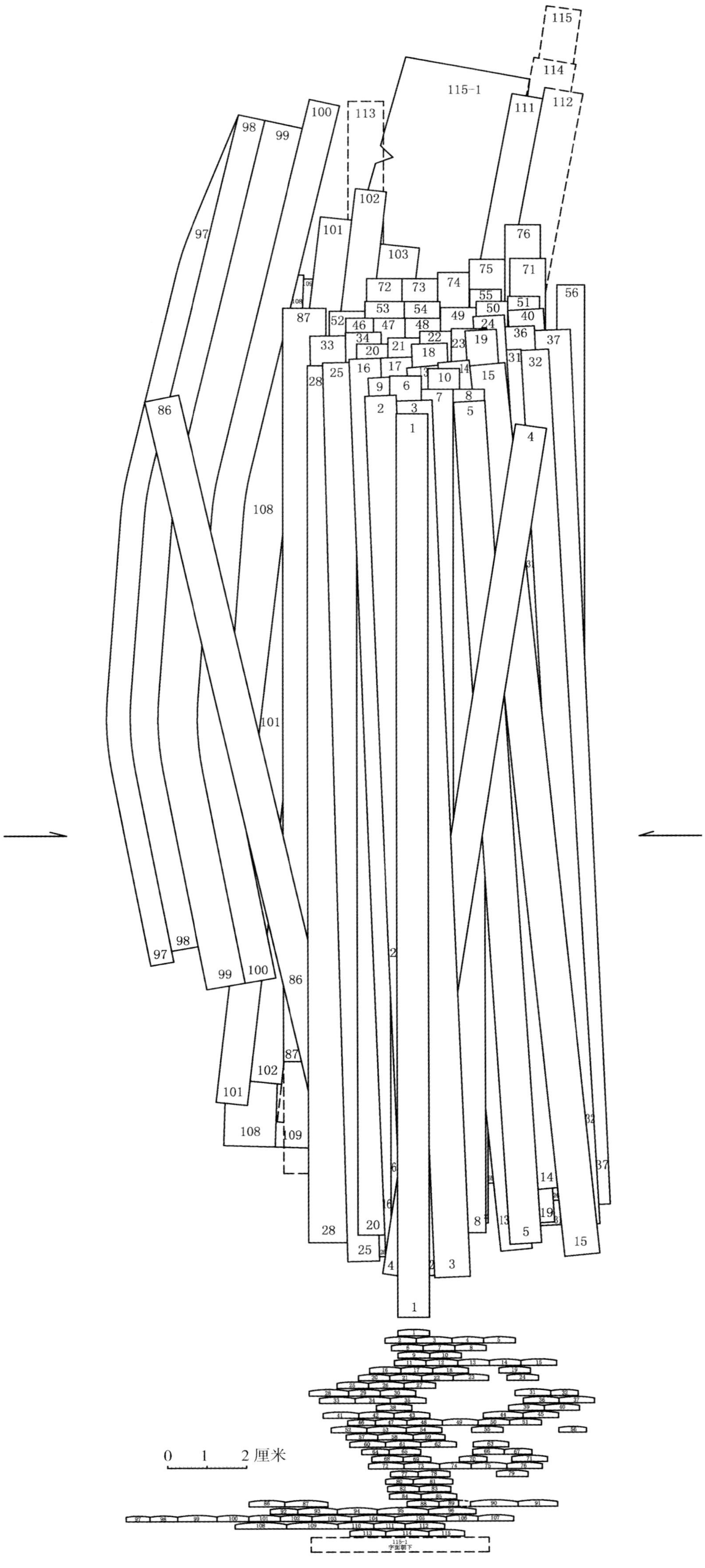

圖十二 Ⅱ-C-㊲簡牘揭剥位置示意圖

圖十二竹簡整理編號與示意圖編號對應表

整理號	示意圖號	整理號	示意圖號	整理號	示意圖號	整理號	示意圖號	整理號	示意圖號
三六八一	1	三七〇五	25	三七二九	49	三七五三	73	三七七七	97
三六八二	2	三七〇六	26	三七三〇	50	三七五四	74	三七七八	98
三六八三	3	三七〇七	27	三七三一	51	三七五五	75	三七七九	99
三六八四	4	三七〇八	28	三七三二	52	三七五六	76	三七八〇	100
三六八五	5	三七〇九	29	三七三三	53	三七五七	77	三七八一	101
三六八六	6	三七一〇	30	三七三四	54	三七五八	78	三七八二	102
三六八七	7	三七一一	31	三七三五	55	三七五九	79	三七八三	103
三六八八	8	三七一二	32	三七三六	56	三七六〇	80	三七八四	104
三六八九	9	三七一三	33	三七三七	57	三七六一	81	三七八五	105
三六九〇	10	三七一四	34	三七三八	58	三七六二	82	三七八六	106
三六九一	11	三七一五	35	三七三九	59	三七六三	83	三七八七	107
三六九二	12	三七一六	36	三七四〇	60	三七六四	84	三七八八	108
三六九三	13	三七一七	37	三七四一	61	三七六五	85	三七八九	109
三六九四	14	三七一八	38	三七四二	62	三七六六	86	三七九〇	110
三六九五	15	三七一九	39	三七四三	63	三七六七	87	三七九一	111
三六九六	16	三七二〇	40	三七四四	64	三七六八	88	三七九二	112
三六九七	17	三七二一	41	三七四五	65	三七六九	89	三七九三	113
三六九八	18	三七二二	42	三七四六	66	三七七〇	90	三七九四	114
三六九九	19	三七二三	43	三七四七	67	三七七一	91	三七九五	115
三七〇〇	20	三七二四	44	三七四八	68	三七七二	92	三七九五（一）	115—1
三七〇一	21	三七二五	45	三七四九	69	三七七三	93		
三七〇二	22	三七二六	46	三七五〇	70	三七七四	94		
三七〇三	23	三七二七	47	三七五一	71	三七七五	95		
三七〇四	24	三七二八	48	三七五二	72	三七七六	96		

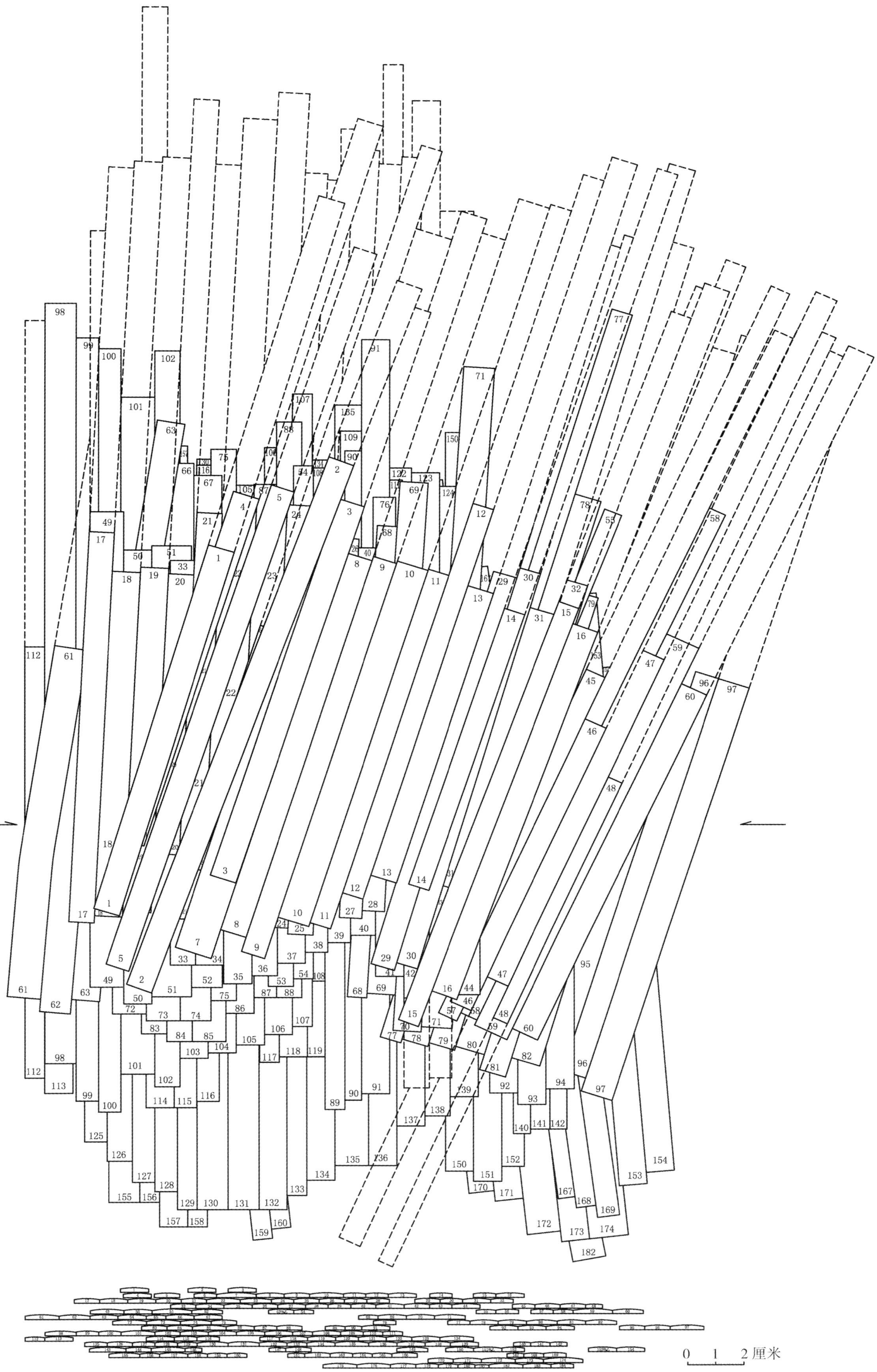

圖十三　Ⅱ-C-⑧簡牘揭剥位置示意圖

圖十三竹簡整理編號與示意圖編號對應表

整理號	示意圖號	整理號	示意圖號	整理號	示意圖號	整理號	示意圖號	整理號	示意圖號
三七九六	1	三八二〇	25	三八四四	49	三八六八	73	三八九二	97
三七九七	2	三八二一	26	三八四五	50	三八六九	74	三八九三	98
三七九八	3	三八二二	27	三八四六	51	三八七〇	75	三八九四	99
三七九九	4	三八二三	28	三八四七	52	三八七一	76	三八九五	100
三八〇〇	5	三八二四	29	三八四八甲乙	53甲乙	三八七二	77	三八九六	101
三八〇一	6	三八二五	30	三八四九	54	三八七三	78	三八九七	102
三八〇二	7	三八二六	31	三八五〇	55	三八七四	79	三八九八	103
三八〇三	8	三八二七	32	三八五一	56	三八七五	80	三八九九	104
三八〇四	9	三八二八	33	三八五二	57	三八七六	81	三九〇〇	105
三八〇五	10	三八二九	34	三八五三	58	三八七七	82	三九〇一	106
三八〇六	11	三八三〇	35	三八五四	59	三八七八	83	三九〇二	107
三八〇七	12	三八三一	36	三八五五	60	三八七九	84	三九〇三	108
三八〇八	13	三八三二	37	三八五六	61	三八八〇	85	三九〇四	109
三八〇九	14	三八三三	38	三八五七	62	三八八一	86	三九〇五	110
三八一〇	15	三八三四	39	三八五八	63	三八八二	87	三九〇六	111
三八一一	16	三八三五	40	三八五九	64	三八八三	88	三九〇七	112
三八一二	17	三八三六	41	三八六〇	65	三八八四	89	三九〇八	113
三八一三	18	三八三七	42	三八六一	66	三八八五	90	三九〇九	114
三八一四	19	三八三八	43	三八六二	67	三八八六	91	三九一〇	115
三八一五	20	三八三九	44	三八六三	68	三八八七	92	三九一一	116
三八一六	21	三八四〇	45	三八六四	69	三八八八	93	三九一二	117
三八一七	22	三八四一	46	三八六五	70	三八八九	94	三九一三	118
三八一八	23	三八四二	47	三八六六	71	三八九〇	95	三九一四	119
三八一九	24	三八四三	48	三八六七	72	三八九一	96	三九一五	120

整理號	示意圖號	整理號	示意圖號	整理號	示意圖號
三九一六	121	三九四〇	145	三九六四	169
三九一七	122	三九四一	146	三九六五	170
三九一八	123	三九四二	147	三九六六	171
三九一九	124	三九四三	148	三九六七	172
三九二〇	125	三九四四	149	三九六八	173
三九二一	126	三九四五	150	三九六九	174
三九二二	127	三九四六甲乙	151甲乙	三九七〇	175
三九二三	128	三九四七	152	三九七一	176
三九二四	129	三九四八甲乙	153甲乙	三九七二	177
三九二五	130	三九四九	154	三九七三	178
三九二六	131	三九五〇	155	三九七四	179
三九二七	132	三九五一	156	三九七五	180
三九二八	133	三九五二	157	三九七六	181
三九二九	134	三九五三	158	三九七七	182
三九三〇	135	三九五四	159	三九七八	183
三九三一	136	三九五五	160	三九七九	184
三九三二	137	三九五六	161		
三九三三	138	三九五七	162		
三九三四	139	三九五八	163		
三九三五	140	三九五九	164		
三九三六	141	三九六〇	165		
三九三七	142	三九六一	166		
三九三八	143	三九六二	167		
三九三九	144	三九六三	168		

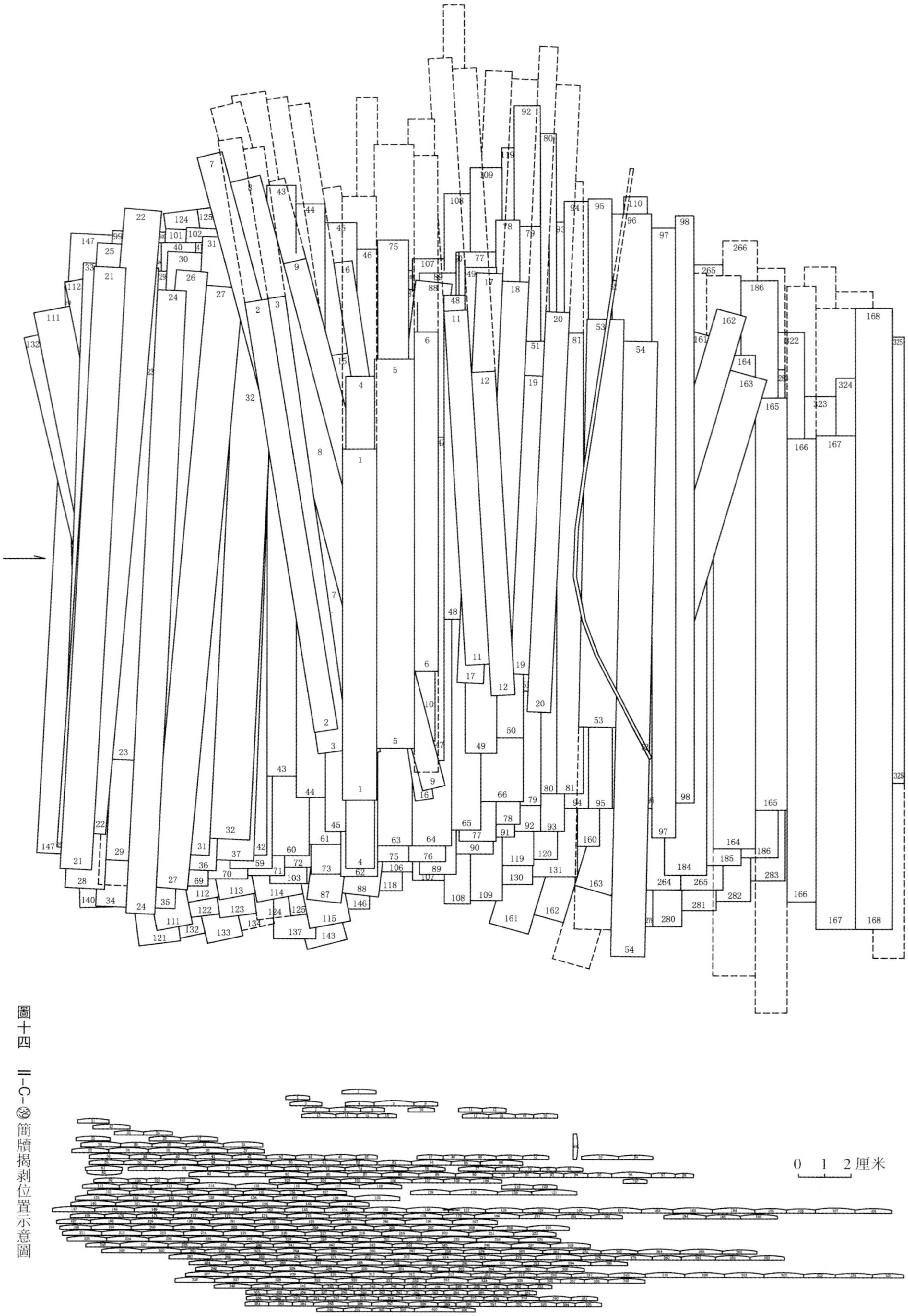

圖十四 Ⅱ-C-㉜簡牘揭剥位置示意圖

圖十四竹簡整理編號與示意圖編號對應表

整理號	示意圖號	整理號	示意圖號	整理號	示意圖號	整理號	示意圖號	整理號	示意圖號
三九八○	1	四○○四	25	四○二八	49	四○五二	73	四○七六	97
三九八一	2	四○○五	26	四○二九	50	四○五三	74	四○七七	98
三九八二	3	四○○六	27	四○三○	51	四○五四	75	四○七八	99
三九八三	4	四○○七	28	四○三一	52	四○五五	76	四○七九	100
三九八四	5	四○○八	29	四○三二	53	四○五六	77	四○八○	101
三九八五	6	四○○九	30	四○三三	54	四○五七	78	四○八一	102
三九八六	7	四○一○	31	四○三四	55	四○五八	79	四○八二	103
三九八七	8	四○一一	32	四○三五	56	四○五九	80	四○八三	104
三九八八	9	四○一二	33	四○三六	57	四○六○	81	四○八四	105
三九八九	10	四○一三	34	四○三七	58	四○六一	82	四○八五	106
三九九○	11	四○一四	35	四○三八	59	四○六二	83	四○八六	107
三九九一	12	四○一五	36	四○三九	60	四○六三	84	四○八七	108
三九九二	13	四○一六	37	四○四○	61	四○六四	85	四○八八	109
三九九三	14	四○一七	38	四○四一	62	四○六五	86	四○八九	110
三九九四	15	四○一八	39	四○四二	63	四○六六	87	四○九○	111
三九九五	16	四○一九	40	四○四三	64	四○六七	88	四○九一	112
三九九六	17	四○二○	41	四○四四	65	四○六八	89	四○九二	113
三九九七	18	四○二一	42	四○四五	66	四○六九	90	四○九三	114
三九九八	19	四○二二	43	四○四六	67	四○七○	91	四○九四	115
三九九九	20	四○二三	44	四○四七	68	四○七一	92	四○九五	116
四○○○	21	四○二四	45	四○四八	69	四○七二	93	四○九六	117
四○○一	22	四○二五	46	四○四九	70	四○七三	94	四○九七	118
四○○二	23	四○二六	47	四○五○	71	四○七四	95	四○九八	119
四○○三	24	四○二七	48	四○五一	72	四○七五	96	四○九九	120

整理號	示意圖號
四一〇〇	121
四一〇一	122
四一〇二	123
四一〇三	124
四一〇四	125
四一〇五	126
四一〇六	127
四一〇七	128
四一〇八	129
四一〇九	130
四一一〇	131
四一一一	132
四一一二	133
四一一三	134
四一一四	135
四一一五	136
四一一六	137
四一一七	138
四一一八	139
四一一九	140
四一二〇	141
四一二一	142
四一二二	143
四一二三	144
四一二四	145
四一二五	146
四一二六	147
四一二七	148
四一二八	149
四一二九	150
四一三〇	151
四一三一	152
四一三二	153
四一三三	154
四一三四	155
四一三五	156
四一三六	157
四一三七	158
四一三八	159
四一三九	160
四一四〇	161
四一四一	162
四一四二	163
四一四三	164
四一四四	165
四一四五	166
四一四六	167
四一四七	168
四一四八	169
四一四九	170
四一五〇	171
四一五一	172
四一五二	173
四一五三	174
四一五四	175
四一五五	176
四一五六	177
四一五七	178
四一五八	179
四一五九	180
四一六〇	181
四一六一	182
四一六二	183
四一六三	184
四一六四	185
四一六五	186
四一六六	187
四一六七	188
四一六八	189
四一六九	190
四一七〇	191
四一七一	192
四一七二	193
四一七三	194
四一七四	195
四一七五	196
四一七六	197
四一七七	198
四一七八	199
四一七九	200
四一八〇	201
四一八一	202
四一八二	203
四一八三	204
四一八四	205
四一八五	206
四一八六	207
四一八七	208
四一八八	209
四一八九	210
四一九〇	211
四一九一	212
四一九二	213
四一九三	214
四一九四	215
四一九五	216
四一九六	217
四一九七	218
四一九八	219
四一九九	220
四二〇〇	221
四二〇一	222
四二〇二	223
四二〇三	224
四二〇四	225
四二〇五	226
四二〇六	227
四二〇七	228
四二〇八	229
四二〇九	230
四二一〇	231
四二一一	232
四二一二	233
四二一三	234
四二一四	235
四二一五	236
四二一六	237
四二一七	238
四二一八	239
四二一九	240

整理號	示意圖號
四二二〇	241
四二二一	242
四二二二	243
四二二三	244
四二二四	245
四二二五	246
四二二六	247
四二二七	248
四二二八	249
四二二九	250
四二三〇	251
四二三一	252
四二三二	253
四二三三	254
四二三四	255
四二三五	256
四二三六	257
四二三七	258
四二三八	259
四二三九	260
四二四〇	261
四二四一	262
四二四二	263
四二四三	264
四二四四	265
四二四五	266
四二四六	267
四二四七	268
四二四八	269
四二四九	270
四二五〇	271
四二五一	272
四二五二	273
四二五三	274
四二五四	275
四二五五	276
四二五六	277
四二五七	278
四二五八	279
四二五九	280
四二六〇	281
四二六一	282
四二六二	283
四二六三	284
四二六四	285
四二六五	286
四二六六	287
四二六七	288
四二六八	289
四二六九	290
四二七〇	291
四二七一	292
四二七二	293
四二七三	294
四二七四	295
四二七五	296
四二七六	297
四二七七	298
四二七八	299
四二七九	300
四二八〇	301
四二八一	302
四二八二	303
四二八三	304
四二八四	305
四二八五	306
四二八六	307
四二八七	308
四二八八	309
四二八九	310
四二九〇	311
四二九一	312
四二九二	313
四二九三	314
四二九四	315
四二九五	316
四二九六	317
四二九七	318
四二九八	319
四二九九	320
四三〇〇	321
四三〇一	322
四三〇二	323
四三〇三	324
四三〇四	325
四三〇五	326
四三〇六	327
四三〇七	328
四三〇八	329
四三〇九	330
四三一〇	331
四三一一	332
四三一二	333
四三一三	334
四三一四	335
四三一五	336
四三一六	337
四三一七	338
四三一八	339
四三一九	340
四三二〇	341
四三二一	342
四三二二	343
四三二三	344
四三二四	345
四三二五	346
四三二六	347
四三二七	348
四三二八	349
四三二九	350
四三三〇	351
四三三一	352
四三三二	353
四三三三	354
四三三四	355
四三三五	356
四三三六	357
四三三七	358
四三三八	359
四三三九	360

整理號	示意圖號	整理號	示意圖號
四三四〇	361	四三六四	385
四三四一	362	四三六五	386
四三四二	363	四三六六	387
四三四三	364	四三六七	388
四三四四	365	四三六八	389
四三四五	366	四三六九	390
四三四六	367	四三七〇	391
四三四七	368	四三七一	392
四三四八	369	四三七二	393
四三四九	370	四三七三	394
四三五〇	371	四三七四	395
四三五一	372	四三七五	396
四三五二	373	四三七六	397
四三五三	374	四三七七	398
四三五四	375	四三七八	399
四三五五	376	四三七九	400
四三五六	377	四三八〇	401
四三五七	378		
四三五八	379		
四三五九	380		
四三六〇	381		
四三六一	382		
四三六二	383		
四三六三	384		

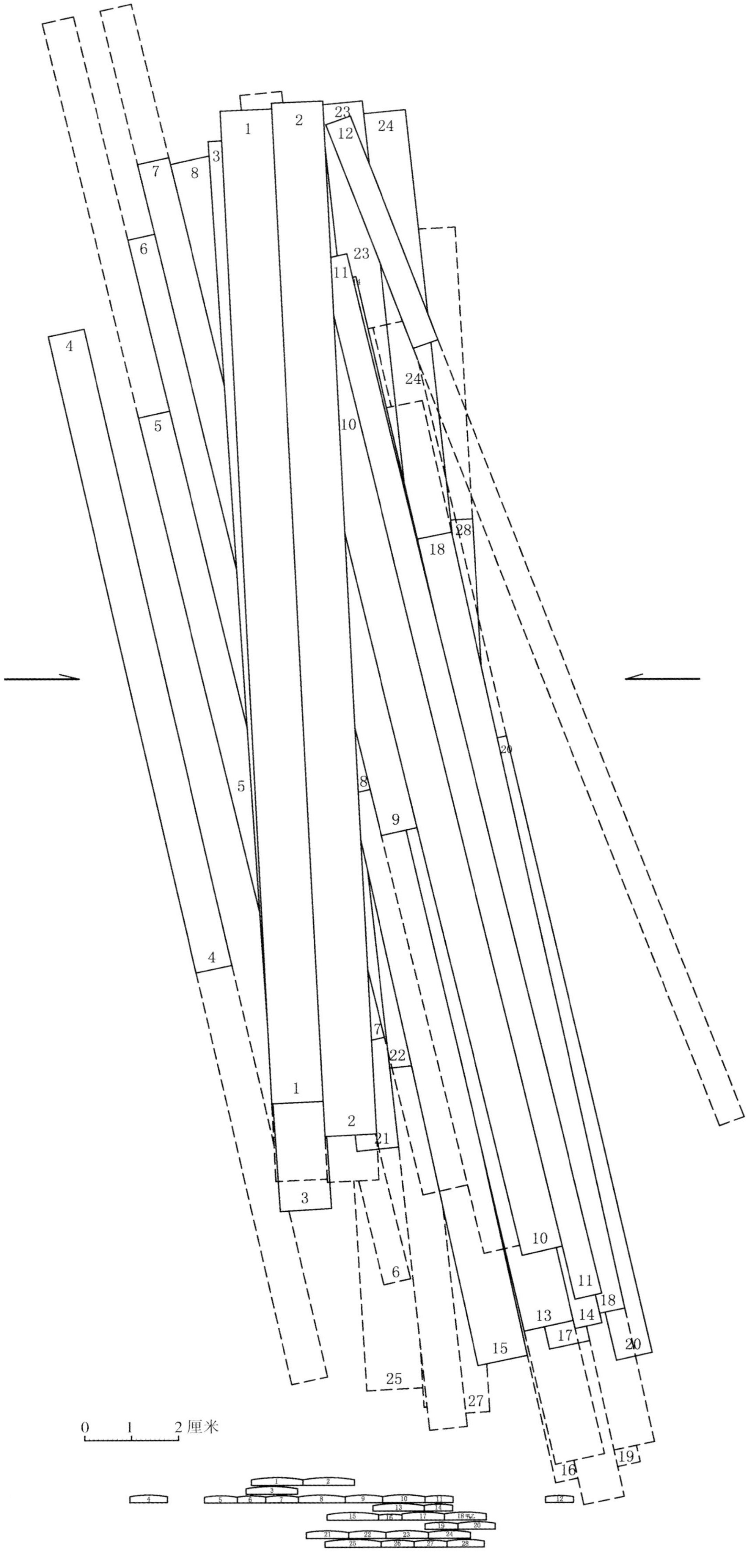

圖十五　Ⅱ-C-㊵簡牘揭剥位置示意圖

圖十五竹簡整理編號與示意圖編號對應表

整理號	示意圖號	整理號	示意圖號
五二七四	1	五二九八	25
五二七五	2	五二九九	26
五二七六	3	五三〇〇	27
五二七七	4	五三〇一	28
五二七八	5		
五二七九	6		
五二八〇	7		
五二八一	8		
五二八二	9		
五二八三	10		
五二八四	11		
五二八五	12		
五二八六	13		
五二八七	14		
五二八八	15		
五二八九	16		
五二九〇	17		
五二九一甲乙	18甲乙		
五二九二	19		
五二九三	20		
五二九四	21		
五二九五	22		
五二九六	23		
五二九七	24		

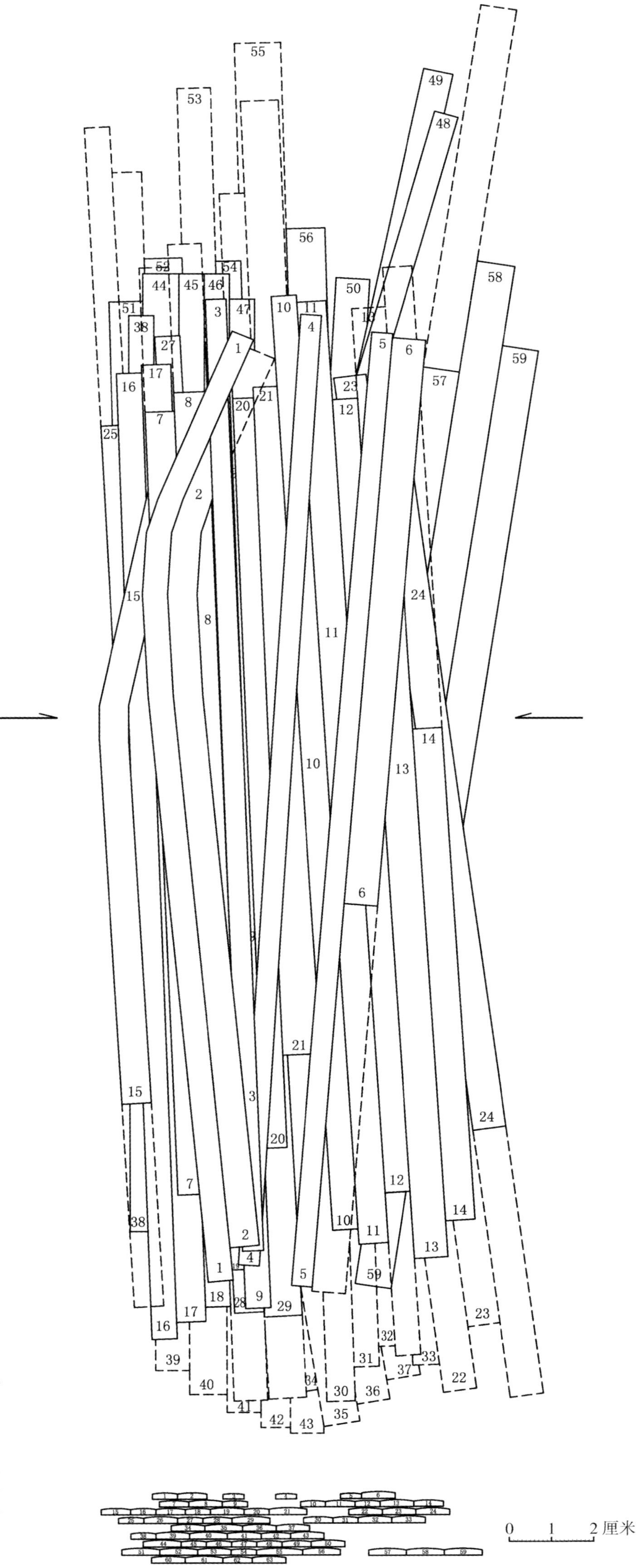

圖十六　Ⅱ-C-㊶簡牘揭剥位置示意圖

圖十六竹簡整理編號與示意圖編號對應表

整理號	示意圖號	整理號	示意圖號	整理號	示意圖號
五三〇二	1	五三二六	25	五三五〇	49
五三〇三	2	五三二七	26	五三五一	50
五三〇四	3	五三二八	27	五三五二	51
五三〇五	4	五三二九	28	五三五三	52
五三〇六	5	五三三〇	29	五三五四	53
五三〇七	6	五三三一	30	五三五五	54
五三〇八	7	五三三二	31	五三五六	55
五三〇九	8	五三三三	32	五三五七	56
五三一〇	9	五三三四	33	五三五八	57
五三一一	10	五三三五	34	五三五九	58
五三一二	11	五三三六	35	五三六〇	59
五三一三	12	五三三七	36	五三六一	60
五三一四	13	五三三八	37	五三六二	61
五三一五	14	五三三九	38	五三六三	62
五三一六	15	五三四〇	39	五三六四	63
五三一七	16	五三四一	40		
五三一八	17	五三四二	41		
五三一九	18	五三四三	42		
五三二〇	19	五三四四	43		
五三二一	20	五三四五	44		
五三二二	21	五三四六	45		
五三二三	22	五三四七	46		
五三二四	23	五三四八	47		
五三二五	24	五三四九	48		

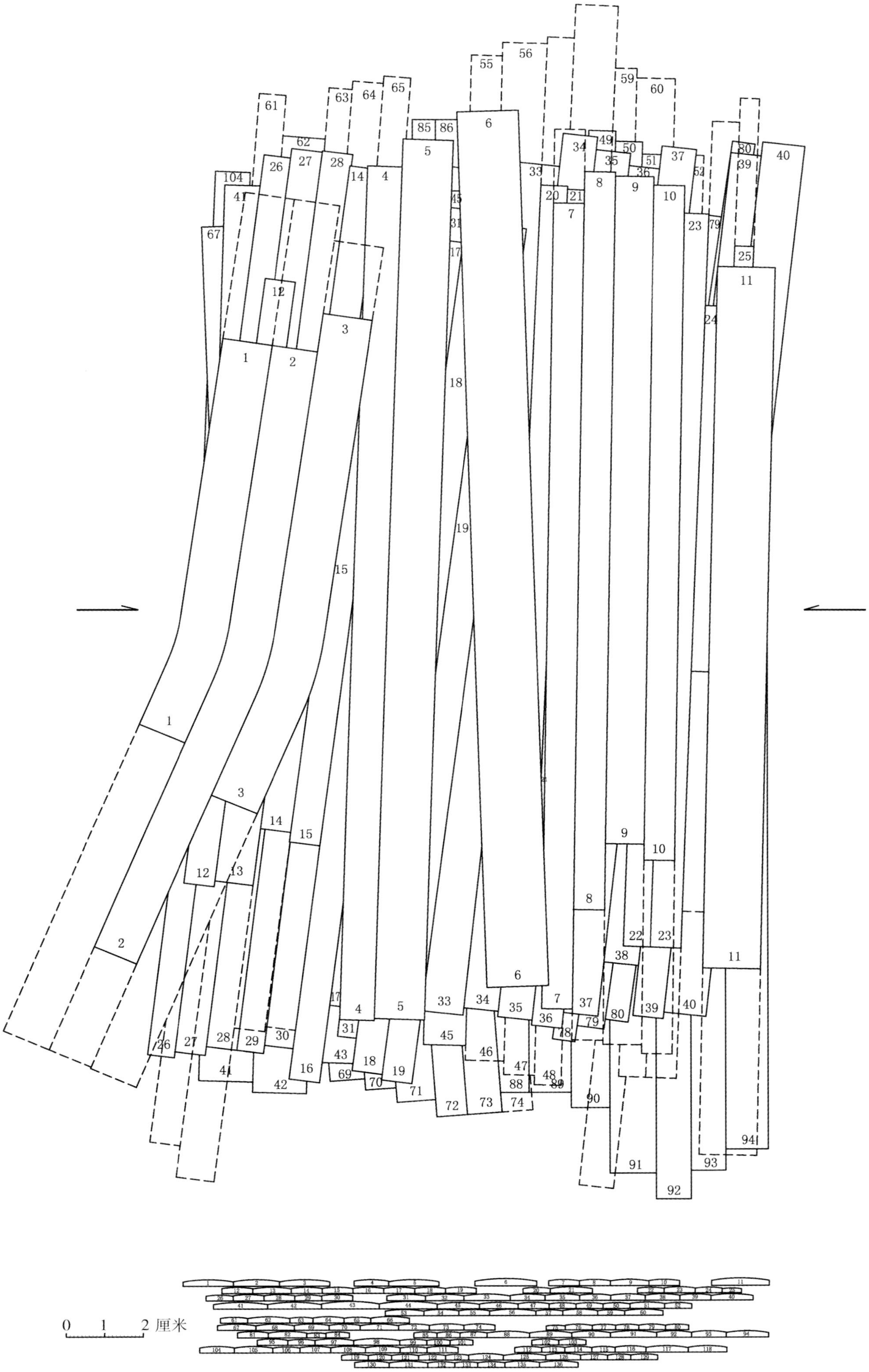

圖十七　Ⅱ-C-⑫簡牘揭剥位置示意圖

圖十七竹簡整理編號與示意圖編號對應表

整理號	示意圖號	整理號	示意圖號	整理號	示意圖號	整理號	示意圖號	整理號	示意圖號
五三六五	1	五三八九	25	五四一三	49	五四三七	73	五四六一	97
五三六六	2	五三九〇	26	五四一四	50	五四三八	74	五四六二	98
五三六七	3	五三九一	27	五四一五	51	五四三九	75	五四六三	99
五三六八	4	五三九二	28	五四一六	52	五四四〇	76	五四六四	100
五三六九	5	五三九三	29	五四一七	53	五四四一	77	五四六五	101
五三七〇	6	五三九四	30	五四一八	54	五四四二	78	五四六六	102
五三七一	7	五三九五	31	五四一九	55	五四四三	79	五四六七	103
五三七二	8	五三九六	32	五四二〇	56	五四四四	80	五四六八	104
五三七三	9	五三九七	33	五四二一	57	五四四五	81	五四六九	105
五三七四	10	五三九八	34	五四二二	58	五四四六	82	五四七〇	106
五三七五	11	五三九九	35	五四二三	59	五四四七	83	五四七一	107
五三七六	12	五四〇〇	36	五四二四	60	五四四八	84	五四七二	108
五三七七	13	五四〇一	37	五四二五	61	五四四九	85	五四七三	109
五三七八	14	五四〇二	38	五四二六	62	五四五〇	86	五四七四	110
五三七九	15	五四〇三	39	五四二七	63	五四五一	87	五四七五	111
五三八〇	16	五四〇四	40	五四二八	64	五四五二	88	五四七六	112
五三八一	17	五四〇五	41	五四二九	65	五四五三	89	五四七七	113
五三八二	18	五四〇六	42	五四三〇	66	五四五四	90	五四七八	114
五三八三	19	五四〇七	43	五四三一	67	五四五五	91	五四七九	115
五三八四	20	五四〇八	44	五四三二	68	五四五六	92	五四八〇	116
五三八五	21	五四〇九	45	五四三三	69	五四五七	93	五四八一	117
五三八六	22	五四一〇	46	五四三四	70	五四五八	94	五四八二	118
五三八七	23	五四一一	47	五四三五	71	五四五九	95	五四八三	119
五三八八	24	五四一二	48	五四三六	72	五四六〇	96	五四八四	120

整理號	示意圖號
五四八五	121
五四八六	122
五四八七	123
五四八八	124
五四八九	125
五四九〇	126
五四九一	127
五四九二	128
五四九三	129
五四九四	130
五四九五	131
五四九六	132
五四九七	133
五四九八	134
五四九九	135
五五〇〇	136

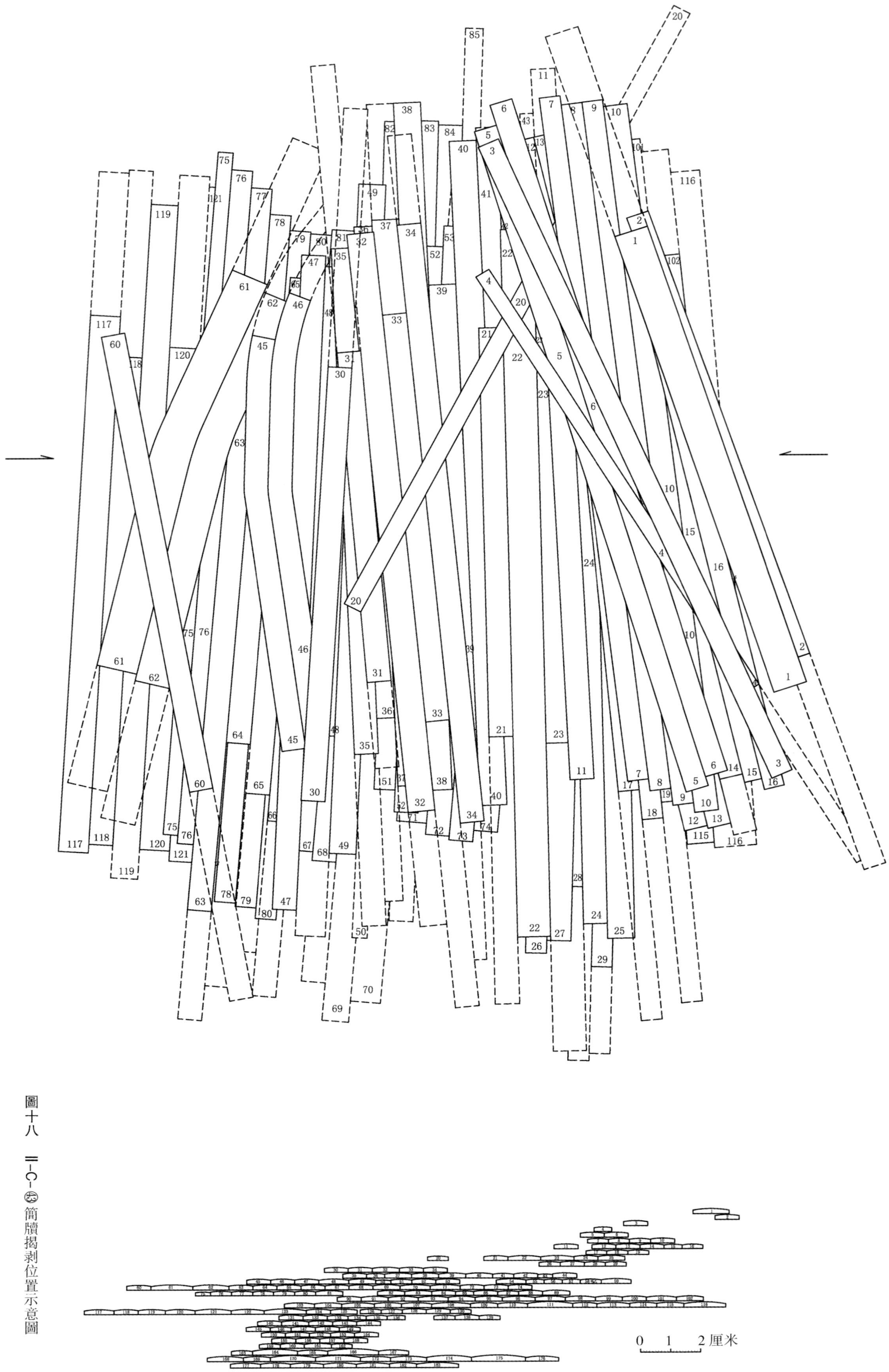

圖十八　Ⅱ-C-㊸簡牘揭剥位置示意圖

圖十八 竹簡整理編號與示意圖編號對應表

整理號	示意圖號	整理號	示意圖號	整理號	示意圖號	整理號	示意圖號	整理號	示意圖號
五五〇一	1	五五二五	25	五五四九	49	五五七三	73	五五九七	97
五五〇二	2	五五二六	26	五五五〇	50	五五七四	74	五五九八	98
五五〇三	3	五五二七	27	五五五一	51	五五七五	75	五五九九	99
五五〇四	4	五五二八	28	五五五二	52	五五七六	76	五六〇〇	100
五五〇五	5	五五二九	29	五五五三	53	五五七七	77	五六〇一	101
五五〇六	6	五五三〇	30	五五五四	54	五五七八	78	五六〇二	102
五五〇七	7	五五三一	31	五五五五	55	五五七九	79	五六〇三	103
五五〇八	8	五五三二	32	五五五六	56	五五八〇	80	五六〇四	104
五五〇九	9	五五三三	33	五五五七	57	五五八一	81	五六〇五	105
五五一〇	10	五五三四	34	五五五八甲乙	58甲乙	五五八二	82	五六〇六	106
五五一一	11	五五三五	35	五五五九	59	五五八三	83	五六〇七	107
五五一二	12	五五三六	36	五五六〇	60	五五八四	84	五六〇八	108
五五一三	13	五五三七	37	五五六一	61	五五八五	85	五六〇九	109
五五一四	14	五五三八	38	五五六二	62	五五八六	86	五六一〇	110
五五一五	15	五五三九	39	五五六三	63	五五八七	87	五六一一	111
五五一六	16	五五四〇	40	五五六四	64	五五八八	88	五六一二	112
五五一七	17	五五四一	41	五五六五	65	五五八九	89	五六一三	113
五五一八	18	五五四二	42	五五六六	66	五五九〇	90	五六一四	114
五五一九	19	五五四三	43	五五六七	67	五五九一	91	五六一五	115
五五二〇	20	五五四四	44	五五六八	68	五五九二	92	五六一六	116
五五二一	21	五五四五	45	五五六九	69	五五九三	93	五六一七	117
五五二二	22	五五四六	46	五五七〇	70	五五九四	94	五六一八	118
五五二三	23	五五四七	47	五五七一	71	五五九五	95	五六一九	119
五五二四	24	五五四八	48	五五七二	72	五五九六	96	五六二〇	120

整理號	示意圖號	整理號	示意圖號	整理號	示意圖號
五六二一	121	五六四五	145	五六六九	169
五六二二	122	五六四六	146	五六七〇	170
五六二三	123	五六四七	147	五六七一	171
五六二四	124	五六四八	148	五六七二	172
五六二五	125	五六四九	149	五六七三	173
五六二六	126	五六五〇	150	五六七四	174
五六二七	127	五六五一	151	五六七五	175
五六二八	128	五六五二	152	五六七六	176
五六二九	129	五六五三	153	五六七七	177
五六三〇	130	五六五四	154	五六七八	178
五六三一	131	五六五五	155	五六七九	179
五六三二	132	五六五六	156	五六八〇	180
五六三三	133	五六五七	157	五六八一	181
五六三四	134	五六五八	158	五六八二	182
五六三五	135	五六五九	159	五六八三	183
五六三六	136	五六六〇	160		
五六三七	137	五六六一	161		
五六三八	138	五六六二	162		
五六三九	139	五六六三	163		
五六四〇	140	五六六四	164		
五六四一	141	五六六五	165		
五六四二	142	五六六六	166		
五六四三	143	五六六七	167		
五六四四	144	五六六八	168		

附録二　索　引

一　人名索引

一、本索引所列爲走馬樓吴簡中出現的人名，是用電腦按姓字的中文拼音字母順序編排的。包括姓字清楚、名字不清楚的姓名，不包括姓字不清楚、名字清楚的姓名。爲方便排版，原釋文未敢遽定之字而在釋文下加的（?）號及在釋文外補的「□」號，一律取消。

二、個別人名採用通假字時，本索引將其與正字並列，如「番慮」列在「潘慮」之後。

三、本索引之後附簡中所見明確對應的人名、地名列表，以便讀者查閲。不可確認之字沿用「□」號，可以判定的脱字用「（）」號注出，如「都」作「都（鄉）」。

四、凡姓字爲自造字者，附於最後。

三九八八
三九八九
三九九〇
三九九一
三九九二
三九九六
三九九七
五四〇三
五四三一
五六〇八
五七八六
五九四〇
(黄)諱 二八六七
四四〇八
四六一六
四六二三
四九五五
黄火 一三九
黄堅 五一五
黄蔣 三六四六
黄居 一六一五
黄郡 二九九五
黄漻 一二〇四
黄糜 七二九
黄密 三二一四
五五六五
黄能 五六〇
黄奴 五七四〇
黄跑 一六五一
黄淇 一〇九三
黄杞 二七五〇
黄升 二七五三
二七八九
二八一七
二九一一

二九五二
二九八〇
三〇五三
三〇六一
三〇九〇
三一四〇
三一四二
三一六九
三一七六
三一九三
三二五一
三二七五
三三五〇
三三五一
三三五四
三四四六
三四五〇
三四六五
三四九三
三七〇二
五六四五
黄勝 三一一六
黄壽 一四五一
黄松 四三三四
五八四一
五九五五
黄襄 一四五七
黄謝 一七三二
三八六七
黄欣 三五一五
黄勳 二八〇七
二八九一
二九〇二
二九〇三
二九五三

二九五四
二九九三
三〇五八
三〇九七
三一〇一
三一八〇
三二五六
三四一四
三七六三
三七六四
三七六八
黄耀 三八三三
黄瑛 四〇〇四
四〇〇六
四〇一八
四一三一
四一三四
(黄)瑛 四〇三五
四一三三
四一五〇
四一九七
四二六二
黄嬰 一〇七一
黄原 三九五三
黄曰 三七九六
黄湞 七四七
黄蚤 四一
黄張 三八六一
黄這 七四
黄智 一五四五
黄衆 二三六
三四七
黄咨 一五八二
黄常 一九八三
黄赤 四五二三

黄海 二二七七
黄讙 二一四七
黄諱 四〇二六
四〇二八
四〇二九
四〇三一
四〇三二
四〇四四
四〇四七
四〇五七
四〇五八
四〇五九
四〇六〇
四〇七一
四〇八七
四〇八八
四〇九八
四一〇四
四一〇五
四一四五
四三五九
四三六〇
四三六一
四三八二
四三九八
四四三二
四四五〇
四四六九
四五一五
四五三四
四五三五
四五四七
四五六六
四五八五
四五八六

四五八九
四五九〇
四六〇五
四六一八
四六二〇
四六三二
四六四三
四六四五
四六五〇
四六五二
四六五九
四七六九
四八一四
四八三〇
四八五一
四九四七
四九五一
四九五四
五〇四三
五〇六二
五〇六八
五〇八七
黄(諱) 四六二七
四九二八
五〇七一
五一〇三
(黄)諱 五〇三二
黄客 二〇〇七
黄明 二四〇五
黄命 四六二一
黄平 一八六二
黄汝 四五一五
黄升 四三八八
四七二七
黄松 四三三九

Q

R

S

T

W

X

附録：簡中所見明確對應的人名、地名簡表

地名	人名	簡號
變中里	蔡石	三二六
變中里	兒衆	三二九
變中里	黄衆	三四七
變中里	黄淇	一〇九三
變中里	張陽	一一一一
變中里	逢政	一一三三
變中里	黄繆	一二〇四
變中里	黄襄	一四五七
變中里	佃趙	一九〇九
變中里	菰政	二〇二四
變中里	劉常	二〇三六
變中里	庄中	二〇八五
變中里	吴巴	二〇七〇
變中里	逢文	二〇九九
變中里	逢唐	二一〇一
變中里	乞高	二一一一
變中里	張稾	二一二七
變中里	逢伯	二一五六
變中里	逢午	二一九四
變中里	張秅	二二二二
變中里	廬尾	二二五九
變中里	張持	二三一六
變中里	碩端	二四二一
常還里	京志	三七二
常還里	京庭	三九三
常還里	宋造	三九四
常還里	□□	六七六
常還里	烝枯	七二五
常還里	張曹	一一二七
常還里	鄧惕	一二八七
常還里	壬屯	一三七六
常還里	烝頎	一三九五
常還里	信湨	一三九六
常還里	唐綏	一三九九
常還里	這元	一七九五
常還里	黄春	一四七六
常還里	楊師	一六七七
常還里	石宜	一七〇〇
常還里	劉檐	一七四一
常還里	張延	一七四二
常還里	李馬	一七五六
常還里	陳櫓	一七六二
常還里	吴張	一七六八
常還里	唐丁	一七二八
常還里	京還	一八一三
常還里	孫赤	一八二〇
常還里	京咨	一八二六
常還里	吴奇	一八八八
常還里	信奴	一八九二
常還里	吕明	一九四三
常還里	張狗	一九七六
常還里	壬種	一九七七
常還里	陳到	一九九六
春平里	伍貴	一五九
春平里	趙客	一六四
春平里	謝生	一九七
春平里	□□	一九九
春平里	吴赤	六〇一
春平里	唐秋	六〇三
春平里	弙撈	七九三
春平里	李春	二六九〇
春平里	貸	二六九四
春平里	雷白	五九三九
東陽里	程溥	八五六
度里	□□	五九七八
高還里	張客	六四
高還里	唐乾	七七五
高還里	胡孫	九四三
高還里	區蒫	九七三
高還里	毛布	一一四一
高還里	石張	一二五一
高還里	伍錢	一一九一
高還里	陳鷩	一二七六
高還里	雷與	一二七八
高還里	周宗	一四一三
高還里	黄橎	一四二七
高還里	潘河	一四三〇
高還里	鄧蘭	一四三四
高還里	吴碩	一四六二
高還里	朱萇	一四六五
高還里	烝頭	一四九五
高還里	李楊	一五三二
高還里	唐耀	一五四六
高還里	吴畨	一五七八
高還里	黄咨	一五八二
高還里	何持	一五九四
高還里	胡秩	一六〇三
高還里	莊懸	一六一一
高還里	郭潢	一六一三
高還里	何城	一六一七
高還里	五客	一六一八
高還里	蔡市	一六三七
高還里	謝稠	一六四九
高還里	黄跑	一六五一
高還里	毛尾	一六六二
高還里	黄橎	一六八六
高還里	潘澎	一八〇八
高還里	毛曹	一八一一
高還里	度買	一八〇六
谷陽里	吴興	一八五五
富貴里	黄蚤	四一
富貴里	吴還	五四
富貴里	文湛	三五六
富貴里	文其	六一一
富貴里	周平	七〇八
富貴里	鄧廷	九〇六
富貴里	李佐	一〇〇七
富貴里	謝奇	一〇〇九
富貴里	文元	一一六〇
富貴里	徐賓	一二八九
富貴里	孫義	一三〇九
富貴里	李□	一四四九
富貴里	黄壽	一四五一
富貴里	鄭磐	一七八二
富貴里	黄平	一八六二
富貴里	烝樵	一八七四
富貴里	周當	一九二六
富貴里	周吳	一九三四
富貴里	鄭章	一九六五
富貴里	張孫	一九七四
富貴里	孫元	一九八二
富貴里	黄常	一九八三
富貴里	鄭浬	二〇一六
富貴里	周厚	二〇〇五
富貴里	監臈	二〇四五
富貴里	黄讙	二一四七
富貴里	高文	二一二三
富貴里	□□	五五一五
富貴里	廖□	四七〇二
夫秋里	吴孫	八三
夫秋里	龔□	八四
夫秋里	番通	一〇〇
夫秋里	文承	三二八
夫秋里	吴洵	四二五
夫秋里	陳誎	五一二
夫秋里	這傳	五一八
夫秋里	余堂	七五九
夫秋里	李春	一〇一六
夫秋里	黄嬰	一〇七一
夫秋里	爨蔣	一〇八六
夫秋里	烝卑	一〇九一
夫秋里	鄭舊	一四五八
夫秋里	文輒	一五一五
夫秋里	吴夏	一九九三
夫秋里	彭尾	二一三五
夫秋里	鄧吉	二一六〇
夫秋里	龔溲	二一七九
夫秋里	這龍	二一八二
夫秋里	龔豪	二一九〇
夫秋里	龔皮	二一九二
夫秋里	潘持	二一九九
夫秋里	常黑	二二〇六
夫秋里	鄧世	二三一三
夫秋里	吴才	二三一四
夫秋里	袁留	二三一八
夫秋里	吴開	二三二二
夫秋里	吴碭	二三三五
夫秋里	吴坦	二三四一
夫秋里	文仜	二三七一
夫秋里	谷富	二三八八
吉陽里	吴衆	一〇八
吉陽里	潭騎	三三四
吉陽里	費漢	四三八
吉陽里	黄堅	五一五
吉陽里	區興	五四〇
吉陽里	光舊	五五七
吉陽里	周里	一七一七

二　地名索引

一、本索引所列爲走馬樓吴簡中出現的地名，分鄉、里、丘、郡縣四部分。各部分是用電腦按中文拼音字母順序編排的。爲方便排版，原釋文未敢遽定之字而在釋文下加的（？）號及在釋文外補的「□」號，一律取消。

二、凡地名首字爲自造字及地名首字不可確認者，附於其後，不可確認之字沿用「□」號，可以判定的脱字用（）號注出，如「都」作「都（鄉）」。

三、本索引之後附同一簡中所見鄉、里、丘列表，以便讀者查閲。

鄉

Z

附

簡中所見郡縣及其他地名

五九七九
武陵 三二九六
武昌 五五三六
豫章 三五〇五
四七五一
交州 六四一
郭浦 四五二二
四五二四
困渚 六七七
潪口 一八三三
一八五九
劉口 二三三
六七七
陸口 四一五九
淕口 三四九七
四〇三六
四〇六一
四〇六四
四〇六六
四〇六九
四〇八二
四〇九七
四一七七
四一八三
四二〇一
淕（口） 四〇七五
漉浦倉 二八六三
烝口倉 二九〇〇
三〇九二
三二八三
三四〇五
三四一〇
五六四六

附録：見於同一簡中的鄉、丘列表

鄉名	丘名	簡號
東鄉	上唐丘	二七八〇
東鄉	石奄丘	二七九九
都鄉	撈丘	二七四四
都鄉	禾丘	二七七九
都鄉	緒下丘	二八一一
都鄉	横溪丘	二八六〇
都鄉	桃奇丘	二八六七
都鄉	員車丘	三八七二
都鄉	前龍丘	三八九五
都鄉	前龍丘	三八九七
都鄉	横溪（丘）	三九二五
都鄉	真坪丘	三九三〇
都鄉	唐中丘	三九四〇
都鄉	高丘	三九四四
都鄉	高沙丘	三九四五
都鄉	員東丘	三九六五
都鄉	廉丘	三九六六
都鄉	目疒丘	三九七二
都鄉	高沙丘	四〇八七
都鄉	峇丘	四〇八八
都鄉	懷溲丘	四一〇五
都鄉	新唐丘	四六四五
都鄉	杆梁丘	五〇六五
廣成鄉	拉陵丘	二八四三
廣成鄉	復丘	二八四六
廣成鄉	孫丘	二八五八
廣成鄉	上伻丘	五三七八
羅西鄉	石下丘	四五一五
羅西鄉	終上丘	四六五九
模鄉	盡丘	三九七三
模鄉	禾州丘	四一〇四
模鄉	界丘	四三六一
模鄉	厥下丘	四六五〇
平鄉	倉中丘	三九五二
平鄉	杆沽丘	三九五三
平鄉	栗丘	三九五八
平鄉	伍社丘	三九六一
平鄉	伍社丘	三九七七
平鄉	盡丘	四〇七〇
平鄉	敬賢丘	五三四五
平鄉	周陵丘	六〇三七
平鄉	平樂丘	六〇三八
西鄉	下俗丘	二七八二
西鄉	高樓丘	二七九四
西鄉	山下丘	二八〇一
西鄉	唐下丘	二八〇八
西鄉	俗丘	二八二〇
西鄉	俗丘	二八二一
西鄉	上俗丘	二八四七
西鄉	億丘	二八五〇
西鄉	唐下丘	二八五七
西鄉	錫丘	四〇九八
西鄉	沙渚丘	四六四三
小武陵	監丘	五七二六
小武陵鄉	□丘	二八二三
中鄉	山下丘	二七八一
中鄉	陵枯丘	二七九三
中鄉	山下丘	三八八六
中鄉	德田丘	三八九三
中鄉	原下丘	三八九四
中鄉	山下丘	三九四一
中鄉	唐下丘	三九四三
□□鄉	坪下丘	五三二三
□鄉	厥下丘	三七九〇
□鄉	湛丘	二七九二
☒鄉	山下丘	三九二九

三　紀年索引

一、本索引所列爲走馬樓吴簡中出現的紀年，以年號先後爲序。紀年不完整但能明確判定者，仍列入，並用「（）」號注出，如「嘉禾元」作「嘉禾元（年）」，列在「嘉禾元年」之後。不可確認之字沿用「□」號。紀年不明或者僅有年號者，亦附後。

二、在每一年中，若出現明確月份，則又依月份爲序，附於當年之後。

三一八九
三一九一
三二〇〇
三二一七
三二二八
三二三四
三二三八
三二四二
三二五六
三二五九
三二六一
三二七一
三二七六
三二七九
三二八〇
三二八八
三二八九
三二九七
三三二七
三三三一
三三三八
三三三九
三三四〇
三三四一
三三四五
三三四六
三三四八
三三五〇
三三五九
三三八〇
三四一四
三四一六
三四三九
三四四三
三四四六

三四四七
三四四八
三四五八
三四五九
三四六五
三四六七
三四六八
三四七〇
三四七二
三四七三
三四七七
三四八一
三四八二
三四八五　黃龍三年正月廿日
三四八六
三四八九
三六八一
三六八五　黃龍三年六月廿日
三六八七　黃龍三年十一月九日
三六九五　黃龍三年十二月
三六九九　黃龍三年
三七〇六
三七〇七
三七一二
三七二三
三七二四
三七二五
三七二六　（黃龍）四年四月十一日
三七二七
三七三五　黃龍六年
三七四四　黃龍□年
三七五四
三七六三
三七六四
三七六八

三七七二
三七八〇
五五六三
五五八〇
五五八三
五六四四　黃龍□（年）
五六四五　黃龍
五六五〇
五六五一
五六五四
五九〇七
五九三八　嘉禾元年
六〇三五
四〇三六
四〇七五
四一七七
四二〇一
二六三八
三四四〇
三〇七五
四二四三
四三三三
四八二二
四八二三
四八二六
五〇七六
五一五四
二六三八
五〇七〇
二九一五
二九四七
三〇六五
三一七五
三三三四

三四五〇
三七一一
四三一七
四七二一
五六三九
四九〇〇
四四七七
四九八四
五〇三五
五五八六
五七〇一
一九〇
六六二
二六七二
二七二四
二七三七
二七四六
二七五三
二七五六
二七六二
二七六五
二七七〇
二七九六
二七九七
二七九八
二八〇六
二八一五
二八一六
二八一七
二八一九
二八二〇
二八二五
二八三〇
二八三三
二八四一

二八六六
二八七五
二八八〇
二九〇五
二九三二
二九三四
二九三七
二九三八
二九四四
二九四六
二九五二
二九五五
二九六〇
二九六二
二九六三
二九六四
二九六五
二九六七
二九六八
二九七〇
二九七一
二九七二
二九七三
二九七四
二九七五
二九七六
二九七七
二九七九
二九八〇
二九八二
二九八三
二九八四
二九八五
二九八六
二九八七

嘉禾二年四月十七日　三〇四六
嘉禾二年四月廿一日　三〇八八
嘉禾二年四月廿四日　三六八三
嘉禾二年五月　四八〇八
四八四七
五四〇七
嘉禾二年五（月）　五九九六
嘉禾二年五月十二日　三〇四九
嘉禾二年五月廿七日　二七九六
二七九七
嘉禾二年五月廿八日　二七九八
二八二〇
嘉禾二年五月□日　三〇三四
嘉禾二年五月有閏月　三〇四三
嘉禾二年六月　五六三七
嘉禾二年六月廿日　二九九七
嘉禾二年月廿一日　三八五九
嘉禾二年六月廿六日　二九八一
（嘉禾二年）六月廿八日
二九九七
嘉禾二年七月　三七三六
嘉禾二年七月一日　三七三〇
（嘉禾二年）七月十五日
三二一九
嘉禾二年七月十一日　三二一九
嘉禾二年七月□日　二八四八
嘉禾二年八月六日　二九二八
嘉禾二年八月十二日　三九九九
（嘉禾二年）九月　三三六七
嘉禾二年九月一日二七八八（一）
五四一八
嘉禾二年九月四日　二八五〇
嘉禾二年九月十日　五〇六四
嘉禾二年九月十六日　三九五七
嘉禾二年九月廿二日　三九三三

三九四三
嘉禾二年九月廿五日　二八二五
嘉禾二年九月廿七日　三八七二
三九三〇
三九三二
三九四〇
三九四四
三九四八甲
三九六五
三九七〇
三九七一
四〇七〇
嘉禾二年九月廿八日　三九六一
（嘉）禾二年九月廿八日
二八六八
嘉禾二年九月廿六日　三八八六
三九二九
四〇七一
嘉禾二年九月廿九日　三九三一
三九四五
三九四六甲
三九五八
三九六六
三九七七
三九七八
嘉禾二年十月　三二八五
四一四四
四四九〇
四七〇七
五一一〇
（嘉禾二年）十月　二九二七
嘉禾二年十□　四四二七
嘉禾二年十月三日　二八六七
嘉禾二年十月四日　二八〇八
三八九四

嘉禾二年十月五日　三八六六
三八九七
三九一三
嘉禾二年十月六日　三九〇〇
四〇四七
（嘉）禾二年十月六日　三八九九
嘉禾二年十月九日　三九一七
四〇四四
嘉禾二年十月□日　四四二六
（嘉）禾二年十月九日　五一四三
嘉禾二年十月十二日　五一四六
嘉禾二年十月十四日　二八四七
四五四〇
（嘉）禾二年十月十四日
四七六四
嘉禾二年十月十五日　四〇五八
四〇九八
嘉禾二年十月十六日　五一三二
嘉禾二年十月十七日　二七七九
五〇六八
嘉禾二年十月十九日　二七九九
四〇八八
四一〇四
嘉禾二年十月十八日　二八四五
三九五二
三九五三
四四三四
（嘉）禾二年十月十八日
三九二〇
嘉禾二年十月廿日　三七九〇
三八九六
三九一一
三九二二
三九二三
嘉禾二年十月廿一日　二七八一

二八二三
三七九七
三八七〇
三八八一
三八八三
四〇三一
四〇八七
四三六一
四六四三
（嘉）禾二年十月廿一日
三九一四
四七七二
嘉禾二年十月廿二日　二八四九
三八六八
四五四三
四七六九
嘉禾二年十月廿三日　二七八二
二八二四
四一四二
四六四五
四六五二
嘉禾二年十月廿四日　二八一一
二八四六
三八九五
三九〇九
四六四四
五〇六五
嘉禾二年十月廿五日　二七九四
三九七三
三九八六
三九八七
（嘉）禾二年十月廿五日
三八〇〇
嘉禾二年十月廿六日　二八四二
二八五八

三八七三
三八八〇
三八八二
三八九三
四〇五九
四五六四
嘉禾二年十月廿七　四五三四
嘉禾二年十月廿七日　二八二一
二八六〇
三九二五
三九三八
三九三九
三九四一
四一〇五
四六六一
嘉禾二年十月廿八日　二八〇一
三九二七
三九六七
嘉禾二年十月廿九日　二八四三
三九七二
三九八五
四五一五
（嘉）禾二年十月廿九日
三八六〇
嘉禾二年十月卅日　三九〇一
三九二六
嘉禾二年十一月六日　四五二四
嘉禾二年十一月七日　三四五二
嘉禾二年十一月十日　六〇三八
嘉禾二年十一月十四（日）
三九八八
嘉禾二年十一月十五日　四五二一
四五二三
嘉禾二年十一月十七日　四三六〇
嘉禾二年十一月十九日　四五二二